RESOLUCIÓN JUDICIAL Y EXTRAJUDICIAL DE CONTROVERSIAS EN LA CONTRATACIÓN ELECTRÓNICA

RESOLUCIÓN JUDICIAL Y EXTRAJUDICIAL DE CONTROVERSIAS EN LA CONTRATACIÓN ELECTRÓNICA

Esperanza Gómez Valenzuela

COLEX 2023

Calle Costa Rica, número 5, 3º B (local comercial)
A Coruña, C.P. 15004
info@colex.es
www.colex.es

I.S.B.N.: 978-84-1359-776-8
Depósito legal: C 129-2023

SUMARIO

CAPÍTULO TERCERO
VÍA EXTRAJUDICIAL

ABREVIATURAS Y SIGLAS

AC	Actualidad Civil
ADC	Anuario de Derecho Civil
ADR	Alternative diputes resolutions
AEDIP	Anuario español de Derecho internacional privado
AEPD	Agencia española de protección de datos
AGBG	Ley alemana de 1 de abril de 1977 de condiciones generales de la contratación
AJCL	Américam Journal of comparative law
ALCA	Área de libre comercio de las Américas
ACQP	Existing EC Contract Law (Acquis Principles)
A2B	Adminitration to business
A2C	Administration to consumer
BEUC	The European Consumer Organization
BOE	Boletín oficial del Estado
B2A	Business to Administrations
B2B	Business to business
B2C	Business to consumer
BMJ	Boletín Ministerio de Justicia
C2C	Consumer to consumer
C2B	Consumer to business
CCI	Cámara de comercio internacional
Cc	Código civil
CDT	Cuadernos de Derecho transnacional
CE	Comunidad Europea
CEAM	Corte Europea de arbitraje y mediación
CEC	Centro europeo de consumo

CEE	Comunidad Económica Europea
CGC	Condiciones generales de la contratación
CELS	Propuesta de Reglamento del Parlamento Europeo y del Consejo relativa a una normativa común de compraventa europea
CFR	Common Frame of Reference
CJI	Competencia Judicial Internacional
CNUDMI	Comisión de Naciones Unidas para el Derecho Mercantil
CNUCE	Convención de Naciones Unidas sobre utilización de comunicaciones electrónicas
CPA	Corte permanente de arbitraje
CV	Convención de Viena
CV-AC	Consejo Consultivo de la Convención de Viena
DA	Disposición adicional
DCE	Directiva de 8 de junio de 2000 sobre Comercio Electrónico
DCI	Diritto del Commercio Internazionale
DES	Data Encrrytion Standard
DIPr	Derecho internacional privado
DO	Diario oficial de la Unión Europea
DOCE	Diario Oficial de las Comunidades Europeas
DOUE	Diario Oficial
DSS	Decision Suporting System
DNI	Documento nacional de identidad
EDI	Electronic data interchange
EEE	Espacio económico europeo
ESJ	European Scientific Journal
EM	Exposición de motivos
GRUR	Gewerblicher Rechtsschutz Urheberrecht
IAI	Instituto de arbitraje internacional
ICC	International Chamber of Commerce
ICLQ	Journal of British Intitute of International and Comparative Law
IP	Internet Protocol
JDI	Journal de Droit International
JILT	Journal of information law and tecnhology
JOCE	Journal officiel des Communautés européennes
LA	Ley 11/2011, de 20 de mayo de modificación de la Ley 60/2003 de arbitraje
LCD	Ley 3/1991, de 10 de enero de Competencia Desleal

TRLDCU	Texto refundido de la ley de consumidores y usuarios aprobada por el Real Decreto legislativo 1/2007 de 16 de noviembre
LEC	Ley 1/2000, de 7 de enero, de Enjuiciamiento Civil
LFE	Ley 59/2003, de 19 de diciembre, de Firma Electrónica
LCGC	Ley 7/1998 de 13 de abril sobre condiciones generales de la contratación
LGP	Ley 34/1988 de 11 de noviembre General de Publicidad
LGT	Ley 9/2014, de 9 de mayo General de comunicaciones
LMCE	Ley Modelo sobre comercio electrónico
LOCM	Ley 7/1996 de 15 de enero de comercio minorista
LOPD	Ley 15/1999, de 13 de diciembre de protección de datos
LOPJ	Ley Orgánica del Poder judicial
LPI	Ley 22/1987 de 11 de noviembre de Propiedad Intelectual
LSSICE	Ley 34/2002 de 11 de julio de servicios de la Sociedad de la información y de comercio electrónico
LORTAD	Ley Orgánica de Regulación del Tratamiento Automatizado de los Datos
LWG	Legal working group
MCR	Marco común de referencia
MD	Mensaje de datos
OHADA	Organización para la Armonización del Derecho Mercantil en África
OHADAC	Organización para la Armonización del Derecho Mercantil en el Caribe
OCDE	Organización para la cooperación y el desarrollo económico
ODR	Online diputes resoluctions
OMPI	Organización Mundial de la Propiedad Intelectual
PC	Personal computer
PU	Principios UNIDROIT
PMCC	Propuesta de modernización del Código Civil
PSC	Prestadores de servicios de certificación
PSSI	Prestador de servicios de la sociedad de la información
PYMES	Pequeñas y medianas empresas
RAE	Real academia española
RC	Registro civil
RCE	Revista de la contratación electrónica
RCADI	Recueil des Cours de l'Académie de Droit International
RCDIP	Revue critique de droit international privé

RD	Real Decreto
RDC	Revista de Derecho Civil
RDM	Revista de Derecho mercanti
RDP	Revista de derecho privado
RDIPP	Rivista di diritto internazionale privato e processuale
REDI	Revista española de Derecho internacional
REDU	Revista de docencia universitaria
RGD	Revista general de Derecho
RIDC	Revue internationale de Droit compare
RISG	Rivista italiana per le scienze giuridiche
RZFIP	Rabels Zeitschrift, fürausländiches und internationals Privatrecht
SMTP	Simple mail transfer protocol
SSI	Servicios de la sociedad de la información
SSL	Secure Sockets Layer
ST	Sentencia
STJCE	Sentencia del Tribunal de Justicia de la Comunidad Europea
STJUE	Sentencia del Tribunal de Justicia de la Unión Europea
STSJ	Sentencia del Tribunal Superior de Justicia
TCP	Transmisión Control Protocol
TI	Tecnología de la información
TJCE	Tribunal de Justica de las Comunidades Europeas
TJUE	Tribunal de Justicia de la Unión Europea
TS	Tribunal Supremo
TV	Tienda virtual
UE	Unión Europea
ULR	Uniform Law Review
UNCITRAL	United Nations Commission for the Unification of Iraga trade Law
WTO	Worl trade organitation
WWW	World Wide Web
YPIL	Yearbook of private Internacional Law
ZvglRWiss	Zeitschrift für vergleichende Rechtswissenschaft

INTRODUCCIÓN

Los medios electrónicos tienen en la actualidad una gran relevancia en el marco de las transacciones nacionales e internacionales en las que intervienen empresas, consumidores y también organismos públicos[1]. Las nuevas tecnologías en constante cambio y evolución facilitan a las personas (físicas y jurídicas) la comercialización de nuevos productos y servicios en los mercados. En la actualidad, la sociedad ha evolucionado hacia un modelo en el que puede obtenerse cualquier producto y servicio desde cualquier parte del mundo con cierta inmediatez. Del mismo modo que compramos, también se nos facilita, en muchos casos la posibilidad de desistir del producto, con la misma inmediatez. Si esto lo trasladamos al ámbito de la resolución de los conflictos que puedan surgir en el ámbito de los contratos electrónicos significa que, las partes contratantes que prestan sus declaraciones de voluntad en un lapso de tiempo muy escaso, también desean resolver los eventuales conflictos que surjan en un periodo igualmente corto[2].

De esta forma, los litigios que se planteen en relación con los contratos electrónicos pueden estar relacionados con diferentes cuestiones aceptación, el incumplimiento de los deberes de información previos y posteriores o el control de incorporación de algunas de las CGC, como puede ser el derecho de desistimiento, que también puede estar vinculado a otras controversias como pueden ser la falta de información y la reducción del plazo para desistir, etc.

Para poder dar una respuesta a estas cuestiones, es necesario determinar la CJI, labor que puede resultar compleja en determinados casos, debido al propio *petitum* de la demanda. En este trabajo se analizan los foros que pueden resultar más relevantes y eficientes para atribuir la competencia en las controversias relacionadas con esta fase del iter contractual al tiempo que se da cuenta de otros medios alternativos de resolución de disputas como son los *ODR*.

---

1 Véase Luciana Scotti, B., *Derecho internacional privado Globalización e Internet*, Biblioteca jurídica americana, México, 2016, pp. 55-57.

2 Véase Sierralta Ríos, A., *Teoría evolutiva del comercio internacional*, Esan ediciones, Perú 2014, 171-172.

Debe indicarse que existen varias fases o estadios en los contratos electrónicos relacionados principalmente con la oferta, la adhesión/aceptación y el control de incorporación de las CGC. De otro lado, también tienen gran importancia los deberes de información que con carácter previo y posterior debe cumplir el PSSI establecidos en la DCE y en su normativa de transposición, así como el derecho de desistimiento que cobra gran relevancia en este tipo de contratación.

En relación con estas cuestiones, pueden surgir distintas controversias que las partes intentarán solucionar en sede judicial o extrajudicial. Estas pueden estar relacionadas principalmente con: la existencia de la oferta y de la aceptación electrónicas, el incumplimiento de los deberes de información o el control de incorporación de las CGC, en particular de determinadas cláusulas, como pueden ser la relativa al derecho de desistimiento, los deberes de información previos, o las cláusulas de elección de ley o de tribunal, entre otras.

La atribución de la competencia en los casos de litigios relacionados con el contrato electrónico presenta la peculiaridad de que se desconoce si el contrato está concluido o no. Por este motivo, entre otros, puede resultar complejo determinar el foro para conocer de las distintas cuestiones que se planteen hasta el nacimiento del vínculo contractual[3].

Para realizar esta labor, es necesario preguntarse ¿quién asume los costes-riesgos de la internacionalidad jurisdiccional del contrato electrónico?, ya que si se considera que es el PSSI quien debe asumirlos, debe litigar en el foro del destinatario de los SSI[4]. Por el contrario, si es este último el que ha de hacerse cargo de estos costes-riesgos relacionados con la internacionalidad del litigio, podrá demandar y ser demandado ante los Tribunales del PSSI. En este capítulo se trata de determinar los foros que pueden resultar eficientes para la atribución de la CJI en los litigios relacionados con el perfeccionamiento del contrato electrónico internacional. Del mismo modo, existen ADR que en el contexto electrónico son especialmente útiles para la resolución de las citadas controversias, que también han de analizarse.

Debe destacarse que la regulación específica sobre contratación electrónica no contiene normativa relacionada con la determinación de la competencia

3 Véase KELLER, M., «Lessons for The Hague: Internet Jurisdiction in Contract and Tort Cases in the European Community and the United States», *The John Marshall Journal of Computer & Information Law*, vol. 23, 2004, pp. 1-74.

4 Según se cuestiona GARCIMARTÍN ALFÉREZ, F. J., en este caso, en concreto con respecto a la determinación de la competencia hay que preguntarse «¿quién debe pagar el viaje al extranjero?», esto es, quién debe asumir los costes económico-jurídicos que conlleva la situación internacional. El lugar donde deba litigarse va a originar más costes a una de las partes. De forma que este autor se plantea quien está en mejor posición para asumirlos teniendo en cuenta una serie de factores relacionados con los principios de proximidad y de previsibilidad. (véase GARCÍMARTÍN ALFEREZ, F. J., «La racionalidad económica...», *loc. cit.*, p. 139).

judicial. Por este motivo, para dar respuesta a esta cuestión y determinar quién asume los riesgos de la internacionalidad del litigio las normas de determinación de la CJI de los Tribunales españoles en esta materia se encuentran en el Reglamento Bruselas I bis[5], el Convenio de Lugano[6] y la LOPJ[7]. De forma resumida puede afirmarse que el Reglamento Bruselas I bis y el Convenio de Lugano desplazan, en muchos supuestos, a la normativa interna cuando el domicilio del demandado se encuentra en un Estado miembro[8]. En concreto, el Reglamento Bruselas I bis se aplica en la mayoría de los supuestos de contratación electrónica cuando deban conocer las autoridades españolas[9].

Los foros de CJI establecidos en el Reglamento Bruselas I bis, al igual que ocurre con el Reglamento Bruselas I[10], se construyen en cuatro niveles[11]. El

5 DO L 351/1 de 20 de diciembre de 2012. Según el Cdo. 41 del Reglamento Bruselas I bis, Dinamarca no participa en la adopción del citado Reglamento y no queda vinculada por el mismo ni sujeta a su aplicación. No obstante, Dinamarca podrá aplicar las modificaciones introducidas en el Reglamento Bruselas I, en virtud del art. 3 del Acuerdo de 19 de octubre de 2005 entre la Comunidad Europea y el Reino de Dinamarca relativo a la competencia judicial, el reconocimiento y la ejecución de resoluciones judiciales en materia civil y mercantil (*DOUE* núm. L 251/1 de 21 de septiembre de 2013).

6 Instrumento de ratificación de España a este Convenio, publicado en *BOE* núm. 251 de 20 de octubre de 1994.

7 *BOE* núm. 157 de 2 de julio de 1985. Esta norma ha sufrido diversas modificaciones, la más reciente y relevante para el DIPr es la operada por la ley 7/2015 de 21 de julio (*BOE* núm. 174, de 22/07/2015).

8 En cualquier caso, teniendo en cuenta el alcance global de Internet y la prestación de servicios importantes que en muchas ocasiones se encuentran en terceros Estados, la LOPJ, continúa teniendo un papel relevante (véase de Miguel Asensio, P. A., *Derecho privado...*, *op. cit.*, p. 122).

9 Debe destacarse la Propuesta de Reglamento del Parlamento Europeo y del Consejo que modifica el Reglamento (UE) núm. 1215/2012 relativo a la competencia judicial, el reconocimiento y la ejecución de resoluciones judiciales en materia civil y mercantil [Doc. COM (2013) 554 final, Bruselas 26 de julio de 2013], cuya finalidad es garantizar la aplicación conjunta y coherente del Acuerdo sobre un Tribunal Unificado de Patentes (Acuerdo TUP) y el Protocolo del Tratado del Benelux de 1965 y del Reglamento. Para un análisis de las modificaciones propuestas (véase de Miguel Asensio, P.A., «La Propuesta de modificación del Reglamento 1215/2012 (Bruselas I bis) para su adaptación al Acuerdo sobre un tribunal unificado de patentes», *La Ley/Unión Europea*, núm. 7, septiembre de 2013, pp. 1-6). *«(...) Que el resultado final no es plenamente satisfactorio lo muestra el propio artículo 79 del Reglamento cuando establece que la Comisión presentará, a más tardar el 11 de enero de 2022, un informe al Parlamento Europeo y al Comité Económico y Social sobre la aplicación del Reglamento que incluirá una evaluación de la posible necesidad de una mayor ampliación de las normas sobre competencia a los demandados que no estén domiciliados en un Estado miembro»* (véase Rodríguez Vázquez, M.ª A., «Una nueva fórmula para la supresión del exequátur en la reforma del Reglamento Bruselas I», *CDT*, marzo 2014, vol. 6, n.º 1, pp. 330-347).

10 DO L 307 de 24 de noviembre de 2001.

11 Véase Fernández Rozas, J. C., Sánchez Lorenzo, S., *Derecho Internacional privado...*, *op. cit.*, pp. 67-68.

primer nivel está constituido por las competencias exclusivas previstas en el art. 24. En determinadas materias, este precepto atribuye competencia única y exclusiva a los Tribunales de un Estado miembro, excluyendo absolutamente la posibilidad de que conozcan otros Tribunales.

En segundo extremo, si la controversia versa sobre materias diferentes a las contempladas en el art. 24 del Reglamento Bruselas I bis, la voluntad de las partes atribuye competencia a los Tribunales designados por las partes (art. 25 Reglamento Bruselas I bis). Este foro de sumisión expresa no puede operar sobre materias reguladas por competencias exclusivas y atribuye una competencia, en principio única a favor de los Tribunales elegidos. En cualquier caso, el acuerdo de sumisión a los Tribunales de un Estado puede ser modificado por la sumisión tácita de ambas partes a los Tribunales de otro Estado (art. 26 Reglamento Bruselas I bis)[12].

En tercer término, en el supuesto de que no exista sumisión expresa y siempre que el objeto del litigio no trate sobre las competencias exclusivas del art. 24 del Reglamento Bruselas I bis, debe determinarse la competencia teniendo en cuenta los foros especiales previstos en los arts. 7 a 23 del Reglamento Bruselas I bis. En el caso de que por razón de la materia no pudiera atribuirse la competencia en virtud de ninguno de estos foros habrá de hacerse de acuerdo con el foro del domicilio del demandado (art. 4 Reglamento Bruselas I bis). Este foro opera si el demandado se encuentra domiciliado en un Estado miembro, en cuyo caso, serán competentes los Tribunales del domicilio del demandado (art 4 Reglamento Bruselas I bis).

De esta forma, con la aplicación del Reglamento Bruselas I bis se trata de limitar la atribución de la competencia a través de foros «excesivos» o «exorbitantes» que operan en algunos ordenamientos europeos[13].

---

12 Para una valoración del Reglamento véase, entre otros, Arenas García, R., «Del Reglamento Bruselas I al Reglamento Bruselas I bis», *REDI*, núm. 2, 2013, pp. 377-382; Beraudo, J. P., «Regards sur le nouveau Règlement Bruxelles I sur la compétence judiciaire, la reconnaissance et l'exécution des décisions en matière civile et comérciale», *Journal de Droit International*, núm. 3, 2013, pp. 741-763; Cadet, F., «Le nouveau Règlement Bruxelles I ou l'itinéaire d'un enfant gâté», *Journal de Droit International*, núm. 3, 2013, pp. 765-790; de Miguel Asensio, P. A., «El nuevo Reglamento sobre competencia judicial y reconocimiento y ejecución de resoluciones», *La Ley/Unión Europea*, núm. 8013, 31 de enero de 2013, pp. 3-8; Garau Sobrino, F., «Nace el nuevo Reglamento Bruselas I», en (http://conflictuslegum.blogspot.com.es); Nielsen, P., «The New Brussels I Regulation», *Common Market Law Review*, 2013, pp. 503-528; Nuyts, P., «La refonte du Règlement Bruxelles I», *RCDIP*, núm. 1, 2013, pp. 1-63.

13 Por ejemplo, el art. 14 del Cc francés, conforme al que basta con que una de las partes en el proceso ostente la nacionalidad francesa para que puedan entrar a conocer los tribunales de dicho país, lo que no deja de ser un privilegio de nacionalidad. Piénsese, por ejemplo, en un litigio suscitado entre un comerciante francés, establecido en Francia, y uno español temporalmente establecido en EE. UU., debiendo ejecutarse el contrato en este país. Surgida la controversia, el comerciante francés puede acudir a los Tribunales franceses y el art. 14 del Cc serviría como fundamento de la CJI (véase Arenas García, R.,

Finalmente, si el domicilio del demandado no se encuentra en un Estado miembro, y el Reglamento Bruselas I bis tampoco fuese aplicable según sus arts. 18, 21 24, 25 o 29, la CJI se determinará conforme a las normas del Derecho autónomo de cada Estado miembro, en el caso de España, a través de la LOPJ[14].

«Competencia judicial internacional y acuerdo de sumisión en la contratación electrónica internacional», *Estudios sobre consumo*, núm. 85, 2008, pp. 45-60).

14 Como señalan J.C. Fernández Rozas y S. Sánchez Lorenzo, estos preceptos disfrutan excepcionalmente de otros criterios de aplicación espacial y en consecuencia de delimitación respecto del régimen previsto en la legislación estatal, se trate del régimen común o de otros convenios internacionales (véase Fernández Rozas, J.C. y Sánchez Lorenzo, S., *Derecho internacional…*, *op. cit.*, p. 64); Es interesante hacer alusión a la crítica realizada por A. Bonomi, quien menciona que el Reglamento Bruselas I bis como otros instrumentos de las áreas civiles y comerciales distinguen entre demandados domiciliados en un Estado miembro y aquellos domiciliados en terceros Estados. Según este autor esta distinción no es la más apropiada para distinguir entre disputas internas y externas ya que, aunque el demandado esté domiciliado en la UE, la disputa puede estar relacionada con terceros Estados. Según este autor, la protección de las personas y negocios europeos y en general los intereses europeos, pueden requerir un fácil acceso a los Tribunales de los Estados miembros cuando terceros Estados estén implicados, de hecho, los Reglamentos 4/2009 y 650/2012 (DOUE L 7/1 de 10 de enero de 2009 y L 201/107 de 4 de julio de 2012) preveen foros subsidiarios aplicables a situaciones con terceros Estados (véase Bonomi, A., «European Private International…», *loc. cit.*, pp. 184-193).

CAPÍTULO PRIMERO

CONTRATACIÓN A TRAVÉS DE MEDIOS ELECTRÓNICOS

I. Elementos objetivos y subjetivos de la contratación electrónica

En primer lugar, entre los elementos objetivos de la contratación electrónica está el mensaje de datos (MD). La definición se establece en la LMCE, art. 2 a): «Por mensaje de datos se entenderá la información generada, enviada, recibida o archivada o comunicada por medios electrónicos, ópticos o similares, como pudieran ser, entre otros, el intercambio electrónico de datos (EDI), el correo electrónico, el telegrama, el télex o el telefax».

Un MD contiene información con una declaración de voluntad que contiene la intención de quién la genera y firma y se caracteriza por ser objeto de tratamiento por medios electrónicos, ópticos o similares. Para que se trate de un MD es preciso que en este tratamiento se produzca la declaración de voluntad del emisor.

El iniciador no tiene libertad para configurar el MD porque este se limita a la determinación del contenido de los huecos del MD ya que se requiere que sean completados para que el mensaje adquiera integridad. En relación con este elemento tienen especial importancia los EDI y los correos electrónicos como mensajes de datos que se utilizan en Internet.

Por una parte, el EDI es el intercambio de datos y documentos en Internet: órdenes de compra, facturas y notificaciones de cobro, en un formato estándar. Esta modalidad de MD es importante para este tipo de transacciones, pero a diferencia de otros tipos de transacciones electrónicas, facilita que la información estandarizada se intercambie de forma más fluida ya que este intercambio se realiza de forma automática sin tener que introducir de nuevo la información en cada operación.

De otro lado, otra modalidad de MD, es el correo electrónico que se trata de un servicio de red que permite a los usuarios enviar y recibir mensajes mediante sistemas de comunicación electrónicos. Principalmente se usa este nombre para denominar al sistema que provee este servicio en Internet mediante el protocolo SMTP. Este elemento también puede aplicarse a sistemas análogos que usen otros sistemas.

Para que sea posible el intercambio de correos electrónicos entre personas cada una debe tener una dirección de correo electrónico, que previamente habrá facilitado a quienes ofrecen el servicio de envío y recepción, esto es, los proveedores de correo electrónico.

El segundo elemento objetivo en la contratación *online*, es la firma electrónica a través de la cual se atribuye origen personal y cierto a un MD. La firma digital se define en el art. 3 de la Ley, 59/2003 de 19 de diciembre de 2003, sobre firma electrónica como «el conjunto de datos en forma electrónica, consignados junto a otros o asociados con ellos, que pueden ser utilizados como medio de identificación del firmante».

Desde el punto de vista técnico, «consiste en una secuencia de datos electrónicos (bits) que se obtienen mediante la aplicación a un mensaje determinado de un algoritmo (fórmula matemática) de cifrado asimétricos o de clave pública».

La firma electrónica tiene el mismo valor que la autógrafa para identificar a su autor. Desde el plano material, la firma digital está compuesta por una serie de caracteres que se encuentra al final del mensaje que se firma de forma digital. La firma electrónica no impide que el mensaje pueda ser leído por otras personas, ya que este en principio, no tiene por qué estar encriptado. En este sentido, ocurre igual que con la firma tradicional que puede ser vista por otras personas. Así pues, este elemento constituye un instrumento con la misma eficacia jurídica que la firma manuscrita en la mayoría de países.

A través de la firma digital pueden realizarse transacciones *online* entre diferentes sujetos ubicados en cualquier parte del mundo. Las funciones que ejerce son: en primer lugar, identificar y atribuir el mensaje y la información que este contiene; en segundo extremo, una función de privacidad; por último, tiene una función de seguridad e integridad. En cualquier caso, existen sistemas de firma electrónica que no cumplen totalmente estas funciones. Así mismo, distintas tecnologías de firma determinan la eficacia jurídica de los documentos sobre los que se aplican. Entre estas, la más importante en la actualidad es la criptografía asimétrica que se basa en una infraestructura de clave pública (ICP o, en Inglés, PKI).

Ahora bien, pese a las similitudes que la firma electrónica presenta con respecto a la firma autógrafa, como indica Rafael Bonardell, entre ambas existen ciertas diferencias que conllevan tres consecuencias esenciales con respecto a la seguridad jurídica de este elemento de la contratación electrónica: En primer lugar mientras que en la firma manuscrita no es necesaria una manifestación específica para adjudicar a la firma la posibilidad de representar el consentimiento a un texto escrito precedente. En el caso de la firma electrónica sí precisa de un acto de asunción por el sujeto que pretenda utilizarla. En segundo extremo, mientras que la firma manuscrita está unida a una persona, la firma electrónica puede separarse de su titular. De esta forma, es posible la apropiación por otro del mecanismo de creación de firma. La tercera diferencia está vinculada a la temporalidad de la firma digital debido a la vulnerabilidad técnica y la escindibilidad entre sujeto y clave privada de firma, frente a la firma autógrafa que acompañan al sujeto al que pertenece de forma vitalicia.

En el ámbito comunitario, el Reglamento 910/2014 del Parlamento europeo y del Consejo de 23 de julio de 2014 relativo a la identificación electrónica y los servicios de confianza para las transacciones electrónicas en el mercado interior por el que se deroga la Directiva 1999/93/CE sobre firma electrónica establece una normativa para la firma electrónica en el espacio comunitario. Esta norma pretende facilitar el uso de la firma electrónica y contribuir a su reconocimiento jurídico. A su vez mejora el marco jurídico para la firma electrónica y para determinados servicios de certificación con el fin de garantizar el correcto funcionamiento del mercado interior, anteriormente creado por la Directiva 1999/93/CE sobre firma electrónica a la que esta norma deroga.

Con respecto a la regulación nacional sobre firma electrónica, la primera norma española sobre esta cuestión fue el RDL 14/1999 de 17 de septiembre sobre firma electrónica. La tramitación de esta norma se realizó con anterioridad a la aprobación de la Directiva 1999/93/CE sobre firma electrónica. De esta forma, la transposición de esta normativa comunitaria al ordenamiento español se produjo *ex ante* aunque el Gobierno español se comprometió a tramitar la norma como Proyecto de Ley. En cualquier caso, esta iniciativa decayó al expirar el mandato de las Cámaras en marzo de 2000, y en diciembre de 2001 se elaboró el borrador del anteproyecto de Ley de firma electrónica.

De esta forma, se promulga la Ley 59/2003 de 19 de diciembre de 2003, cuyo objetivo es principalmente modificar las cuestiones deficientes del Real Decreto-ley de 1999, adaptarse al marco legislativo de la Directiva comunitaria e introducir novedosos instrumentos, como el DNI electrónico. Según algunos autores, esta es la forma en la que debería haberse regulado esta cuestión desde el principio, evitando las diferencias con la norma comunitaria y los defectos producidos por la ausencia de debate parlamentario.

Asimismo, esta norma regula la validez de la firma electrónica y los requisitos que deben cumplir los prestadores de servicios de certificación. Otras normas relacionadas con la firma electrónica en España, que interesa destacar son: En primer lugar, la Ley 11/2007, de 22 de junio, de acceso electrónico de los ciudadanos a los servicios públicos.

Tiene como principal objetivo el desarrollo de una administración moderna, centrada en ofrecer un servicio lo más eficaz posible al ciudadano utilizando las tecnologías de la información. El impacto principal radica en el hecho de que transforma de facultativa en obligatoria la adopción de instrumentos para el desarrollo de la administración electrónica.

Debe destacarse la reciente promulgación de la Ley 6/2020 de 11 de noviembre reguladora de determinados aspectos de los serivicos electrónicos de confianza.

Esta Ley deroga la Ley 59/2003 sobre firma electrónica.

La Ley 6/2020 no realiza una regulación sistemática de los servicios electrónicos de confianza, que ya han sido legislados por el Reglamento (UE) 910/2014, el cual, por respeto al principio de primacía del Derecho de la Unión Europea, no debe reproducirse total o parcialmente. La función de esta Ley es complementarlo en aquellos aspectos concretos que el Reglamento no ha armonizado y cuyo desarrollo prevé en los ordenamientos de los diferentes Estados miembros, cuyas disposiciones han de ser interpretadas de acuerdo con él.

En segundo extremo, la Ley 56/2007, de 28 de diciembre, de Medidas de Impulso de la Sociedad de la Información, surge con el propósito de estimular la sociedad digital. Para cumplir este objetivo, establece distintas medidas relacionadas con sectores importantes en la actividad económica, como son: servicios de comunicaciones electrónicas a consumidores, en los términos definidos en la Ley 32/2003 de 3 de noviembre de Telecomunicaciones; servicios financieros destinados a consumidores; servicios de suministro de agua a consumidores; servicios de suministro de gas al por menor; servicios de suministro eléctrico a consumidores finales; servicios de agencia de viajes; servicios de transporte de viajeros por carretera, ferrocarril, por vía marítima, o por vía aérea y actividades de comercio al por menor.

De otro lado, destaca la Orden de Hacienda para el uso de la firma electrónica en las relaciones tributarias, de 12 de mayo de 2003. Esta Orden establece normas sobre el uso de la firma electrónica en las relaciones tributarias por medios electrónicos, informáticos y telemáticos con la Agencia Estatal de la Administración Tributaria. De forma similar la Ley 24/2001, de 27 de diciembre, de Medidas Fiscales, Administrativas y del Orden Social, incluye en su articulado el régimen de incorporación de técnicas electrónicas, informáticas y telemáticas a la seguridad jurídica preventiva. En concreto, el art. 109 de esta norma establece el régimen especial de la firma electrónica de Notarios y Registradores de la Propiedad Mercantiles y de Bienes Muebles regulando los requisitos que la firma avanzada exige para las operaciones realizadas por estos profesionales.

En tercer término, los sistemas de información como elemento objetivo de la contratación electrónica: generan, envían, reciben, archivan o procesan mensajes de datos. Según el art. 4.1 b) de la Directiva 2016/1148 de 6 de julio de 2016 relativa a las medidas destinadas a garantizar un elevado nivel común de seguridad de las redes y sistemas de información en la Unión se define a los sistemas de información como «(...) todo dispositivo o grupo de dispositivos interconectados o relacionados entre sí en el que uno o varios de ellos realizan, mediante un programa, el tratamiento automático de datos digitales (...)».

Las actividades que realiza un sistema de información son básicamente cuatro: en primer lugar, entrada de información, a través de este procedimiento el sistema de información recopila los datos que necesita para procesarlos. Las entradas pueden ser manuales, cuando el usuario las proporciona directamente o automáticas cuando proceden de otros sistemas o módulos. Las unidades habituales de entrada de datos a los ordenadores son: los puertos USB, las unidades de CD, los códigos de barras, los escáneres, los altavoces, los monitores sensibles al tacto, el teclado y el ratón, etc.

En segundo extremo, los sistemas de información también se utilizan para almacenar información en archivos y para efectuar cálculos de acuerdo con una secuencia de operaciones preestablecida.

Por otro lado, el agente electrónico o programa también es considerado otro elemento objetivo en la contratación electrónica. Un ordenador está formado por un conjunto de mecanismos compuestos de material físico e intelectual. De esta forma, el hardware es un término genérico utilizado para designar a todos los elementos físicos que lo componen, es decir, gabinete, monitor, *mother board*, memoria RAM, etc. En tanto, el software es todo aquello que le proporciona a la computadora las instrucciones necesarias para realizar una determinada función. Entre ellos destacan el sistema operativo, juegos, controladores de dispositivos, etc.

Por otro lado, el agente electrónico es una aplicación de un programa informático que al ejecutarse hace que el ordenador responda de forma automática. Las características de un agente electrónico son que no se utilizan para una sola tarea, sino que ellos mismos se activan; pueden estar en un servidor en estado de espera, preservando el contexto; pueden hacer que se ejecute un estado en un servidor sobre condiciones de inicio; no requieren acción de los usuarios; pueden invocar otras tareas incluyendo comunicación.

Por último, las redes de transmisión de datos son dispositivos electrónicos que los contratantes utilizan para comunicarse y a través de los cuales manifiestan sus declaraciones de voluntad. A través de estos elementos se produce la perfección electrónica del contrato, en los sitios web activos, como se analizará *infra*. En la LGT se distingue entre red de telecomunicaciones (telefónica, Internet); red pública (directorio bibliotecario, por ejemplo), o red privada (Intranet). En la actualidad, las redes públicas están perdiendo importancia y se han sustituido por Internet.

A su vez, estas redes pueden ser de ámbito local (LAN) o de ámbito global (WAN). Las redes LAN son sistemas de interconexión entre ordenadores, situados a una distancia relativamente próxima, a través de los que se comparten información y recursos. En cambio, las redes WAN, comprenden varias ubicaciones físicas, que provee de servicio a una zona, a un país o a varios continentes, estaría dentro de esta tipología una red que una varias redes locales, no estando sus miembros en una misma ubicación física. Ha de indicarse en todo caso que, actualmente Internet proporciona conexiones de alta velocidad, de forma que un alto porcentaje de las redes WAN se fundan en ese medio, por lo que la necesidad de redes privadas WAN es reducida.

De otro lado, con respecto a los elementos subjetivos de la contratación electrónica, tienen gran importancia en este estudio ya que la ley aplicable y los Tribunales competentes podrán variar según las partes que intervengan en los contratos electrónicos. Debe mencionarse, en primer lugar, a los PSSI que la normativa comunitaria y nacional define como «la persona física o jurídica que proporciona un servicio de la sociedad de la información».

El concepto de PSSI comprende a las físicas y jurídicas, cuya actividad económica desarrollada por cuenta propia tenga por objeto los SSI. De esta forma ha de delimitarse previamente el SSI es: «Todo servicio prestado normalmente a título oneroso, a distancia, por vía electrónica y a petición individual del destinatario, comprendiéndose en tal noción todos los servicios no remunerados por sus destinatarios en la medida en que constituyan una actividad económica para el prestador de los mismos».

Se consideran PSSI, conforme a la LSSICE: «Los operadores de telecomunicaciones, los proveedores de acceso a Internet, los portales, los motores de búsqueda, cualquier sujeto que disponga de un sitio en Internet».

Como se analizará en este trabajo, el PSSI tiene diversas obligaciones relativas a la información que ha de proporcionarse al destinatario de los SSI con carácter previo y posterior al momento de formación del contrato (art 10 y 11 DCE; 27 y 28 LSSICE). En este sentido este sujeto cobra una especial relevancia porque en torno a él confluye el cumplimiento de estos requisitos que incidirán en el contrato electrónico.

En segundo extremo, el destinatario de los SSI es quien con el objetivo de obtener un SSI, accede a Internet. Este sujeto podrá ser consumidor si actúa de forma independiente a su actividad profesional y siendo su contratante un comerciante o profesional si lo hace en el ámbito de su actividad profesional. De esta forma un consumidor siempre será un destinario de un SSI pero un destinatario de un SSI podrá ser un consumidor, pero también un profesional. Este hecho en la práctica es de suma importancia ya que la reglamentación del contrato electrónico varía en un caso u otro.

En otro orden de cosas, «los destinarios de un SSI tienen derecho de acceso a la información del PSSI por medios electrónicos de forma permanente fácil y gratuita» en los términos establecidos en los arts. 5 de la DCE y 10 de la LSSICE.

En tercer término, la DCE reconoce la condición de «consumidor» a la «persona física que actúa con un propósito ajeno a su actividad económica, negocio o profesión». La LSSICE, considera que son consumidores las personas físicas o jurídicas en los términos establecidos en el artículo 1 de la LGDCU («las personas físicas o jurídicas que adquieren, utilizan o disfrutan como destinarios finales bienes muebles o inmuebles, productos, servicios, actividades o funciones, cualquiera que sea la naturaleza pública o privada, individual o colectiva de quienes los producen, facilitan, suministran o expiden»).

Por tanto, la definición de la LSSICE incluye en este concepto al usuario que adquiere bienes o servicios en el tráfico de su empresa, siempre que tales adquisiciones no se relacionen con el tráfico peculiar de las mismas.

Por lo tanto, se aplica el concepto de «consumidor» que recoge la DCE que se limita a las personas físicas que actúan con un objetivo ajeno a su actividad profesional. Como se analizará *infra*, el concepto de consumidor establecido en la LSSICE no se sustituirá por la definición que aparece en la DCE, en todos los casos ya que la protección que la norma comunitaria otorga a los consumidores es de mínimos por lo que puede verse ampliada por la transposición que los Estados miembros hayan hecho de esta norma en el plano nacional.

II. Principios rectores de la contratación electrónica

En primer lugar, uno de los principios que con más importancia incide en la regulación de la contratación electrónica es el principio de equivalencia funcional. Mediante este principio se atribuye eficacia jurídica a los actos formalizados por vía electrónica de manera que los mensajes y firmas electrónicas, tienen la misma relevancia que los instrumentos escritos[15].

La equivalencia funcional, trata de equiparar la contratación electrónica a la contratación realizada por medios tradicionales. En este sentido, tienen la

15 Véase Illescas Ortiz, R., «La equivalencia funcional como principio básico del Derecho de la contratación electrónica», *Revista Aranzadi de Nuevas Teconologías*, núm. 1, 2003, pp. 19-31.

misma eficacia jurídica los mensajes de datos electrónicos y las declaraciones de voluntad expresadas de manera escrita o tradicional[16].

Para que este principio opere con respecto a la contratación electrónica es necesario que esta se desarrolle con la seguridad y confianza jurídica requerida por la sociedad. De esta forma es preciso que se propongan garantías como en el caso de la contratación *off line* aunque en la contratación electrónica se verán reforzadas en determinados ámbitos como es el caso de la información proporcionada al destinatario de los SSI.

En relación con este principio, la LMCE, dispone en su art. 5, que: «No se negarán efectos jurídicos, validez o fuerza obligatoria a la información por la sola razón de que esté en forma de mensaje de datos» Por su parte este principio también se materializó en el art. 23 de la LSSICE: «*Los contratos celebrados por vía electrónica producirán todos los efectos previstos por el ordenamiento jurídico, cuando concurran el consentimiento y los demás requisitos necesarios para su validez. Los contratos electrónicos se regirán por lo dispuesto en este Título, por los Códigos Civil y de Comercio y por las restantes normas civiles o mercantiles sobre contratos, en especial, las normas de protección de los consumidores y usuarios y de ordenación de la actividad comercial*».

En segundo extremo, el principio de neutralidad tecnológica guarda una estrecha relación con el anterior y establece que las normas jurídicas que regulen determinadas relaciones jurídicas tradicionales, deben ser neutrales para poder adaptarse a las mismas relaciones que se desarrollen por vía electrónica. Si no se cumple este objetivo de neutralidad, las regulaciones pueden tener un efecto negativo en el desarrollo de las tecnologías como medio para formalizar relaciones contractuales, esto es, las técnicas que no estén reguladas no podrían utilizarse con este fin.

El objetivo de este principio es poder regular tanto las tecnologías existentes en el momento de su promulgación como las que surjan en el futuro sin que tengan que modificarse continuamente para adaptarse a las novedades tecnológicas que con frecuencia surgen[17].

La legislación de CE es aplicable con independencia de la tecnología que se emplee para la comunicación y transmisión de la información, aunque este principio se ve alterado en ocasiones porque esta regulación en algunos casos está vinculada con una tecnología concreta, como ocurre en el caso de la FE[18].

---

16 Véase Gillies L. E., *Electronic Commerce and Private Law…*, *op. cit.*, pp. 17-18.

17 En relación con este principio, véase la LMCE, epígrafe 8 de la guía para su incorporación al derecho interno y Delfini, F., *Il comercio elettronico*, EGEA, Milán, 1999. p. 33.

18 Véase entre otras las opiniones de los siguientes autores en estas obras: Madrid Parra, A., «Aspectos Jurídicos de la identificación en el comercio electrónico», AA. VV., *Derecho del Comercio Electrónico*, La Ley, Madrid, 2001, p. 203; Guisado Moreno, A., «El Comercio electrónico y su disciplina ¿un nuevo Derecho para un nuevo modelo de mercado y de negocios?», *Revista de Derecho de los negocios*, núm. 145, octubre 2002, p. 43.

En tercer término, el principio de inalteración del derecho preexistente de obligaciones y contratos privados establece la necesidad de adaptar la normativa existente a la contratación electrónica, sin tener que alterar el Derecho que sería aplicable si estas operaciones se realizaran fuera del entorno virtual. Una expresión de este principio es la buena fe contractual que se erige como principio básico en la interpretación y ejecución de contratos de compraventa internacional, y constituye un fundamento esencial del régimen jurídico vinculado al intercambio de bienes y servicios.

En el caso de la contratación electrónica este principio está recogido en la DA 4.ª de la LSSICE[19]. En estos contratos cobra aún más relevancia ya que en la mayoría de los casos las partes operan desde diferentes lugares geográficos, no se conocen y no es posible verificar de forma física los bienes que se están adquiriendo[20].

También es una manifestación de la inalteración del Derecho preexistente el principio de confianza mutuo que se establece, entre otras normas en el art. 1.1 de los PU: «*las partes son libres para celebrar un contrato y para determinar su contenido*», y en el art. 4.1 de la LMCE[21].

Debe mencionarse que los principios de equivalencia funcional, neutralidad tecnológica e inalteración del Derecho preexistente están recogidos en el Anteproyecto de Ley de Código mercantil de 30 de mayo de 2014[22]. Junto a una regulación general de la contratación electrónica esta norma recoge una novedad por la que se incluyen los contratos de servicios mercantiles dentro del «*mundo electrónico*», como aportación fundamental sobre esta cuestión. Esto es, el Anteproyecto establece en su articulado diversas normas relacionadas con contratos específicos para el ámbito electrónico[23].

Por último, el principio de regulación mínima establece que puede resultar contraproducente una regulación excesiva de la contratación electrónica, ya que este hecho puede ir en detrimento del buen funcionamiento

---

19 La DA 4.ª de la LSSICE se refiere precisamente a la modificación operada por esta norma del art. 1262 del Cc y del art. 54 del CCom. Ambos preceptos, con esta nueva regulación, hacen alusión al principio de buena fe contractual.

20 Véase CAMACHO CLAVIJO, S., *Partes intervinientes...*, *op. cit.*, p. 54.

21 Véase UNCETA LABORDA, M., *Los prinicpios de Unidroit. Nuevo instrumento del Derecho del Comercio internacional*, Universidad San Pablo CEU, Madrid, 2004, pp. 45-47.

22 Anteproyecto de Ley sometido a Dictamen del Consejo de Estado por orden de 31 de julio de 2014, núm. expediente 837/2014 (fecha de aprobación de 29 de enero 2015).

23 En el articulado del Anteproyecto de Ley de Código Mercantil se hace alusión en múltiples ocasiones a «los medios electrónicos», a continuación, se citan solo algunos ejemplos: Los arts. 212-217 regulan las *«comunicaciones por medios electrónicos»*; los arts. 231-259 establecen los requisitos para la convocatoria de la Junta General y la posibilidad de utilizar *«medios electrónicos»*. Del mismo modo, la Subsección 6.ª está relacionada con la adopción de acuerdos por escrito o por *«medios electrónicos»* (arts. 231-273).

de nuevas tecnologías que aparecen y cambian con cierta frecuencia. Un exceso de regulación en este ámbito puede ocasionar que las normas sean un impedimento para el correcto desarrollo del CE.

En relación con este principio existen diferentes posturas doctrinales. Por un lado, un sector que lo defiende, empresas dedicadas al CE, que apoyan una autorregulación exclusiva en este tipo de comercio. Un ejemplo es el Global Business *Dialogue on Electronic Commerce*, (foro mundial de estas empresas). De otro lado, un sector más moderado reconoce que es necesario evitar los obstáculos, pero aceptando que es más conveniente una regulación global que diferentes regulaciones locales que estén desconectadas.

Por último, los que se oponen a este principio defiende que el Derecho facilita el CE, al crear condiciones eficaces y proporciona la seguridad jurídica necesaria en este medio, aunque sin emplear una excesiva regulación de acuerdo a los principios enunciados[24].

III. Sitios web activos y pasivos. La tienda virtual

3.1. Diferencia en los procesos contractuales por vía electrónica en sitios web activos y pasivos

Un sitio web *(website)* es una colección de páginas web relacionadas y comunes a un dominio de Internet o sub-dominio en la *World Wide Web* (WWW). Existen diferentes tipos de sitios web dependiendo: en primer lugar, de su audiencia. De esta forma pueden crearse: sitios web públicos, dirigidos al público, en general, sin restricciones de acceso, o sitios limitados por el perfil de usuarios, que pueden acceder, Esto es, sitios cuyo acceso está restringido a una empresa u organización, que normalmente funcionan dentro de redes privadas.

En segundo extremo, en función de su dinamismo, pueden distinguirse: sitios web activos en los que el usuario puede modificar el contenido del sitio, que variará en función de cada usuario y de sus objetivos. Normalmente, los sitios se generan cuando el usuario los solicita, personalizando la información que se le ofrece. Es decir, el usuario de estos sitios web puede interactuar, comprar productos y servicios, a través de una TV. Dentro de esta clasificación se encuentran también los sitios web pasivos, en los que los usuarios no pueden variar ni añadir nada al sitio, al encargarse de sus contenidos sus diseñadores de forma exclusiva. En este tipo de sitios web, normalmente solo se encuentra información, o/y publicidad sobre una persona física o jurídica, sin

24 Véase Terceiro, J. B.; Matias, G., *Digitalismo. El nuevo horizonte sociocultural*, Taurus, Madrid, 2001, pp. 23 y ss.

que el usuario pueda comprar ni vender ningún producto o servicio, es decir no disponen de TV[25].

De acuerdo con lo expuesto, existen dos tipos de *websites*, aquellas en las que solo se da información, banners, etc (*websites* pasivas) y aquellas, que también se denominan «centros comerciales virtuales» o *market place*, es decir *websites* activas[26].

En las primeras, la empresa da información sobre sus productos, marcas y precios, y en las segundas, pueden hacerse pedidos *on-line*, disponen de TV, de Intranet/extranet, acceso restringido a clientes, información del sistema de seguridad, etc. Por tanto, junto a la información sobre la entidad y los productos, se permite desarrollar la actividad comercial *on-line*. Esto es, se trata de una web operativa para hacer la transacción, que precisa de un servicio externo especializado en hacerla. Sus características principales son: el gran número de posibilidades en su diseño y desarrollo. Además de la realización de compras a través de su TV, este tipo de sitios permiten un gran número de funcionalidades, tales como bases de datos, foros, contenido dinámico, etc.

Sin embargo, las *websites* pasivas se presentan sin movimiento y sin funcionalidades más allá de los enlaces, se construyen con el lenguaje HTML[27].

Son muy sencillas de crear, aunque ofrecen pocas ventajas tanto a los desarrolladores como a los visitantes, ya que solo se pueden presentar textos planos acompañados de imágenes y contenidos multimedia, como pueden ser videos o sonidos[28].

En cambio, en el caso de las *webistes* dinámicas o activas se incluyen efectos especiales o funcionalidades y, para ello, es necesario utilizar otros lenguajes de programación, aparte del simple HTML. De esta manera, estos sitios web son más complejos y versátiles. Sus principales características son ausencia de movimiento y funcionalidades, absoluta opacidad a los deseos o búsquedas del visitante a la página y están realizadas en lenguaje XHTML o HTML[29].

Para cambiar los contenidos del sitio es imprescindible acceder al servidor donde está alojado. De otro lado, el usuario no tiene ninguna posibilidad de seleccionar, ordenar o modificar los contenidos o el diseño de la *websites* y el

25 Véase Jaburek, W.J.; Wölfl, N., *Cyber-Recht*, Ueberreuter, Viena-Frankfurt 1997, pp. 15-36.

26 Véase Gómez Valenzuela, E., «The development of contract...», *loc. cit*, pp. 124-129.

27 Véase Font, A., *Seguridad y certificación en el comercio electrónico*, Fundación Auna, Madrid, 2000, pp. 67-79.

28 Véase Vazquez, C., *Comercio electrónico, firma electrónica y servidores: comentarios y anexo legislativo*, Dijusa, Madrid, 2002, pp. 30-37.

29 Véase Warwick, F. & Baum, M. S., *Secure electronic commerce, Bulding the infrastructure for digital signatures & encryption*, Prentice Hall, Madrid, 1997, pp. 45 y ss.

proceso de actualización es lento, tedioso y esencialmente manual. No se pueden utilizar funcionalidades, tales como bases de datos, foros, TV, etc.

En relación con esta cuestión debe mencionarse en la actualidad el auge de la Web 2.0 que se trata de una evolución de las *websites* en la que los usuarios dejan de ser usuarios pasivos para convertirse en usuarios activos, que participan y contribuyen en el contenido de la red siendo capaces de crear, dar soporte, y formar parte de una sociedad y/o comunidades tanto a nivel local como global; que se informan, comunican y generan conocimiento y contenido[30].

La Web 2.0 se refiere al fenómeno social surgido a partir del desarrollo de diversas aplicaciones en Internet. El término establece una distinción entre la primera época de las *websites* (donde el usuario era básicamente un sujeto pasivo que recibía la información o la publicaba, sin que existieran demasiadas posibilidades para que se generara la interacción) y la segunda estaba relacionada con la revolución que supuso el auge de los blogs, las redes sociales y otras herramientas relacionadas[31].

Los teóricos de la aproximación a la Web 2.0 piensan que el uso de la web está orientado a la interacción y redes sociales, que pueden servir contenido que explota los efectos de las redes, creando o no webs interactivas y visuales. Es decir, los sitios Web 2.0 actúan más como puntos de encuentro o webs dependientes de usuarios, que como webs tradicionales.

En tercer término, dependiendo de su apertura, puede hacerse una distinción entre: sitios con estructura abierta, en las que todos los documentos disponen de su dirección y los usuarios pueden acceder a cualquier punto de la website; y sitios con estructura cerrada, que limitan el acceso a unos pocos puntos de entrada (incluso a uno solo). También hay sitios con estructura semi-cerrada. En tal caso, se trata de una combinación de las dos modalidades anteriores, esto es, obliga a los usuarios a acceder por unos puntos específicos[32].

Por último, según los objetivos que se persigan con la creación de la *website* pueden encontrarse sitios comerciales, que se crean para promocionar los negocios con una clara finalidad económica. Su audiencia puede estar formada por clientes, inversores, empleados e, incluso, la competencia y los medios de comunicación. De otro lado, los sitios informativos tienen como finalidad principal distribuir información. La clasificación de este tipo de sitios depende del tipo de información que distribuyen.

En este sentido, puede tratarse de información relativa a cuestiones de ocio, en este caso estas *websites* no serán fáciles de crear ni de mantener y, a veces,

30 Véase Anderson, P., «What´s web 2.0?» *JISC, Technology and Standars watch*, febrero, 2007, pp. 26-39.

31 Véase Kamel Boulos, M. N.; Wheeler, S., «The emerging web 2.0 social software», AA. VV., *El professional de la información*, BMC Med, Lontres, 2007, pp. 95-106.

32 Véase Ribas Alejandro, J., *Aspectos jurídicos..., op. cit.*, pp. 45-47.

seguirán reglas propias; ya que será más importante sorprender al usuario con innovaciones que mantener la consistencia y la estructura. De otro lado, si la información que pretende distribuir el sitio web está relacionada con la navegación, la finalidad principal será ayudar al usuario a encontrar lo que busca en Internet, en este grupo se sitúan los portales que comprenden prácticamente todo dentro del mismo grupo. Por último, pueden encontrarse *websites* personales, que al igual que los anteriores, son un medio de expresión de su creador o creadores[33].

3.2. Sitios web activos y contratación electrónica

Una de las formas en las que en la actualidad se produce un gran número de contratos electrónicos es a través de sitios web activos, esto es, presionando en el icono de la computadora («ok», «aceptar», entre otras) de que se trate.

Por este motivo resulta necesario estudiar el momento en el que se producen las manifestaciones de la voluntad (oferta y aceptación) de las partes contratantes, cuestión esta en la que se centra el presente trabajo desde la perspectiva del DIPr. El principio de la autonomía de la voluntad sigue siendo la base de todo acuerdo, lo que se modifica por los avances tecnológicos son las formas de manifestación de la oferta y de la aceptación[34]. La problemática surge en vista al grado de seguridad que brindan dichos recursos y la aceptación jurídica de los mismos ante un supuesto de incumplimiento contractual.

De esta manera, la voluntad de las partes de celebrar un contrato expresada a través de la aceptación de una oferta previamente realizada por un PSSI supondrá la formación del contrato electrónico. Esta cuestión *a priori* simple se puede tornar algo más compleja en la contratación electrónica. Es el caso de la aceptación de una oferta que se realiza a través de un sitio web, en el que, además, en la mayoría de los casos hay que aceptar unas CGC para que se produzca el nacimiento de la relación jurídica.

Este trabajo se centra en las transacciones realizadas a través de sitios web activos que disponen de TV. En estos casos, se pone a disposición de los clientes a través del sitio web una serie de información sobre los productos y servicios que se ofrecen, relacionada con imágenes sobre estos, se pueden leer sus especificaciones, y finalmente, adquirirlos. Este servicio otorga rapi-

33 Véase Martínez Nadal, A., *Comercio electrónico, Firma digital y autoridades de certificación*, Civitas, Madrid, 2002, pp. 45-48.

34 Véase Lambert, J., «Formación de los contratos: comunicación de la oferta y la aceptación. La postura de la Common Law (derecho consuetudinario)», AA. VV., *La validez de los contratos internacionales negociados por medios*, Editorial Universitaria, Madrid, 1989, pp. 48 y ss.

dez a la transacción en la compra, la posibilidad de hacerlo desde cualquier lugar del mundo y a cualquier hora del día.

El pago de estos productos se realiza mediante tarjeta de crédito y el envío al cliente se efectúa por correo o agencia de transporte, aunque según el país y la TV puede haber otras opciones, como *Paypal*[35]. También suelen ofrecerse métodos de pago alternativos como la transferencia bancaria o el pago contra reembolso, este último suele llevar asociada una comisión en la mayor parte de las tiendas en línea que lo ofrecen. Por otro lado, debe indicarse que la mayoría de TV requiere la creación de un usuario en el sitio web a partir de datos como nombre, dirección y correo electrónico.

Debe indicarse que además de los medios tradicionales mencionados cada vez existen más formas virtuales de pago que de forma alternativa se utilizan en el entorno digital. Es el caso de la *bitcoin* o moneda virtual y la tecnología *blockchain*, que significa cadena de bloques y que está relacionada con la primera[36].

En el caso del *bitcoin*, se trata de una moneda que como las habituales (euro, dólar, libra, etc.) se utiliza para el intercambio de bienes y servicios. Su diferencia principal radica en su eficiencia, facilidad de intercambio y seguridad. Además, esta divisa electrónica carece de emisores centrales. La tecnología *blockchaim* permite la transferencia de datos digitales con una codificación muy novedosa y de una forma segura. Se trata de una especie de libro de asientos contables donde figuran las entradas y salidas de dinero, por esta razón se dice que es un libro de acontecimientos digitales. Además, otra gran diferencia es que para realizar estas transferencias no es necesario un intermediario.

3.3. Proceso contractual de las subastas en línea

Los procesos contractuales de subastas en Internet se desarrollan a través de una plataforma que tiene varios objetivos: en primer lugar, someter a la puja de los potenciales compradores el producto que el vendedor pretende comercializar, a un precio mínimo y durante un lapso de tiempo determinado. En segundo extremo, asignar al comprador que haya realizado la puja más elevada el citado bien subastado cuando se trate de la modalidad de subasta «inglesa», o «ascendente», que es la más habitual

35 *PayPal* permite a las empresas o consumidores que dispongan de correo electrónico enviar y recibir pagos en Internet de forma segura, cómoda y rentable. La red de PayPal se basa en la infraestructura financiera existente de cuentas bancarias y tarjetas de crédito para crear una solución global de pago en tiempo real (www.paypal.com/es).

36 La descripción expuesta se ha obtenido mediante la consulta de distintas páginas webs, como https://academy.bit2me.com/ y www.innovation-hub.com, así como de la obra: Tapscoott, T., Tapscoot, A., *La revolución blockchaim*, Deusto, Madrid, 2017, pp. 32-41.

en la práctica[37]. La puja se realiza a través del «clic de ratón» sobre un producto a un precio determinado.

En tercer término, el último de los pasos relacionados con las subastas en línea consiste en notificar al vendedor y al comprador para que, una vez realizada la transacción se pongan en contacto y se produzca la entrega del bien y el pago del precio respectivamente[38].

Resulta de interés destacar que la jurisprudencia alemana se ha pronunciado sobre las diferencias existentes entre las subastas tradicionales y las que se llevan a cabo por medios electrónicos. En este sentido, consideran que estas últimas no son subastas propiamente dichas, sino que se tratan de «ventas al mejor postor» que se efectúan por vía electrónica. Además, según afirman los Tribunales alemanes, las subastas por Internet no están sujetas a las limitaciones físicas de espacio y de tiempo, sino que estas crean su propio plazo de duración durante el cual las personas interesadas pueden efectuar sus ofertas.

La mayor parte de las subastas que se realizan a través de Internet se organizan por terceros intermediarios que son los que prestan este SSI a través de las plataformas indicadas[39].

Es frecuente que la plataforma otorgue al comprador la opción de adquirir con mucha celeridad el bien en el que esté interesado, al precio indicado por el vendedor. Si algún comprador se decide por alguno de los productos ofertados, la subasta no comenzará o se interrumpirá en ese momento, al coincidir las condiciones ideales para el vendedor con las pretensiones del comprador. La plataforma suele tener una comisión sobre el precio de la operación que normalmente paga el vendedor.

Pese a su particular funcionamiento, y cuando el comprador es consumidor, las plataformas electrónicas de subastas se asimilan jurídicamente a la contratación electrónica estándar. La diferencia consiste en que en este supuesto la plataforma, en lugar de estar alojada en el servidor del vendedor lo está en el servidor de la empresa de subastas. Esta diferencia no es tan importante jurídicamente, ya que al comprador se le facilita el acuse de recibo de su puja, como en las plataformas estándares, ya que en las subastas el número de compradores potenciales del producto será indeterminado y será necesario tal justificante para el comprador que resulte ganador de la puja[40].

37 Véase García Mexia, P., *Derecho Europeo de Internet, hacia la autonomía económica y la globalidad geográfica*, Netbiblo, La Coruña, 2009, pp. 39-45.

38 Véase Asensi Merás, A., *Régimen jurídico de las subastas: las subastas electrónicas en particular*, Alicante, Universidad de Alicante, enero, 2012, pp. 163 y ss.

39 Véase García Mexia, P., *Derecho Europeo de Internet..., op. cit.*, pp. 41-45.

40 Véase Coronil Jonsson, A., Pampillon Olmedo, R., «La iniciativa e-Europa: Una sociedad de la información para todos», J., Cremades, M. A., Fernández Ordoñez, R. Illescas

Por tanto, en estos casos, también han de cumplirse los requisitos de información posterior (acuse de recibo) establecidos en el art. 11 de la DCE. La protección de este precepto se basa en las distintas situaciones que pueden darse: en primer lugar, que la subasta no comience o se interrumpa; en segundo extremo, si comienza los posibles adquirentes serán indeterminados en número por lo que han de tutelarse los intereses de todos ellos, mediante el mecanismo de protección que establece este precepto[41].

IV. Aplicación de las normas de contratación general a la contratación electrónica

4.1. Debate suscitado en torno a la «Autorregulación de la Red versus necesario marco normativo»

Debido a la naturaleza del comercio electrónico no siempre ha estado clara la necesaria regulación de las relaciones que se desarrollan por este medio. Cuando surgieron las primeras operaciones en la «red», varios autores, en concreto Johnson y Post en el año 1996 propugnaron que «*la única estructura de poder en Internet fuera la que su operadores protagonizan (autogobierno)*»[42]. Al no existir una «central», ni una sede o dirección, Internet parecía impermeable a cualquier intento de control normativo desde una Instancia central.

Una relevante y lógica consecuencia de esa descentralización es además el hecho de que en el seno de la Red desaparece el concepto de frontera geográfica. Esta visión de autorregulación de la red, tuvo respuesta en el inicio de un debate que dura hasta la actualidad, entre los juristas especializados en Internet[43].

En el fondo, la cuestión no radica en el hecho de si el ciberespacio es o no «un lugar». Debe recordarse, que Internet puede ser contemplado y conceptuado desde múltiples perspectivas, no solo la «espacial». Por este motivo,

(coords.), *Régimen jurídico de Internet*, Madrid, La Ley, 2002, pp. 129-150.

41 Véase Gómez Valenzuela, E., «Páginas web activas y pasivas...», *loc. cit*, pp. 27-35.

42 Véase Johnson, D. R., Post, D. G., «Law and Borders: the rise of law in cyberspace», *Stanford Law Review*, vol. 48, 1996, pp. 1367-1402.

43 Véase García Mexía, P., *Derecho Europeo de Internet..., op. cit.* pp. 15-19; Barnés Vázquez, J., «La internet y el derecho: Una nota acerca de la libertad de expresión e información en el espacio cibernético», *Cuadernos de derecho judicial*, núm. 6, 1997, pp. 233-241; Zittrain, J., «The Future of the Internet and How to Stop It», *Yale UniversityPress*, (April 14, 2008), pp. 21-38.

debe tenerse en cuenta no solo desde el punto de vista de las circunstancias espaciales o temporales, sino también como fenómeno de gran importancia política, social, económica, cultural o tecnológica[44]. En este sentido, gran parte de la doctrina se declina hacia la opción de que la «red» puede y debe quedar sujeta al Estado y al Derecho, en este sentido, autores como Lessig, comenzaron por negar que el ciberespacio fuera irregulable[45].

Pese a estas afirmaciones, existen autores que se han pronunciado sobre las ventajas que tendría la creación de un *corpus normativo* que estaría constituido por un aún inexistente conjunto de reglas transnacionales de comportamiento que se ha venido denominando de diversas formas: *lex electrónica*[46], *lex informática*[47], o *lex mercatoria* del ciberespacio.

Las ventajas de este conjunto de reglas según A. L. Calvo Caravaca y J. Carrascosa González, serían diversas: en primer lugar, se proporcionarían soluciones directas e inmediatas, escapando a la complejidad del mecanismo del método de atribución[48]. En segundo extremo, se trataría de un sistema auténticamente internacional y por tanto válido para todos los países. En tercer término sería un cuerpo normativo creado *ex novo* para una realidad también novedosa, y además en constante formación (lo que permitiría adaptarse con rapidez a los nuevos fenómenos tecnológicos) hallando en el juez virtual el órgano sancionatorio propio y ajeno; por último, garantizaría la máxima libertad de expresión y de comunicación en la red, disminuyendo la tutela de los derechos de la propiedad intelectual, de la propiedad industrial, de los derechos de la personalidad, etc.

Por otro lado, el principal inconveniente con respecto a la autorregulación de las relaciones que se desarrollan por vía electrónica es que la soberanía de los Estados sigue constituyendo en la actualidad un firme postulado en las relaciones internacionales en una sociedad globalizada[49].

---

44 Véase PRICE, M. E.; VERHULST, S. G., *Selft-Regulation and the Internet*, Netherlands, Kluwer Law International, 2005, pp. 3-27.

45 Véase LESSIG, L., *El código y otras leyes del ciberespacio*, Taurus, Madrid, 2001, pp. 41-49.

46 Véase GAUTRAIS, V.; LEFEBVRE, G; BENYEKHLEF, K., «Droit du commerce electronique et norms applicable: l´émergence de la lex electronic», *RDAI/IBLJ*, 1997, núm. 5, pp. 547-583: ZAMORA GADOT, F. J., «Hitos del sustrato social y económico del Derecho internacional privado», *RGD*, núm. 667 (ABRIL DE 2000), p. 4476.

47 Otros autores como Reidenberg califican como «Lex informática» no solo la legislación positivizada por los Estados, sino también «el diseño de red y los estándares, así como las configuraciones de sistema» (véase REIDENBERG, J. R., SCHWARTZ, P., *On-line services and data protection law: regulatory responses*, Office of official publications of the European Commission, 1998, pp. 21-28).

48 Véase CALVO CARACAVA, A. L., CARRASCOSA GONZÁLEZ, J., *Conflictos de Leyes…*, *op. cit.*, p. 15.

49 Véase MANKOWSKI, P., «Wider ein transnationales Cyberlaw Oder: Von der fortbesthehenden Bedeufung des Internationalen Privatrechats bei Internet- Sachverhaften», *A/P*

De otro lado, otros autores como P. Mankowski afirman que la existencia de una *cyberlaw* es inconcebible y una de las razones es la necesaria protección de los consumidores y la existencia de normas internacionales en este sentido cuya regulación debe reservarse al DIPr[50]. Por tanto, defienden la necesidad de un marco jurídico que permita dar confianza a los actores implicados, Este se encuentra conformado, entre otras normas por la DCE.

Esta norma, pese a haber contribuido en la regulación del comercio electrónico, no permite conseguir todos los objetivos relacionados con la creación de un régimen regulador uniforme sobre esta cuestión en la UE. Este hecho se debe, entre otros motivos, a su indefinición, al objeto de conseguir el consenso de los Estados miembros, y tiene como consecuencia una diversidad legislativa en las normas de transposición. La falta de concreción de la DCE está relacionada, entre otras cuestiones, con el momento de perfeccionamiento del contrato electrónico, que no encuentra una respuesta satisfactoria en esta norma.

(Archive für Presserecht), 30 (1999), p. 138.

50 Véase JONES, R., MOORE, R., «Introduction: An uncomfortable marriage: The challenges "new" technology is posing to "old" or established legal concepts?», *International Review of Law Computers & Technology*, 23, núm. 1-2, March-July 2009.

CAPÍTULO SEGUNDO

VÍA JUDICIAL

I. Determinación de la competencia judicial en el marco de la UE: Reglamento 1215/2012 de 12 de diciembre (Bruselas I bis)

Según el art. 81 del Reglamento (UE) 1215/2012, del Parlamento Europeo y del Consejo, de 12 de diciembre de 2012, relativo a la competencia judicial, el reconocimiento y la ejecución de resoluciones judiciales en materia civil y mercantil, el mismo entró en vigor el 10 de enero de 2015.

Esto supuso un auténtico avance en las relaciones comerciales entre países de la UE, en virtud del cual los acreedores que vean reconocido su derecho de crédito, pero cuya ejecución del mismo deba ser efectiva en otro Estado no tendrán que acudir a un costoso reconocimiento judicial del título judicial en el país donde debe llevarse a cabo la ejecución de lo ya resuelto.

A estos efectos, el propio Reglamento constató la existencia de ciertas diferencias en las normas nacionales sobre competencia judicial y reconocimiento de las resoluciones judiciales que hacían más difícil el buen funcionamiento del mercado interior. Por ello, se hacía constar que son indispensables, por consiguiente, disposiciones mediante las que se unifiquen las normas sobre conflictos de jurisdicción en materia civil y mercantil, y se garanticen un reconocimiento y una ejecución rápidos y simples de las resoluciones judiciales dictadas en un Estado miembro.

1.1. Localización de los antecedentes históricos de esta regulación

Encontramos los antecedentes históricos de la precitada regulación en:

a) El 27 de septiembre de 1968, los entonces Estados miembros de las Comunidades Europeas celebraron, al amparo del artículo 220, cuarto guion, del Tratado constitutivo de la Comunidad Económica Europea, el Convenio de Bruselas relativo a la competencia judicial y la ejecución de resoluciones judiciales en materia civil y mercantil, modificado posteriormente por los Convenios de adhesión de nuevos Estados miembros a dicho Convenio («Convenio de Bruselas de 1968»).

b) El 16 de septiembre de 1988, los entonces Estados miembros de las Comunidades Europeas y determinados Estados de la AELC celebraron el Convenio de Lugano, relativo a la competencia judicial y a la ejecución de resoluciones judiciales en materia civil y mercantil («Convenio de Lugano de 1988»), paralelo al Convenio de Bruselas de 1968. El Convenio de Lugano de 1988 entró en vigor en Polonia el 1 de febrero de 2000.

c) El 22 de diciembre de 2000, el Consejo adoptó el Reglamento (CE) n.º 44/2001, que sustituye al Convenio de Bruselas de 1968 en los territorios de los Estados miembros a los que se aplica el TFUE, para todos los Estados miembros excepto Dinamarca.

d) Mediante la Decisión 2006/325/CE del Consejo, la Comunidad celebró un acuerdo con Dinamarca por el que se establecía la aplicación de las disposiciones del Reglamento (CE) n.º 44/2001 en Dinamarca.

e) El Convenio de Lugano de 1988 fue revisado por el Convenio relativo a la competencia judicial, el reconocimiento y la ejecución de resoluciones judiciales en materia civil y mercantil, firmado en Lugano el 30 de octubre de 2007 por la Comunidad, Dinamarca, Islandia, Noruega y Suiza («el Convenio de Lugano de 2007»).

En relación al ámbito de aplicación material del Reglamento Bruselas I bis, si bien sigue tratándose de la materia civil y mercantil con independencia de la naturaleza del órgano jurisdiccional, se amplían las exclusiones. En efecto, pasan a estar excluidas las acciones relativas a «acta iure imperii»; de este modo, poniendo fin a dudas interpretativas que se habían producido en la práctica jurisdiccional, quedan ahora expresamente excluidas del ámbito de aplicación del Reglamento las acciones de responsabilidad civil frente a la administración pública. Asimismo, se excluyen, además de los regímenes matrimoniales, que quedaban ya excluidos del ámbito de aplicación del anterior reglamento, los regímenes que regulen relaciones con efectos comparables al matrimonio según la ley aplicable. Y, en tercer lugar, quedan también excluidos del ámbito de aplicación del nuevo reglamento, las acciones en materia de alimentos, que sí venían recogidas en el anterior reglamento, debiéndose dicha modificación a que entre tanto se aprobó un reglamento específico —Reglamento 4/2009 del Consejo, de 18 de diciembre de 2008, relativo a la competencia, la ley aplicable, el reconocimiento y la ejecución de las resoluciones y la cooperación en materia de obligaciones de alimentos—.

Una vez determinado el ámbito de aplicación temporal y material del Reglamento, deben analizarse las novedades que se introdujeron con el mismo abordando, en un primer bloque, la competencia judicial y, en un segundo bloque, el reconocimiento y ejecución de títulos ejecutivos judiciales y extrajudiciales extranjeros.

Con respecto a la competencia judicial, la cual se estructura en el Reglamento, como en el anterior, mediante un criterio general —competencia del domicilio del demandado—, competencias especiales, competencias en materia de seguros, contratos celebrados por consumidores/as y contratos individuales de trabajo, competencias exclusivas y autonomía de la voluntad —pactos de sumisión—, en el nuevo reglamento observamos una mayor tendencia del legislador comunitario hacia el «eurocentrismo». En efecto, en determinados supuestos, aunque no haya domicilio de una de las partes en un Estado miembro, en los casos de consumidores/as, contratos individuales de trabajo, competencias exclusivas, y pactos de sumisión, resulta igualmente aplicable el Reglamento europeo —y no las normas de derecho internacional privado nacionales—.

El Reglamento 1215/2012 incorpora asimismo como novedad, dentro de las competencias especiales, las acciones de recuperación de bienes culturales, en relación a las cuales se establece que serán competentes los tribunales del lugar en que dichos bienes se encuentren en el momento de interponer la demanda.

En materia de patentes, marcas y otros derechos análogos, este Reglamento introduce también una nueva precisión, en virtud de la cual la competencia exclusiva de los tribunales del lugar en el que se halle el registro de los mismos se aplica con independencia de que la cuestión se haya suscitado mediante una acción o por vía de excepción, aclarando así dudas interpretativas que se estaban produciendo en la práctica en esta materia.

En relación a la autonomía de la voluntad, esto es, a los pactos de sumisión en virtud de los cuales las partes acuerdan someter cualquier litigio que pueda surgir entre las mismas a unos determinados tribunales, es de destacar que, en virtud del Reglamento «Bruselas I bis», dicho pacto será considerado un acuerdo independiente del resto del contrato, de manera que la validez del acuerdo atributivo de competencia no podrá ser impugnada por la sola razón de la invalidez del contrato.

Con respecto a la sumisión tácita, el Reglamento 1215/2012 sigue manteniendo y desarrollando el espíritu de protección de la parte débil que ya venía impregnando al anterior Reglamento «Bruselas I», establece como novedad que, en caso de comparecencia de la parte débil —tomador/a, asegurado/a o beneficiario/a de un seguro, persona perjudicada, consumidor/a o trabajador/a— ante un tribunal, este, antes de asumir su competencia, le informará sobre su derecho de impugnar la competencia del tribunal y sobre las consecuencias de su comparecencia.

El Reglamento realiza asimismo una serie de modificaciones en materia de litispendencia y conexidad con el propósito de poner orden a las situaciones en las cuales se produzcan procedimientos paralelos en diferentes Estados sobre una misma materia o sobre materias conexas. Así, por ejemplo, se limita el alcance de la litispendencia y sus efectos en determinados supuestos, poniendo así freno a estrategias procesales temerarias como la práctica conocida como el «torpedo italiano», en virtud de la cual una de las partes presentaba una demanda en Italia a sabiendas de que sus tribunales no eran competentes en el caso concreto y que la justicia italiana es más lenta que la de otros Estados miembros, con el fin de dilatar el proceso hasta que los tribunales italianos se declararan incompetentes —meses o años más tarde— y forzar así una negociación favorable.

Salvo por algunos temas puntuales, como ha quedado expuesto, este nuevo Reglamento no aporta realmente novedades muy notables en materia de competencia judicial. La doctrina ha quedado en cierta forma decepcionada, por cuanto esperaba mayores novedades.

El Reglamento 1215/2012, igual que lo hacía el anterior, dispone que, en materia contractual, será competente el tribunal del lugar de cumplimiento de la obligación que sirve de base a la demanda, el cual, salvo pacto en contrario, será, en las compraventas de mercancías, el lugar de entrega de las mismas y, en las prestaciones de servicios, el lugar de prestación de los mismos, y que si ello no puede aplicarse, se aplicará lo anterior, esto es, será competente el tribunal del lugar de cumplimiento de la obligación que sirve de base a la demanda.

Por otro lado, en cuanto a las medidas provisionales y cautelares, este Reglamento aporta novedades relevantes. En efecto, hasta ahora se podía solicitar en un Estado miembro la ejecución de resoluciones extranjeras mediante las cuales se ordenaban medidas cautelares, en base al Reglamento 44/2001 («Bruselas I»), siempre y cuando se tratara de títulos ejecutivos, lo cual se daba por ejemplo en el caso de Alemania (donde las mismas se dictan mediante una resolución judicial cuya naturaleza es la de un título ejecutivo) pero no en el de Francia (donde no se trata de resoluciones judiciales con la naturaleza de título ejecutivo sino de simples autorizaciones internas —sin efectos extraterritoriales— del tribunal a los «huissiers de justice» —oficiales nombrados por el Ministerio de Justicia provistos de autoridad pública cuya actividad ejercen contratados a instancia de parte—), y no quedaba claro si existía alguna otra limitación al respecto.

Pues bien, bajo el Reglamento 1215/2012, además de establecerse, como en el Reglamento anterior, que para ordenar medidas cautelares no se requiere ser competente para el tema de fondo, se dispone que solamente podrán circular y ser ejecutadas en otros Estados miembros, esto es, tener efectos extraterritoriales, las resoluciones de medidas cautelares dictadas por los tribunales competentes para conocer del fondo del asunto. Y con respecto a la necesidad o no de que el demandado hubiera sido citado antes de la adopción de las medidas como requisito para su ejecutoriedad en el extranjero, materia que fue tratada en la jurisprudencia del TJUE, el nuevo reglamento establece que será necesario que el demandado haya sido citado a comparecer con carácter previo a la adopción de la medida o que la resolución relativa a la medida le haya sido notificada antes de su ejecución.

En cuanto a las medidas cautelares consistentes en el embargo transfronterizo de cuentas bancarias, habrá que estar atentos/as al Reglamento específico creado en la materia, el Reglamento 655/2014 del Parlamento Europeo y del Consejo, de 15 de mayo de 2014, por el que se establece el procedimiento relativo a la orden europea de retención de cuentas a fin de simplificar el cobro transfronterizo de deudas en materia civil y mercantil, el cual será aplicable a partir del 18 de enero de 2017.

En este sentido, una cuestión clave en el Reglamento Bruselas I bis se centra en su art. 24 en donde se recogen las competencias exclusivas en materia de ejecución de resoluciones, en virtud de lo cual:

> «Son exclusivamente competentes, sin consideración del domicilio de las partes, los órganos jurisdiccionales de los Estados miembros que se indican a continuación:
>
> 1) en materia de derechos reales inmobiliarios y de contratos de arrendamiento de bienes inmuebles, los órganos jurisdiccionales del Estado miembro donde el inmueble se halle sito.
>
> No obstante, en materia de contratos de arrendamiento de bienes inmuebles celebrados para un uso particular durante un plazo máximo de seis meses consecutivos, serán igualmente competentes los órganos jurisdiccionales del Estado miembro donde esté domiciliado el demandado, siempre que el arrendatario sea una persona física y que propietario y arrendatario estén domiciliados en el mismo Estado miembro;
>
> 2) en materia de validez, nulidad o disolución de sociedades y personas jurídicas, así como en materia de validez de las decisiones de sus órganos, los órganos jurisdiccionales del Estado miembro en que la sociedad o persona jurídica esté domiciliada; para determinar dicho domicilio, el órgano jurisdiccional aplicará sus normas de Derecho internacional privado;
>
> 3) en materia de validez de las inscripciones en los registros públicos, los órganos jurisdiccionales del Estado miembro en que se encuentre el registro;
>
> 4) en materia de inscripciones o validez de patentes, marcas, diseños o dibujos y modelos y demás derechos análogos sometidos a depósito o registro, independientemente de que la cuestión se haya suscitado por vía de acción o por vía de excepción, los órganos jurisdiccionales del Estado en que se haya solicitado, efectuado o tenido por efectuado el depósito o registro en virtud de lo dispuesto en algún instrumento de la Unión o en algún convenio internacional.
>
> Sin perjuicio de la competencia de la Oficina Europea de Patentes según el Convenio sobre la Patente Europea, firmado en Múnich el 5 de octubre de 1973,

los órganos jurisdiccionales de cada Estado miembro serán los únicos competentes en materia de registro o validez de una patente europea expedida para dicho Estado miembro;

5) en materia de ejecución de las resoluciones judiciales, los órganos jurisdiccionales del Estado miembro del lugar de ejecución.»

Así, el art. 36 reconoce que «Las resoluciones dictadas en un Estado miembro serán reconocidas en los demás Estados miembros sin necesidad de procedimiento alguno» con lo que desaparece el procedimiento de exequator y la exigencia de una resolución que homologue esa resolución otorgándose validez directa a la dictada en el país de la UE.

Lo que se le exige al ciudadano que a partir del día 10 de enero de 2015 pretenda aplicar este Reglamento es, en primer lugar, el reconocimiento de la resolución a ejecutar, a tenor del art. 37:

«1. La parte que desee invocar en un Estado miembro una resolución dictada en otro Estado miembro deberá presentar:

a) una copia de la resolución, que reúna los requisitos necesarios para ser considerada auténtica, y

b) el certificado expedido conforme a lo dispuesto en el artículo 53.

2. El órgano jurisdiccional o la autoridad ante el cual se invoque una resolución dictada en otro Estado miembro podrá, en caso necesario, pedir a la parte que la haya invocado que presente, de conformidad con el artículo 57, una traducción o una transcripción del contenido del certificado mencionado en el apartado 1, letra b), del presente artículo. El órgano jurisdiccional o la autoridad podrá exigir una traducción de la resolución en lugar de la traducción del contenido del certificado si no puede continuar sus diligencias sin ella».

La única limitación impeditiva de la ejecución está en el art. 38 a tenor del cual:

«El órgano jurisdiccional o la autoridad ante el que se invoque una resolución dictada en otro Estado miembro podrá suspender el procedimiento, en todo o en parte si:

a) se impugna la resolución en el Estado miembro de origen, o

b) se solicita una resolución en la que se declare que no existen motivos para denegar el reconocimiento con arreglo al artículo 45, o una resolución declarativa de que debe denegarse el reconocimiento por alguno de tales motivos.»

Y, en segundo lugar, en la fase de ejecución se aplica el art. 42, que señala que:

«1. A efectos de la ejecución en un Estado miembro de una resolución dictada en otro Estado miembro, el solicitante facilitará a las autoridades de ejecución competentes:

a) una copia de la resolución, que reúna los requisitos necesarios para ser considerada auténtica, y

b) el certificado expedido conforme al artículo 53, que acredite que la resolución tiene fuerza ejecutiva y que contenga un extracto de la resolución, así como, en su caso, información pertinente sobre las costas impuestas en el procedimiento y el cálculo de los intereses.

2. A efectos de la ejecución en un Estado miembro de una resolución dictada en otro Estado miembro que ordene una medida provisional o cautelar, el solicitante facilitará a las autoridades de ejecución competentes.

a) una copia de la resolución, que reúna los requisitos necesarios para ser considerada auténtica;

b) el certificado expedido conforme al artículo 53, con una descripción de la medida y que acredite que:

i) el órgano jurisdiccional es competente en cuanto al fondo del asunto,

ii) la resolución tiene fuerza ejecutiva en el Estado miembro de origen, y

c) en caso de que la medida se haya ordenado sin que se citara a comparecer al demandado, la acreditación de haberse efectuado la notificación de la resolución.

3. Si ha lugar, la autoridad de ejecución competente podrá exigir al solicitante que facilite, de conformidad con el artículo 57, una traducción o transcripción del contenido del certificado.

4. La autoridad de ejecución competente solo podrá exigir al solicitante que presente una traducción de la resolución si no puede continuar sus diligencias sin ella».

De esta forma El Reglamento 1215/2012 pretende facilitar el acceso a la justicia, en particular, mediante disposiciones sobre la competencia judicial y sobre el reconocimiento y la ejecución de las resoluciones judiciales en materia civil y mercantil dictadas en los Estados miembros.

De conformidad con el Reglamento, los Estados miembros han notificado los órganos jurisdiccionales competentes a los que ha de presentarse la solicitud de denegación de ejecución y los órganos jurisdiccionales competentes para conocer de los recursos. Para obtener información detallada sobre un país, seleccione la bandera nacional correspondiente.

De conformidad con el artículo 26, apartado 2, en determinados asuntos, el órgano jurisdiccional, antes de declararse competente, se asegurará de que el demandado sea informado de su derecho a impugnar la competencia del tribunal y de las consecuencias de comparecer o no. Con este fin, la Red Judicial Europea en materia civil y mercantil estableció un texto estándar no obligatorio PDF (191 Kb) es que recoge información que el órgano jurisdiccional puede utilizar para dar cumplimiento a su obligación de informar al demandado de lo dispuesto en el artículo 26, apartado 2, del Reglamento.

II. Reglamento Bruselas I bis y contratación electrónica

2.1. Foro general del domicilio del demandado

2.1.1. Características. Ventajas e inconvenientes en el entorno virtual

El foro del domicilio del demandado en la contratación electrónica tiene ventajas para el demandado y también para el demandante. En el primero de los casos este criterio de atribución de competencia responde a la regla *Actor Sequitur Forum Rei* según la cual el demandante debe litigar en el fuero del demandado[51]. Este foro también presenta ventajas para el demandante debido a que permite una rápida ejecución ya que el patrimonio del demandado suele estar en el Estado donde esté su domicilio. Este hecho supone mayores garantías para el demandante que ve reforzada su tutela judicial efectiva ya que puede ejecutar la sentencia en el mismo lugar donde ha litigado, sin necesidad de instar el reconocimiento en otro país[52].

En concreto, en el caso de que surja una controversia en relación con la existencia de la oferta electrónica o de la aceptación (adhesión) de los términos del contrato, el foro general del domicilio del demandado establecido en el Reglamento Bruselas I bis puede resultar de utilidad en relación con otros foros. Este hecho se debe, a que, en este caso, precisamente lo que se pretende dilucidar es si la oferta es vinculante y en consecuencia se ha perfeccionado el contrato electrónico. Por tanto, como se analiza *infra*, puede resultar más complejo determinar la CJI de acuerdo con otros foros del Reglamento Bruselas I bis debido a la relación entre el propio *petitum* de la demanda y los criterios establecidos en dichos foros para determinar la CJI.

La referencia al foro general del domicilio del demandado se contiene en el art. 4 de este Reglamento. Debe indicarse que la presencia del domicilio del demandado en territorio de la UE es tanto un presupuesto general de aplicación del Reglamento, como también un criterio determinante de la atribución de la CJI a los tribunales de un Estado[53].

---

51 Esta regla que se remonta a la Edad Media se basa en el principio general según el cual ha de prevalecer la jurisdicción territorial y personal del demandado (véase AIMERICH OJEA, I., *Lecciones de Derecho comparado*, Universidad Jaume I, Castellón, 2004, p. 122).

52 Véase DE MIGUEL ASENSIO, P.A., «El nuevo Reglamento sobre competencia judicial...», *loc. cit.*, pp. 3-8.

53 Véase ARENAS GARCÍA, R., «Del Reglamento Bruselas I al Reglamento Bruselas I bis...», *loc. cit.*, p. 378.

En efecto, por su ámbito personal, si el demandado, con independencia de su nacionalidad, tiene su domicilio en territorio comunitario, se aplicará el Reglamento Bruselas I bis (art. 4). Este precepto establece que: «*Salvo lo dispuesto en el presente Reglamento, las personas domiciliadas en un Estado miembro estarán sometidas, sea cual sea su nacionalidad, a los órganos jurisdiccionales de dicho Estado. A las personas que no tengan la nacionalidad del Estado miembro en que estén domiciliadas les serán de aplicación las normas de competencia judicial que se apliquen a los nacionales de dicho Estado miembro*».

De esta forma, el domicilio del demandado en un Estado miembro es el criterio que determina, con carácter general, la aplicación de las normas reguladoras de competencia judicial del Reglamento, a excepción de los foros exclusivos y la sumisión expresa (art. 24 y 25 respectivamente).

Debe indicarse que el Reglamento Bruselas I bis no contiene un concepto uniforme de «domicilio» pero sí disposiciones conflictuales sobre la interpretación de dicho concepto[54]. En concreto, este instrumento, en sus arts. 62 y 63 establecen cómo ha de concretarse el domicilio de las personas físicas y jurídicas. Como es sabido, esta cuestión presenta cierta complejidad ya que el concepto de «domicilio» puede cambiar dependiendo del país. Según el primero de los preceptos indicados, para determinar si una persona física (parte) tiene su domicilio en el Estado miembro cuyos tribunales juzgan el asunto estos aplicarán su Ley interna (art. 62.1 Reglamento Bruselas I bis).

En el caso de que una parte esté domiciliada en un Estado miembro distinto al de los tribunales que conocen del asunto, el tribunal, para determinar si dicha parte está domiciliada en otro Estado miembro, aplicará la ley de dicho Estado miembro (art. 62.2 Reglamento Bruselas I bis). De esta forma, en ambos casos, para la determinación del domicilio de la persona física que actúa como parte en un procedimiento se tiene en cuenta un Derecho nacional concreto.

Por otro lado, en relación con las personas jurídicas, el art. 63 del Reglamento Bruselas I bis tiene en cuenta: En primer lugar, su sede estatutaria, en segundo extremo, su administración central y por último su centro de actividad principal. Estos criterios, pueden tener varias consecuencias, por un lado, suponer un aumento de las demandas contra las personas jurídicas que operen como empresas internacionales (administración central en un Estado y/o sede social en un tercer Estado). Este hecho puede darse al existir, teóricamente, varios Tribunales que resulten competentes según el citado precepto, que permitan atribuir la competencia ex art. 4 del Reglamento Bruselas I bis. De otro lado, el art. 63 del Reglamento Bruselas I bis, pretende evitar que las empresas «desaparezcan» para evitar demandas en un país concreto, al aumentar los posibles Tribunales competentes según el criterio del domicilio del demandado.

---

54 Véase FERNÁNDEZ ROZAS, J. C.; SÁNCHEZ LORENZO, S., *Derecho internacional privado..., op. cit.*, pp. 76-77.

Frente a las ventajas señaladas *supra*, que dotan de eficiencia a este foro en la contratación electrónica, también presenta ciertos inconvenientes relacionados con los distintos criterios de los Estados miembros que como señalan J.C. Fernández Rozas y S. Sánchez Lorenzo pueden dar lugar a conflictos positivos y negativos[55]. En el primer caso, dos Tribunales de diferentes Estados miembros pueden considerar domiciliado en su territorio al mismo sujeto. La solución de este conflicto positivo puede alcanzarse con los mecanismos previstos en el propio Reglamento (litispendencia, conexidad, etc).

Resulta más complicada la solución de un conflicto negativo en el que ninguno de los jueces considera al demandado domiciliado en su Estado, por no cumplir las condiciones previstas en el Derecho aplicable para entender que tiene su domicilio en dicho territorio. Las consecuencias de este hecho no solo afectan al foro del domicilio del demandado que no resultaría operativo en este caso sino a la aplicación del Reglamento Bruselas I bis en general. En este supuesto sería tratado como no domiciliado en la UE un demandado que solo tenga un vínculo de residencia con uno o más Estados miembros, aunque no suficiente para ser considerado como «domicilio». Por este motivo, resulta conveniente realizar una interpretación flexible del concepto de domicilio, que se inspire en un principio de necesidad, con el objetivo de impedir las citadas situaciones en caso de conflicto negativo[56].

Por último, existe otro inconveniente relacionado con la atribución de la CJI en la contratación electrónica debido a que el foro del art. 4 del Reglamento Bruselas I bis, solo opera en el momento de presentación de la demanda. De forma que si un sujeto contrató desde la UE pero trasladó posteriormente, cuando se plantea la demanda, su domicilio o sede a un país no participante en el Reglamento Bruselas I bis, entonces dicho Reglamento no es aplicable (salvo las reglas sobre competencias exclusivas y sumisión competencial).

Por este motivo, este foro puede ser utilizado como una estrategia por parte del demandado que puede cambiar de domicilio (a un tercer Estado) evitando el foro del domicilio del demandado. En este contexto, el sistema de CJI debe procurar otros foros alternativos que no obliguen al demandante a litigar exclusivamente, ante los tribunales del país extranjero donde tiene su domicilio el demandado[57].

---

55 Véase Fernández Rozas, J.C.; Sánchez Lorenzo, S.A., *Derecho internacional..., op. cit.*, pp. 81-82.

56 *Ibidem*, p. 82.

57 De esta forma, el Reglamento Bruselas I bis protege la situación procesal del demandado a través de un sistema de mínimos y se potencia la posición procesal del demandante mediante la configuración de un sistema de foros que este puede utilizar para interponer la demanda de acuerdo a sus intereses (véase Arenas García, R., «Del Reglamento Bruselas I al Reglamento Bruselas I bis...», *loc. cit.*, pp. 377-382).

2.1.2. Determinación del domicilio del demandado

2.1.2.1. Demandado sin domicilio conocido

La naturaleza «virtual» de Internet y sus características pueden hacer difícil, en ocasiones, determinar el domicilio del demandado, este hecho puede hacer más complejo el desarrollo de algunas de estas relaciones contractuales, sobre todo cuando presenten un carácter transnacional[58]. En relación con esta cuestión resulta de interés el art. 6 del Reglamento Bruselas I bis y la postura del TJUE según la que *«(...) si se desconoce el domicilio del demandado nacional de un Estado miembro sólo procede aplicar las normas nacionales de competencia si existen indicios probatorios que permitan al tribunal llegar a la conclusión de que el demandado está efectivamente domiciliado fuera del territorio de la UE»*[59]. De esta forma, si no existen los citados indicios, la CJI del Tribunal de un Estado miembro ha de determinarse de acuerdo con el Reglamento Bruselas I bis, cuando se den los requisitos de aplicación de alguna de sus normas de CJI[60].

En relación con la determinación del domicilio del demandado en el entorno virtual se plantean cuestiones que hacen que la atribución de la competencia en virtud de este foro presente ciertas complejidades. En este sentido, debe partirse de la idea de que, a estos efectos, como señalan Calvo Caravaca y Carrascosa González no resulta relevante la situación física de los dispositivos desde los que se realiza la contratación, ni tam-

58 Véase DE MIGUEL ASENSIO, P. A., *Derecho privado..., op. cit.*, p. 196.

59 Sobre esta cuestión destaca la STJUE de 15 de marzo de 2012, C-292/10 (*Asunto C-292/10, G/Cornelius de Visser*) en la que *«(...) el TJUE tuvo que resolver de nuevo el problema de la aplicación de los foros de CJI (en concreto, el art. 5.3 en materia de responsabilidad extracontractual) a un demandado cuyo domicilio se desconoce, así como la compatibilidad de las normas del Reglamento con una notificación por edictos. Estas cuestiones habían sido resueltas meses antes por el propio Tribunal en su Sentencia de 17 de noviembre de 2011, en el asunto Hypotecnyí banka/Lindner, por lo que no puede entenderse una sin la otra. Además es la primera vez que el Tribunal de Justicia interpretaba el Reglamento (CE) núm. 805/2004, de 21 de abril de 2004, afirmando que no es posible certificar como título ejecutivo europeo una resolución dictada en rebeldía cuando se desconoce el domicilio del demandado; y descarta la aplicación de la DCE a un supuesto, como el que resuelve en el que no se conoce el lugar de establecimiento del PSSI»*. [véase el comentario realizado por RODRIGUEZ VAZQUEZ, M.ª A., «De nuevo una sentencia del TJUE sobre un demandado cuyo domicilio se desconoce en el ámbito de aplicación del Reglamento Bruselas I», *CDT* (octubre 2012), vol. 4, n.º 2, pp. 356-366].

60 Esta afirmación se encuentra en el motivo 41 de la STJUE de 15 de marzo de 2012, C-292/10. En este sentido P. A. De Miguel Asensio, afirma que la interpretación del Tribunal puede resultar de mucha utilidad en la práctica en la medida que «facilita a la víctima la posibilidad de demandar ante los tribunales del lugar en el que se localice su centro de intereses» (http://pedrodemiguelasensio.blogspot.com.es).

poco la situación física del servidor en el que se aloja el sitio web que posibilita la realización del contrato[61].

La primera cuestión que dificulta la determinación del domicilio del demandado es que, en este tipo de contratos, las partes, en ocasiones, no se identifican, por lo que no puede saberse con quien se contrata ni donde están domiciliados los contratantes. Este hecho, en la práctica, se trata de palear mediante la utilización de dispositivos de seguridad (ej. firma electrónica), además, la mayoría de sitios web exigen la introducción de ciertos datos (obligatorios), para poder finalizar el proceso de compra[62]. Esta información está relacionada con los datos personales de la parte que adquiere el producto o servicio por Internet y entre los que se encuentra su domicilio[63].

En relación con los supuestos en los que resulte difícil determinar el domicilio del demandado, es interesante la sentencia del TJUE en el caso *Hypotecny banka c. Linder* (asunto C-327/10) de 17 de noviembre de 2011. El TJUE estableció en esta resolución que en los supuestos del demandado sin domicilio conocido debe tomarse como referencia el último domicilio conocido de la parte concernida[64].

Esta solución presenta importantes ventajas en los casos en los que el objeto del litigio verse sobre la existencia de la oferta ya que se trata de una regla simple y clara que permite a las partes identificar la jurisdicción ante la que puede ser entablado el litigio ofreciéndoles seguridad jurídica. Por lo que se refiere al demandante, esta solución protege su derecho de acceso a los tribunales ofreciéndole una salida en un supuesto que habría podido conducir fácilmente a una denegación de justicia. Además, la regla disuade al demandado (por ejemplo, PSSI que pretende que su oferta no lo vincule) para eludir sus obligaciones, esto es, al decidir que el último domicilio conocido será el pertinente en el caso de que el demandado desaparezca sin dejar

---

61 Véase Calvo Caravaca, A. L.; Carrascosa González, J., *Conflictos de leyes..., op. cit.*, p. 37.

62 Véase Serrano Cinca, C.; Fabra Garcés, L. A.; Lobera Viñau, E., «Planificación de sistemas de información en la Empresa...», *op. cit.*, pp. 79-98.

63 Véase Johnson, D. R., «The Sovereignty of Electronico Contract», U. Immenga; N. Lübben; H.P. Schwintowski (Hrsg.), *Das internationale Wirtschaftsrecht des Internet, Nomos Verlagsgesellschaft*, Baden-Baden, 2000, pp. 23-37.

64 Este asunto permite al Tribunal pronunciarse por primera vez acerca de una importante cuestión, la de la aplicabilidad del Reglamento Bruselas I en la hipótesis de que el domicilio del demandado sea desconocido, Del mismo modo, el Tribunal se reafirma en la idea de que el Reglamento no se aplica más que a los litigios que presentan un elemento de extranjería, aunque lo hace adoptando una concepción extensiva de la internacioanlidad (véase comentario de esta resolución de Cuniberti, G., *REDI*, vol. LXIV, 2012, 1, pp. 187-190).

una dirección. En estos casos, el TJUE elimina el interés de cualquier maniobra relacionada con la competencia basada en el domicilio del demandado[65].

2.1.2.2. Domicilio real y ficticio en la contratación electrónica

Como se ha indicado, la DCE exige a los PSSI que informen sobre determinadas cuestiones (información general). En concreto, esta norma en su art. 5.1 establece que: «*los Estados miembros garantizarán que el PSSI permita a los destinatarios del servicio y a las autoridades competentes acceder con facilidad y de forma directa y permanente como mínimo a los datos siguientes. a) nombre del PSSI; dirección geográfica donde está establecido el PSSI (...)*»[66]. Esta misma regla se establece en el art. 10.1 a) de la LSSICE que transpone dicha regla al ordenamiento español.

En cualquier caso, y pese a esta regulación puede darse el supuesto de que el contratante se identifique con un domicilio que no sea el real (domicilio ficticio), esta es la segunda cuestión que dificulta en la práctica la determinación del domicilio del demandado en la contratación electrónica. Una empresa que opera en Internet lo hace con un domicilio ficticio cuando no ofrece ninguna información sobre el domicilio real y se emplean indicios que hacen creer al destinatario que la sede del empresario está en un país determinado. Estos pueden ser: la utilización exclusiva del idioma de un país determinado; nombre del domicilio de un determinado Estado; referencias en el sitio web de sedes u oficinas situadas en países determinados, aunque estos datos no sean ciertos; etc. En estos casos, quien crea la apariencia de un domicilio ficticio debe asumir las consecuencias que este hecho comporta, esto es, poder ser demandado (en virtud del art. 4 Reglamento Bruselas I bis) tanto en el domicilio real como en el ficticio[67].

La doctrina es partidaria de esta opción por diversos motivos[68]: En primer lugar, porque una interpretación muy apegada a la Ley lesionaría el princi-

---

65 *Ibidem*.

66 En otros países como es el caso de EE. UU. existe una legislación similar que promueve la identificación de los PSSI sobre todo en lo que a su domicilio social se refiere. Por tanto, en la práctica esta cuestión se reducirá, en su caso, a la prueba que pueda ser preciso prácticar en aras a la determinación del domicilio del PSSI, al margen de los supuestos en los que estos actúen con fines fraudulentos y no deseen ser identificados, entre otras razones para evitar demandas en el país donde tengan su sede (véase CALVO CARAVACA, A. L.; CARRASCOSA GONZÁLEZ, J., *Conflictos de leyes...*, *op. cit.*, p. 37).

67 Véase REMÓN PEÑALVER, J., «Jurisdicción y comercio electrónico, una reflexión al hilo del proyecto de ley de servicios de la Sociedad de la información y del comercio electrónico y del Reglamento (CEE) 44/2001», *Actualidad jurídica Uría & Menéndez*, n.º 2, 2002, pp. 69-78.

68 Véase CALVO CARAVACA, A. L., CARRASCOSA GONZÁLEZ, J., *Conflictos de leyes...*, *op. cit.*, p. 40; DE MIGUEL ASENSIO, P. A., *Derecho privado...*, *op. cit.*, pp. 195-197; GARCIMARTÍN ALFÉ-

pio de confianza en las relaciones comerciales internacionales, la seguridad jurídica y el principio de la apariencia que constituyen pilares fundamentales de la contratación internacional, en este caso electrónica[69].

En segundo extremo, si se opta por el domicilio real y no por el aparente también se vería mermado el principio de predeterminación legal de la CJI[70]. Por ejemplo, el demandante cree haber contratado con una empresa española y que, por tanto, en caso de controversia podrá interponer la demanda en España en virtud del art. 4 del Reglamento Bruselas I bis. Es aconsejable que esta expectativa se respete en la práctica para promover la utilización de este medio en las transacciones internacionales.

En tercer lugar, el comerciante que se introduce en el comercio internacional con un domicilio ficticio y crea la apariencia de tal, sin dar más datos de su domicilio real pudiendo hacerlo, debe asumir el riesgo de que tal domicilio sea tomado en consideración como foro de competencia o «punto de conexión» por las normas de DIPr. Es dicho comerciante el que crea el riesgo de confusión, por lo que es justo, que él mismo pague las consecuencias de la confusión que generó, pudiendo ser demandado, en este caso para determinar si la oferta realmente existió, o si el cliente aceptó los términos del contrato, no solo en el país de su domicilio real, sino también en el país de domicilio ficticio[71].

2.2. Foro especial en materia contractual

2.2.1. Determinación del lugar de ejecución

El foro en materia contractual establecido en el art. 7.1 del Reglamento Bruselas I bis «atribuye la competencia a los Tribunales del lugar donde se haya cumplido o deba cumplirse la obligación que sirve de base a la deman-

---

REZ, F. J., «La racionalidad económica del Derecho...», *loc. cit.*, pp. 85-96; VIRGOS SORIANO, M., GARCIMARTÍN ALFÉREZ, F. J., *Derecho Procesal Civil...*, *loc. cit.*, pp. 52-53.

69 Sobre estos principios véanse entre otras las siguientes obras, CALVO CARAVACA, A. L., CARRASCOSA GONZÁLEZ, *Curso de contratación..., op. cit.*, pp. 48-52; DE MIGUEL ASENSIO, P. A., «Contratación internacional: la evolución del modelo...», *loc. cit.* pp. 67-89; VIRGOS SORIANO, M., GARCIMARTIN ALFÉREZ, F. J., «Obligaciones Contractuales...», *loc. cit.* pp. 67-71; VISCHER, F., «General Course on Private International Law», *RCADI*, 1992-I (t. 232), pp. 9-20; ZIMMERMANN, R., *The Law of Obligations, Roman Foundations of the Civilian Tradition*, Oxford Univesity Press, Oxford, 1996, pp. 559 y 564.

70 Véase ARENAS GARCÍA, R., «Del Reglamento Bruselas I...», *loc. cit.*, pp. 377-382.

71 Véase GARCIMARTÍN ALFÉREZ, F. J., «La racionalidad económica del Derecho...», *loc. cit.*, pp. 84-157.

da»[72]. Para cuestiones vinculadas con la formación del contrato electrónico puede resultar compleja la atribución de la competencia en virtud de este foro, en particular con respecto a los litigios sobre la existencia de oferta o/y aceptación electrónicas.

El art. 7.1 b) del Reglamento Bruselas I bis concreta que, en el caso de la compraventa de mercaderías, será competente el Tribunal del lugar donde según el contrato hayan sido entregadas o deban entregarse las mercancías. Por otro lado, en los contratos de prestación de servicios, la competencia se atribuye al órgano jurisdiccional del Estado donde hayan sido prestados o deban prestarse los servicios[73].

Este foro especial en material contractual del art. 7 del Reglamento Bruselas I bis permite que el demandante ejercite su acción contra el demandado, domiciliado en un Estado comunitario, ante los tribunales de otro Estado comunitario con el que el litigio presenta un vínculo relevante. Según señala J. Carrascosa González se trata de un foro que responde a un criterio fundado en el principio de proximidad que justifica la CJI del concreto Tribunal del lugar de ejecución, que proporciona un foro neutral para las partes[74].

---

72 El TJUE establece que *«el lugar de cumplimiento de la obligación, cuando se trate de una compraventa de mercaderías, será el lugar en el que, según el contrato, hubieren sido o debieren ser entregadas las mercaderías, en el sentido de que el lugar de la entrega, pertinente a efectos de determinar el juez competente, es el lugar de destino final de las mercaderías objeto del contrato, o bien aquel en el que el vendedor cumple la obligación de entrega, con arreglo a la normativa sustantiva aplicable al caso concreto, o cabe una intrepretación distinta de la citada norma»* (véase en especial la STJUE de 9 de junio de 2011, en el asunto C-87/10 comentada por ANDREEVA ANDREEVA, V., en *REDI*, vl. LXIV, 2012, 1, pp. 174-176).

73 En relación con este foro existen abundantes obras de interés, véanse, entre otras, ALONSO-CUEVILLAS SAYROL, J., *La competencia jurisdiccional internacional de los Tribunales españoles del orden civil*, Tirant Lo Blanch, Valencia, 2006, pp. 54-62; ARENAS GARCÍA, R., *Competencia Judicial Internacional…*, *op. cit.*, pp. 50-53; CASTELLANOS RUIZ, E., «El valor de los Incoterms para precisar el juez del lugar de entrega», *CDT* (octubre 2012), pp. 56-75; DE MIGUEL ASENSIO, P.A., «El nuevo Reglamento sobre competencia judicial...», *loc. cit.*, pp. 3-8; DÍEZ-PICAZO GIMÉNEZ, I. Y GARCÍA CASAS, M., *Derecho Procesal Civil Europeo. Competencia Judicial Internacional, Reconocimiento y Ejecución de sentencias extranjeras en la Unión Europea*, Thomson Reuters, Aranzadi, Pamplona, 2011, pp. 33-39; FELIU ÁLVAREZ DE SOTOMAYOR, S., «El tratamiento legal del contrato de viaje combinado en el derecho internacional privado», *CDT* (Octubre 2012), pp. 123-139; GARCIMARTIN ALFEREZ, F. J. «Contratos de Distribución Internacional: Competencia judicial y Ley aplicable», A. ALONSO UREBA; L.A. VELASCO SAN PEDRO Y OTROS (dirs.), *Actas del Congreso de Distribución Comercial y Derecho de la Competencia*, 2010, pp. 221-240; GUZMÁN ZAPATER, M., «El artículo 5.1 del Convenio de Bruselas de 27 de septiembre de 1968 y su interpretación jurisprudencial por el Tribunal de Justicia de las Comunidades Europeas», *Revista de Instituciones Europeas*, vol. 12, núm. 2 mayo-agosto, 1985, pp. 15-22; HERNÁNDEZ RODRÍGUEZ, A., «El contrato de transporte aéreo de pasajeros: Algunas consideraciones sobre competencia judicial internacional y derecho aplicable», *CDT*, marzo 2011, pp. 179-194.

74 Véase CARRASCOSA GONZÁLEZ, J., «Competencias especiales…», *loc. cit.*, p. 98.

Este foro está relacionado con el momento de celebración del contrato y no con el momento de presentación de la demanda. Este hecho otorga seguridad jurídica a la transacción debido a que, como ocurre con la sumisión expresa, permite conocer *a priori* el Tribunal que va a dirimir el litigio. De esta forma, el foro del art. 7.1 del Reglamento Bruselas I bis, se enmarca también en la teoría de la *International Stream of Commerce* en dicho país, debido a que el oferente que realiza su actividad comercial en un país debe atenerse a que le demanden en dicho Estado por el hecho de haber creado la «situación internacional»[75].

Este foro puede tener incidencia en la contratación electrónica, aunque en este contexto, la determinación del lugar de ejecución de la obligación que sirve de base a la demanda no siempre resultará sencilla. Por este motivo es necesario ver la aplicación del mismo en función del tipo de contrato *online* de que se trate[76]. En primer lugar, con respecto al comercio electrónico indirecto, esto es, los contratos que se celebran *online* pero cuya entrega es física *(offline)*. En este caso, el foro del lugar de ejecución de la obligación litigiosa del art. 7.1 del Reglamento Bruselas I bis, opera sin mayores dificultades ya que resulta fácil determinar este lugar que coincidirá con la entrega de las mercancías o con la prestación del servicio en su caso.

En segundo extremo, en relación con el comercio electrónico directo, en los contratos concluidos *online* y ejecutados por completo por vía electrónica mediante «descarga» de ciertos datos electrónicos *(Downloading)*, el art. 7.1 a) del Reglamento Bruselas I bis resulta aplicable por remisión del art. 7.1 c) de este instrumento. En este caso resultarán competentes «*(...) los Tribunales del lugar en el que se haya cumplido o deba cumplirse la obligación que sirva de base a la demanda*». La cuestión estriba en estos supuestos en determinar donde se encuentra este lugar. En estos casos, como apuntan Calvo Caravaca y Carrascosa González, debe partirse de la premisa de que el art. 7.1 del Reglamento Bruselas I bis (antes art. 5.1 del Reglamento Bruselas I) no fue concebido para este tipo de contratos, por tanto, presenta una «laguna oculta»[77].

Estos autores afirman que una posible solución es concebir como lugar de ejecución ficticio de la obligación, el país de la sede o residencia habitual del vendedor o PSSI, presumiendo que la entrega se realiza en dicho país. Esta es una solución económicamente positiva debido a que incentiva al cum-

---

75 Véase Carrascosa Gonzalez, J., «Contratos internacionales...», *loc. cit.*, pp. 113-114.

76 Véase Kessedjian, C., «Electronic data interchage, internet and electronic commerce», *Preliminary Document*, n.° 7 of April 2000, Hague Conference on Private International Law, Kluwer, The Hague, 2000, pp. 25-39; id. «Rapport de synthèse», K. Boele-Woelki; C. Kessedjian (eds.), *Internet, Wich Court decides? Wich Law Applies? Quel tribunal décide? Quel droit sápplique?*, Kluwer, The Hague, 1998, pp. 143-154.

77 Véase Calvo Caravaca, A. L., Carrascosa González, J., *Conflictos de leyes...*, *op. cit.*, p. 53.

plimiento del contrato por parte del otro contratante, ante el riesgo de ser demandado en un país extranjero[78].

2.2.2. Inconvenientes de este foro especial en los contratos electrónicos

Como se ha indicado, para la atribución de la CJI en virtud de este foro especial en materia de contratos resulta necesario determinar el lugar de ejecución de la obligación presuntamente incumplida, que es la obligación litigiosa.

En concreto, puede presentar especial complejidad la atribución de la competencia en virtud de este foro, cuando no está claro si el contrato se ha perfeccionado. Esta situación puede darse, cuando el *petitum* de la demanda versa precisamente sobre la determinación de la existencia de las declaraciones de voluntad (oferta y aceptación) necesarias para que el contrato nazca a la vida jurídica.

En este caso, el Reglamento Bruselas I bis, presenta cierto paralelismo con el Reglamento Roma I, en el sentido de que parte de la existencia del contrato y no se plantea que pueden darse cuestiones que estarán relacionadas con el iter formativo de la relación contractual. En este supuesto, puede plantearse la pregunta de si el propio objeto de la demanda resulta incompatible con el foro especial en material contractual establecido en el art. 7.1 del Reglamento Bruselas I bis[79].

Para responder a esta cuestión, es de interés destacar la Sentencia del TJCE, en el asunto 38/81 de 4 de marzo de 1982, en la que se planteaba una cuestión prejudicial relacionada con el art. 5 del Convenio de Bruselas de 1968 (art. 7 Reglamento Bruselas I bis)[80]. En este supuesto, se pretendía saber si el demandante podía acogerse al fuero del lugar de cumplimiento del contrato con arreglo al art. 5.1 del citado Convenio, aun cuando la formación del contrato que dio lugar a la demanda constituía el objeto del litigio entre las partes.

El Tribunal de Justicia en este caso afirmó que del conjunto de las disposiciones del Convenio se desprendía que «(...) en los casos contemplados en el art. 5.1 del Convenio, la competencia del órgano jurisdiccional nacional, para resolver las cuestiones relativas a un contrato, comprende la apreciación de la existencia de los elementos constitutivos del propio

78 *Ibidem*, pp. 53-54.

79 El TJCE se pronunció en este sentido en las STJCE de 4 de marzo de 1982, en el asunto Effer y STJCE de 17 de junio de 1992, en el asunto Handte (veáse Calvo Caravaca, A. L., Carrascosa González, J., *Conflictos de leyes..., op. cit.*, p. 47).

80 Este art. establece que *«(...) en materia contractual, ante el tribunal del lugar en el que hubiere sido o debiere ser cumplida la obligación que sirviere de base a la demanda (...)»*.

contrato». Dicha apreciación resulta indispensable para permitir al órgano jurisdiccional comprobar su competencia en virtud de dicho instrumento[81].

Según el Tribunal si no se realiza esta interpretación las disposiciones del art. 5 del Convenio de Bruselas de 1968 (actual art. 7 Reglamento Bruselas I bis), corren el riesgo de quedar desprovistas de efecto jurídico. Esto es, bastaría con que cualquiera de las partes alegara la inexistencia del contrato para desvirtuar la regla contenida en dichas disposiciones[82]. Por tanto, el TJCE afirma que dicho foro resulta operativo en los casos en los que está cuestionada la propia formación del contrato que origina la demanda en el procedimiento principal.

Esta resolución es de utilidad para la cuestión que se plantean en relación a si el foro de competencia en materia contractual del art. 7 del Reglamento Bruselas I bis opera en los supuestos en los que el *petitum* de la demanda está relacionado con la existencia de la oferta o de la aceptación. Según lo expuesto, y pese a que puedan darse dificultades para la determinación del lugar de ejecución en el comercio electrónico directo; el foro en materia contractual resulta operativo aun cuando el objeto de la demanda esté relacionado con la existencia de la oferta o de la aceptación en el entorno electrónico. Esto es, no hay incompatibilidad, en principio entre dicho *petitum*, y el foro del art. 7 del Reglamento Bruselas I bis.

2. 3. Foro especial en contratos de consumo

2.3.1. Regulación en el artículo 17 del Reglamento Bruselas I bis

La cuestión de la existencia de la oferta o/y de la aceptación electrónica puede plantearse en las transacciones con consumidores, que se dan de forma muy habitual en la práctica de la contratación que tiene lugar en el entorno virtual. En este sentido existen reglas especiales en el Reglamento Bruselas I bis que han de tenerse en cuenta para atribuir la competencia en las controversias que se susciten por estos motivos y que tratan de proteger al consumidor.

---

81 Véase AA. VV., European private international Law at 50, celebrating and contemplating the 1968 Brussels Convention and Its Successor, Intersentia, Antwerpen-Cambridge, 2020.

82 Dicha interpretación coincide con la de la sentencia de 14 de diciembre de 1977, Sanders/ Van der Putte (73/77, Rec. p. 2383) sobre la competencia en materia de contratos de arrendamiento de bienes inmuebles de los Tribunales del Estado donde se hallare sito el inmueble (art. 16.1 del Convenio), en la que el Tribunal de Justicia estimó también que se daba la competencia en virtud de dicho precepto aun cuando el objeto del litigio verse sobre «la existencia» de un contrato de arrendamiento.

En concreto, en los supuestos comprendidos en el art. 17 de este Reglamento, la competencia queda regulada por lo previsto en sus arts. 18 y 19, sin perjuicio, de que hayan de tenerse en cuenta, como establece el art. 17.1, las previsiones de los arts. 6 y 7.5 del Reglamento Bruselas I bis[83].

En estos supuestos, el consumidor tiene la opción de demandar bien en los tribunales del Estado del domicilio del demandado o ante los tribunales del Estado del domicilio del cocontratante del consumidor. Este último, por el contrario, solo podrá litigar ante los tribunales del Estado en el que tiene su domicilio el consumidor.

En estos casos, además, la posibilidad de elegir un tribunal queda reducida, debido a que según el art. 19 del Reglamento Bruselas I bis, «*los acuerdos de elección de tribunal solo prevalecerán sobre los criterios de competencia previstos en el art. 18 de dicho Reglamento en los siguientes supuestos: en primer lugar, cuando sean posteriores al nacimiento del litigio. En segundo extremo, cuando permitan al consumidor presentar la demanda ante tribunales diferentes de los indicados en la sección cuarta del capítulo segundo del Reglamento. Y, por último, cuando se hayan celebrado entre un consumidor y su cocontratante, ambos con domicilio o residencia habitual en el mismo Estado miembro y acuerden que sean competentes los tribunales del Estado miembro del domicilio o residencia común, siempre que el Derecho de dicho Estado permita tales acuerdos*».

Si no se dan estos supuestos, los pactos sobre el tribunal que haya de conocer del asunto, no prevalecerán sobre lo establecido en el art. 18 del Reglamento Bruselas I bis.

---

83 Sobre los foros de protección del consumidor que establece el Reglamento, véanseentre otros: CACHIA, P., «Consumer contracts in European private internacional law: The sphere of operation of the consumer contract rules in the Brussels I and Rome I Regulation», *European Law Review*, vol. 34, núm. 3, June 2009, pp. 476-490; CARRASCOSA GONZALEZ, J., «Operaciones internacionales de consumo», A. L. CALVO CARAVACA Y J. CARRASCOSA GONZALEZ (dirs.), *Derecho Internacional privado vol. II*, Comares, Granada, 2011-2012, pp. 807-819; CARRILLO POZO, F., «Competencia en materia de contratos celebrados por los consumidores», A. L. CALVO CARAVACA (ed.), *Comentario al Convenio de Bruselas relativo a la competencia judicial y a la ejecución de resoluciones judiciales en materia civil y mercantil*, Universidad Carlos III y BOE, Madrid, 1994, pp. 305-318; CASTELLANOS RUIZ, E., «Las normas de Derecho internacional privado...», *loc. cit.*, pp. 134-159; ESPLUGUES MOTA, C., «Noción de consumidor. Delimitación de la misma en el artículo 13 del Convenio de Bruselas de 1968 sobre competencia judicial internacional, reconocimiento y ejecución de resoluciones judiciales, en materia civil y mercantil», *Comunidad Europea Aranzadi*, Año XX, núm. 12, 1993, pp. 31-36; ESTEBAN DE LA ROSA, F., *La protección de los consumidores...*, pp. 23-97; FERNÁNDEZ MASIÁ, F., «Contratos de consumo y competencia judicial internacional en el Reglamento 44/2001», *Estudios sobre consumo*, núm. 63, 2002, pp. 9-24.; GAMBARO, E., LANDI, N., «Consumer Contracts and Jurisdiction, Recognition and Enforcement of Judgments in Civil and comercial Matters», *European Business Law Review*, 2006-5, pp. 1355-1371.

En los contratos de consumo la posibilidad de elegir al Tribunal queda reducida en los contratos de consumo que se encuentren incluidos en la protección regulada en la sección cuarta del capítulo segundo del Reglamento Bruselas I bis. Este instrumento trata de impedir que a través de una cláusula de sumisión se prive al consumidor de la opción de acudir al Tribunal de su propio domicilio que previsiblemente será el que le resulta más cercano. Además, en las controversias derivadas de contratos electrónicos de consumo, normalmente la cuantía es escasa y puede ocurrir que los costes de acudir a un tribunal extranjero sean superiores al beneficio obtenido en el procedimiento judicial. Por este motivo, en estos contratos, se permite la existencia de un *forum actoris* a favor del consumidor[84].

Por este motivo, si en los contratos electrónicos se establecen a favor de las empresas que venden o prestan sus servicios en Internet, determinadas cláusulas de elección de Tribunal, en todo caso, el consumidor afectado puede litigar ante los tribunales de su propio domicilio cuando se den los requisitos establecidos en las citadas normas del Reglamento Bruselas I bis.

De esta forma, una de las cuestiones que más complejidad presenta con respecto a la regulación de la competencia judicial en materia de contratos de consumo contenida en los arts. 17-19 del Reglamento Bruselas I bis es determinar su ámbito de aplicación. Los contratos excluidos de esta protección quedan sometidos al régimen general, esto es: al foro general del domicilio del demandado; a los foros en materia contractual, y a la sumisión expresa que en su caso se haya realizado a favor de un determinado Tribunal.

En este sentido, los supuestos en los que el consumidor se considera protegido según el Reglamento Bruselas I bis, son: en primer lugar, en los casos de venta a plazos de mercaderías o préstamos a plazos u otra operación vinculada a la financiación de la venta de mercaderías [art. 17.1 a)]. En segundo extremo, cuando la parte que desempeña actividades comerciales o profesionales ejerce estas en el Estado miembro del domicilio del consumidor [art. 17.1 b)]. En tercer término, dirige tales actividades a dicho Estado, o a varios Estados miembros entre los que se encuentre el Estado miembro del domicilio del consumidor y el contrato estuviere comprendido en el marco de dichas actividades [art. 17.1 c)].

En la contratación electrónica interesa especialmente el último de los supuestos recogidos en el art. 17.1 del Reglamento Bruselas I bis, esto es, cuando el empresario que comercializa sus productos a través de Internet realice sus actividades en el país en el que el consumidor tenga su domicilio habitual o por cualquier medio las dirija a este Estado.

84 Véase Arenas García, R., «Competencia judicial...», *loc. cit.*, p. 53.

2.3.2. Atribución de la competencia según la *Internacional Stream of Commerce*

2.3.2.1. Protección del empresario frente al consumidor excesivo

La determinación de los supuestos en los que una actividad comercial o profesional se dirige al Estado del domicilio del consumidor puede ser compleja en los contratos electrónicos. En concreto, surgen dudas, sobre si el hecho de que el consumidor pueda acceder al sitio web del profesional debe interpretarse como que dicho profesional dirige su actividad al Estado del domicilio de este[85].

Debido a las dificultades que plantea la interpretación de este precepto, el Consejo y la Comisión de la UE realizaron una declaración conjunta (no publicada) acerca del entendimiento de esta letra c) del entonces art. 15 del Reglamento Bruselas I, que en la actualidad el Reglamento Bruselas I bis, plasma de la misma manera en su art. 17.1 c).

De acuerdo con esta declaración, no es suficiente que el consumidor pueda acceder a un sitio web desde su domicilio para que sea aplicable la sección cuarta del capítulo segundo del Reglamento. Por el contrario, es necesario que este sitio web invite a la realización de contratos y que al menos se haya celebrado alguno de ellos. La declaración del Consejo y de la Comisión sobre el art. 15 del Reglamento Bruselas I no resolvió los inconvenientes que plantea la interpretación de la letra c), del primer apartado de este precepto[86].

En todo caso, para resolver esta cuestión, debe distinguirse cuando el consumidor entra en contacto con la empresa a través de un sitio web pasivo o en cambio si el sitio web es activo y permite al usuario interactuar. En el primer caso, la doctrina considera con carácter general, que no puede entenderse que la actividad está dirigida al domicilio del consumidor, a no ser que del sitio web pueda deducirse otra cosa. Esta idea fue afirmada por primera vez por la jurisprudencia sobre el *Doing Business o la International Stream of Commerce* de EE. UU[87].

---

85 Véase Ortiz Vidal, M.ª D., «Contratos electrónicos internacionales...», *loc. cit.*, pp. 379-396.

86 Declaración conjunta del Consejo y de la Comisión relativa a los artículos 15 y 73 del Reglamento núm. 44/2001 (http://ec.europea.eu/civiljustice/homepage/homepage_ec_de_declaration.pdf).

87 «En la jurisprudencia norteamericana no existe una línea bien definida respecto a los límites en la aplicación del criterio de la International Stream of Commerce. Si bien en los años 80 fue defendido por el TS de EEUU en el asunto World-Wide Volkswagen Corporation. En concreto en 1987 se dictó una Sentencia de la Corte Suprema de EEUU [World-Wide

Aunque el sitio web sea visible desde un determinado país, del hecho de que el usuario no pueda interactuar se deduce que el comerciante no ha pretendido entrar en dicho mercado nacional. De esta forma, si a pesar de ello el consumidor contrata, debe asumir el riesgo de tener que litigar en el país donde dicha empresa esté establecida. Por ejemplo, en el supuesto de un sitio web de una empresa china, que se encuentra en un idioma chino, y que se limita a proporcionar información sobre un determinado producto, fotos, precios, etc, esto es, no tiene TV[88].

En este supuesto, del contenido del sitio web se desprende, en principio, que la intención del PSSI es limitar la venta al mercado chino. De esta manera, si un consumidor español, que conoce este idioma (chino) accede al sitio web y contacta con la empresa para adquirir el producto se considera un consumidor «activo» y, por tanto, en principio, no está protegido por la sección cuarta del capítulo II del Reglamento Bruselas I bis.

Este mismo supuesto puede plantear mayor complejidad si el sitio web es activo. En este caso, el hecho de que el sitio web disponga de TV y sea acce-

---

Volkswagen Corporation, 444 U.S. 286 (1980)], en relación con la Sentencia Asahi Metal Industry. En esta resolución, el TS matizó su aplicación argumentando que para que el demandante (adquirente del producto) pudiese invocar la protección de los tribunales de su Estado era exigible no solo que el producto de una empresa alcanzase el forum del demandante sino también que el vendedor hubiese dirigido sus actividades a dicho mercado. A partir de ese momento, este criterio ha sido objeto de un gran debate por lo que durante muchos años se ha esperado una nueva decisión del TS norteamericano en la que clarificase las incertidumbres relacionadas con este criterio, especialmente a raíz de las diferentes opiniones vertidas por sus jueces en la citada Sentencia Asahi. Esta decisión se produjo en los asuntos Nicastro (Sentencia de la Corte Suprema de EEUU, J. McIntyre Machinery, Ltd. v. Nicastro, núm. 09-1343, 546 U.S., 2011) y Goodyear (Sentencia de la Corte Suprema de EEUU, Goodyear Dunlop Tires Operations, S.A. v. Brown, núm. 10-76, 546 U.S. 2011). El Tribunal considera en este caso, que para aplicar la International Stream of Commerce no basta que el vendedor haya previsto la posibilidad de que sus productos alcancen el mercado de conquista sino que, además, ha de confluir su voluntad manifiesta de dirigir los productos hacia ese mercado. Añade, además, que cada caso ha de ser evaluado de forma individualizada ("personal jurisdiction requires forum-by-forum analisys") atendiendo a sus circunstancias, no pudiendo aplicarse este criterio de forma generalizada. Sin embargo, lejos de conseguir el objetivo de clarificar este criterio tal vez con estas nuevas decisiones el Tribunal ha podido contribuir a incrementar las dudas existentes debido a la ausencia de consenso y a las opiniones contradictorias emitidas por sus jueces. De esta forma, mientras cuatro de ellos eran partidarios de aplicar de forma restrictiva este criterio, otros tres pretendían mantener el estándar existente en la Sentencia Asahi y los dos restantes parecían indecisos». Estas resoluciones se han consultado en (http://supreme.justia.com/cases/federal/us). En relación con estas resoluciones (veánse, MORRISON, A. B., «The impacts of McIntyre on minimum contacts», *Arguendo, The George Washington Law Review*, October 2011, vol. 80, p. 12; PETERSON, T. D., «The timing of minimum contacts after Goodyear and McIntyre», *Arguendo, The George Washington Law Review*, September 2011, Vol. 80, p. 39).

88 Véase CALVO CARAVACA, A. L.; CARRASCOSA GONZÁLEZ, J., *Conflictos de leyes...*, *op. cit.*, p. 89.

sible desde cualquier parte del mundo tampoco conlleva que el empresario dirija sus productos a todos los países desde los que sea accesible dicho sitio web[89]. En este sentido, como se ha expuesto *supra*, la primera condición que impone el Reglamento Bruselas I bis para que resulten aplicables las normas especiales de competencia en materia contractual, es que el empresario dirija su actividad al Estado miembro donde está domiciliado el consumidor (criterio del *Doing Business* en el DIPr norteamericano)[90].

De esta forma, como señalan A.L. Calvo y J. Carrascosa «serán competentes los Tribunales del Estado a cuyo mercado se dirige el empresario mediante actos comerciales concretos (mercado de conquista)»[91]. De esta forma, el art. 17.1 c) del Reglamento Bruselas I bis es, como su antecesor, una norma de transacción que trata de proteger y de favorecer el comercio electrónico B2C, desde una doble vertiente. En primer lugar, no se obliga a los consumidores a litigar exclusivamente ante los tribunales del país del empresario, ya que en estos supuestos muchos contratos electrónicos no llegarían a perfeccionarse, debido al alto riesgo (que para los consumidores constituiría esta vía de contratación. En segundo extremo, tampoco se puede imponer, en todo caso, la carga de litigar a los empresarios, ya que muchos de ellos no ofertarían sus productos a través de Internet.

De esta forma, el hecho de que un sitio web sea accesible desde un determinado país no justifica, por sí solo, la aplicación de las normas de competencia protectoras de los consumidores (pasivos) contenidas en los arts. 18 y 19 del Reglamento Bruselas I bis[92]. Para que puedan aplicarse estas reglas es necesario que de su contenido pueda deducirse, que efectivamente, el comerciante quería dirigir su actividad al Estado del domicilio del consumidor.

De esta manera, el Reglamento Bruselas I bis, trata de proteger al empresario frente al consumidor excesivo, de forma que solo cuando el PSSI realice sus actividades comerciales en el Estado miembro del domicilio del consumidor estará operando en su mercado y tendrá que considerar, entre otras, la posibilidad de que los consumidores lo demanden ante los tribunales de estos países[93].

89 Véase Feliu Álvarez De Sotomayor, S., «El tratamiento legal del contrato...», *loc. cit.*, pp. 123-139.

90 Véase Calvo Caravaca, A. L.; Carrascosa Gonzalez, J., *Conflictos de leyes...*, *op. cit.*, p. 85.

91 *Ibidem*, 85-90.

92 Véase Ortiz Vidal, M.ª D., «Contratos electrónicos internacionales...», *loc. cit.*, pp. 379-396.

93 Véase Lafuente Sánchez, R., «El criterio del international Stream-of-Commerce y los foros de competencia en materia de contratos celebrados con consumidores», *CDT* (octubre 2012), vol. 4, n.º 2, pp. 177-201.

De no ser así, los PSSI que comercialicen sus bienes y servicios en Internet podrían verse demandados ante los tribunales de cualquier Estado donde el consumidor que ha accedido a su web se encuentre domiciliado y verse abocados al cumplimiento de las disposiciones nacionales de los diferentes Estados miembros. Este hecho, como se ha señalado, podría generar un efecto negativo en la contratación electrónica y una restricción importante en la comercialización transfronteriza. De forma que las empresas que no deseen verse sometidas en caso de disputa a la competencia de los tribunales del domicilio del consumidor por la incertidumbre legal y el coste económico que estas demandas pueden representar, optarán por no ofertar sus productos a través de Internet en determinados mercados, limitando así las posibilidades de elección para el consumidor[94].

Además, cuando el PSSI expresamente indica en su sitio web que sus productos o/y servicios no se ofertan en ciertos países, no existe, con independencia de que el sitio web sea visible desde estos países *Stream of Commerce*. En el caso de que, pese a esta advertencia los consumidores de estos Estados decidan contratar a través de dicho sitio web, asumen el riesgo de no quedar protegidos por el art. 17.1 c) del Reglamento Bruselas I bis[95].

A *sensu contrario*, cuando el PSSI dirija su oferta a los consumidores que tiene su domicilio en un Estado en el que normalmente no desarrolla su actividad, se entiende que trata de introducirse en un mercado nuevo para él, por lo que se cumplirían las condiciones necesarias para hablar de *Doing Business o Internacional Stream of Commerce*[96]. En este contexto, es de gran importancia verificar cuándo se considera que un PSSI domiciliado en un Estado miembro. Esto es, cuando comercializa sus bienes y servicios en Internet orientando su actividad a otros Estados miembros y ofertando sus productos y servicios a los consumidores que se encuentren domiciliados allí, es decir,

94 Véase Calvo Caravaca A. L.; Carrascosa Gonzalez, J., (Dirs.), *Derecho Internacional privado..., op. cit.*, pp. 817-818. Según estos autores, la aplicación de este criterio (tesis de la accesibilidad) resulta muy riguroso con los empresarios por lo que el Reglamento 44/2001 no ha acogido esta interpretación.

95 Véase Calvo Caravaca, A. L.; Carrascosa Gonzalez, J., *Conflictos de leyes..., op. cit.*, p. 89.

96 Véase Batalla Trilla, A., «Contratación electrónica y jurisdicción competente: el concepto de actividades dirigidas en el nuevo sistema comunitario», *La Ley*, año XXV, núm. 6001, de 21 de abril de 2004, pp. 3 y ss. Castellanos Ruíz, E., *Régimen jurídico de los consumidores..., op. cit.*, pp. 87-93; id., «El concepto de actividad profesional «dirigida»...», *loc. cit.*, pp. 70-92; de Miguel Asensio, P. A., «Mercado global y protección de los consumidores...», *loc. cit.*, pp. 155-181; Matías Fernandes, M. J., «O conceito de "actividade dirigida" inscrito no artigo 15.°, número 1, alínea c), do Regulamento "Bruxelas I" e a internet: subsídios do tribunal de justiça por ocasião do acórdão Pammer /Alpenhof», *CDT* (Marzo 2012), vol. 4, núm. 1, pp. 302-315.

cuando dirige su actividad hacia esos Estados miembros[97].Como se analiza *infra*, según la postura del TJUE, se atribuirá la competencia al Tribunal de la residencia del consumidor en virtud del art. 17.1 c) cuando se verifiquen en su sitio web determinados indicios sobre la «actividad dirigida».

En relación con esta cuestión presenta especial interés el caso en el que un litigio relacionado con un contrato electrónico en el que se atribuye la competencia en base a este criterio de la *International Stream of Commerce* se suscite la cuestión de la ley que califica el contenido del sitio web, y en consecuencia se aborde la cuestión de la existencia de la oferta. En este caso, siendo el Tribunal competente el del domicilio del consumidor (art. 18 Reglamento Bruselas I bis), la ley que habría que considerar para verificar si se está ante una oferta con carácter vinculante o por el contrario se trata de una invitación para contratar o mera publicidad será la *lex fori*.

Esto es, según lo expuesto *supra*, se tendrá en cuenta el ordenamiento del lugar hacia el que el oferente dirige la información (actividad) a través de su sitio web, que en este caso coincide con el Estado donde el Tribunal competente conoce del asunto, en virtud del mismo criterio [art. 17.1 c) Reglamento Bruselas I bis][98]. A continuación, habrán de verificarse los requisitos de este ordenamiento para confirmar que esta información puede considerarse una oferta, ya que, en caso contrario, el contrato no estará perfeccionado.

2.3.2.2. Jurisprudencia de interés: asunto *Pammer* y asunto *Hotel Alpenhof*

Como se ha indicado, para determinar cuándo una empresa dirige sus actividades a un determinado mercado debe tenerse en cuenta el contenido de su sitio web del que puede deducirse si se pretenden comercializar los productos o/y servicios en un determinado país o no. En este sentido, el TJUE en la sentencia de 7 de diciembre de 2010, en el asunto C-585/08 *Pammer* y asunto C-144/09 *Hotel Alpenhof* se pronunció sobre si era suficiente poder acceder a través de Internet al sitio web del cocontratante del consumidor para considerar que la actividad está «dirigida» a un Estado, en el sentido del art. 15, ap. 1, letra c) del Reglamento, núm. 44/2001 (art. 17 Reglamento Bruselas I bis)[99].

---

97 Véase FARAH, Y., «Allocation of jurisdiction and the Internet in EU law», *European Law Review*, vol. 33, núm. 2, April 2008, pp. 265-266; VARGAS GOMEZ-URRUTIA, M., «Protección internacional de los consumidores...», *loc. cit.*, pp. 669-670.

98 Véase Capítulo II; apartado III.- Perfeccionamiento del contrato electrónico; 1.- Oferta electrónica.

99 Véase ESPINIELLA MENÉNDEZ, A., «Competencia judicial internacional...», *loc. cit.*, pp. 181-188.

Según esta resolución se consideran indicios de que la actividad se ha dirigido a un determinado Estado: «todas aquellas manifestaciones expresas de atraer a clientes de un determinado Estado miembro así como los gastos de remisión a páginas web en Internet prestados por una empresa que explota un motor de búsqueda con el fin de facilitar el acceso al sitio del vendedor a consumidores domiciliados en diferentes Estados miembros».

> «Otros indicios pueden ser: el carácter internacional de la actividad en cuestión, la mención de números de teléfono con prefijo internacional, la utilización de un nombre de dominio de primer nivel distinto al del Estado miembro en el que está establecido el vendedor o la utilización de nombres de dominio neutros (por ejemplo: ".com") o la descripción de itinerarios desde otro u otros Estados miembros al lugar de la prestación del servicio y la mención de una clientela internacional formada por clientes domiciliados en diferentes Estados miembros, concretamente mediante la presentación de testimonios de dichos clientes».

Asimismo, según el TJUE, aunque exista un profesional intermediario, no hay impedimento alguno en que pueda considerarse que el vendedor dirige su actividad a otro país si este actúa en nombre y por cuenta del vendedor.

Por tanto, la aplicación de este criterio del TJUE supone que no basta con que el sitio web sea accesible desde un determinado país para considerar a un sujeto como consumidor pasivo, sino que, como se ha indicado *supra*, es necesario, además, que concurra una voluntad manifiesta por parte del profesional, de la que se deduzca su inequívoca intención de introducirse en ese mercado[100].

Según la citada resolución, los supuestos que están incluidos en los arts. 18 y 19 del Reglamento Bruselas I bis, son: «(...) aquellos contratos en los que la penetración del empresario en un mercado foráneo se produce precisamente a través de medios electrónicos[101]. Debe reconocerse que las dificultades que al DIPr le ocasiona el elevado nivel de desmaterialización de los contratos celebrados a través de Internet se encuentran atenuadas sustancialmente en el ámbito de los contratos de consumo, al estar basadas las normas relevantes de este sector en conexiones más flexibles que la regulación general[102]. No obstante, siguen existiendo complicaciones y, posiblemente, la de mayor entidad sea la determinación de aquellos sujetos que merecen la considera-

100 Véase Castellanos Ruíz, E., «El concepto de actividad profesional "dirigida"...», *loc. cit.*, pp. 75-78.

101 Véase Orejudo Prieto De Los Mozos, P., «Comentarios sobre la atribución de la competencia en contratos e ilícitos electrónicos: el desarrollo de la jurisprudencia del TJUE», P. Diez Hochleitner y otros (coords), *Últimas tendencias de la jurisprudencia del Tribunal de Justicia de la UE 2008-2011*, La Ley, Madrid, 2012, pp. 599-604.

102 Véase Feliu Álvarez De Sotomayor, S., «El tratamiento legal del contrato...», *loc. cit.*, pp. 125.

ción de consumidores pasivos y que, por tanto, se beneficiarán del régimen tuitivo dispuesto por las normas de DIPr»[103].

En cualquier caso, la mencionada resolución resulta de gran utilidad para mitigar estas dificultades. De esta forma, en un supuesto en el que, por ejemplo, una empresa italiana en su sitio web contenga una serie de datos de los que puede deducirse que pretende dirigir sus actividades, entre otros, al consumidor español, debe esperar ver sometidas las disputas que se ocasionen en relación a los consumidores españoles, ante los Tribunales de este país.

Este hecho se da, porque en el citado ejemplo, el consumidor español estaría protegido como consumidor pasivo por el Reglamento Bruselas I bis. En este sentido, y según el art. 18 del citado Reglamento, el consumidor que ha celebrado un contrato electrónico, si se plantea una controversia relacionada con la existencia de la oferta o de la aceptación podrá optar por interponer la demanda ante los órganos jurisdiccionales del Estado miembro en que esté domiciliado (España), o ante los Tribunales del lugar en que esté domiciliada la empresa a la que demanda (Italia).

2.3.2.3. Jurisprudencia de interés: asunto *Emrek* y asunto *Mühlleitner*

De otro lado, también relacionado con el tema de la actividad dirigida, debe mencionarse, en primer lugar, la STJUE de 17 de octubre de 2013 (As. C-218/12, *Emrek*). En este caso, se planteó al TJUE una cuestión relativa al fuero especial en materia de contratos de consumo establecido en el artículo 15.1 c) del Reglamento Bruselas I [art. 17. 1 c) Reglamento Bruselas I bis][104]. En concreto, se trataba de saber si esta norma competencia, que, entre otros aspectos, posibilita que el consumidor pueda demandar ante los tribunales de su propio domicilio, resulta operativa aún en el supuesto en el que el consumidor no ha sido animado a realizar el contrato objeto del litigio por el sitio web dirigido al Estado miembro de su residencia habitual[105].

En el asunto principal, el consumidor actor (con residencia habitual en Alemania) celebró un contrato con un comerciante situado en Francia, para lo que se desplazó al establecimiento del demandado sito en Hamburgo, tras haber tenido noticia de ese establecimiento a través de unos conocidos y no a través del sitio web (dirigido al

103 Véase Ortiz Vidal, M.ª D., «Contratos electrónicos internacionales B2C...», *loc. cit.*, pp. 85-86.

104 Véase Wild, C.; Weinstein, S.; Riefa, C., «Council Regulation (EC) 44/2001 and Internet Consumer Contracts: Some Thougts on Article 15 and the Futility of Applying», *International Review of Law Computer & Technology*, vol. 19, núm. 1, marzo, 2005, pp. 13-23.

105 Véase Esteban de La Rosa, F., «El papel del nexo de causalidad en el sistema europeo de competencia internacional de los contratos de consumo: ¿una condición para el olvido?», *Revista La Ley, Unión Europea*, núm. 11, 2014, pp. 7-21.

Estado miembro de residencia del comerciante pero también al Estado miembro de residencia habitual del consumidor). De esta forma, se planteaba si para que el consumidor quedara protegido por la protección del art. 15.1 c) del Reglamento Bruselas I [art. 17.1 c)], era necesario «que la página web guarde una relación causal con la celebración del contrato»[106].

De acuerdo con la jurisprudencia previa, este Tribunal en relación con esa norma, en concreto sus sentencias en los asuntos mencionados (C-585/08 *Pammer*; C-144/09 Hotel *Alpenhof*) y también se pronuncia en este sentido en el asunto (C-190/11 *Mühlleitner*), en sus conclusiones presentadas por el Abogado General Cruz Villalón, propone rechazar que ese requisito adicional sea exigible[107].

Tal conclusión se funda, en particular, en que según el art. 15.1.c) RBI, la aplicación de ese sistema de protección de los consumidores solo necesita que se dirija la actividad profesional al Estado del domicilio del consumidor y que el contrato quede comprendido en el marco de esas actividades[108]. Debe añadirse que el TJUE en el caso *Mühlleitner* ya advirtió que «*(...) añadir requisitos al artículo 15.1.c) sería contrario al objetivo de esa norma*» (ap. 42).

En segundo extremo, el TJUE en su sentencia Mühlleitner terminó afirmando que «(...) la toma de contacto a distancia del consumidor con el sitio web; la reserva de un bien o de un servicio a distancia; o la celebración de un contrato de consumo a distancia son indicios de vinculación del contrato de la actividad dirigida al domicilio del consumidor» (ap. 44). En este apartado el TJUE aclara que la celebración de un contrato a distancia no es en modo alguno requisito de aplicación del precepto, sino un indicio de vinculación del contrato a la actividad comercial o profesional dirigida al Estado del domicilio de consumidor (un indicio *a fortiori*)[109].

Por su parte, el Abogado General concluye que «(...) la relación de causalidad mencionada es un indicio que facilitará, la determinación por parte del juez nacional de que el sitio de Internet se dirige al Estado del domicilio del consumidor (ap. 31 de las conclusiones), pero no opera como un requisito adicional».

---

106 Véase PAZOS CASTRO, R., «El contrato celebrado en el marco de una actividad comercial dirigida al consumidor. Comentario a la STJUE de 17 de octubre de 2013 (asunto C-218/12, Emrek)», Año LXVIII, *BMJ* núm. 2165. Abril 2014.

107 Véase ESTEBAN DE LA ROSA, F., «El papel del nexo de causalidad...», *loc. cit.*, pp. 7-2. Según el planteamiento de este autor, el TJUE debería de haber valorado las circunstancias que deben ser tenidas en cuenta para decidir si existe o no el vínculo que es necesario entre el contrato celebrado y la actividad del empresario, para activar los foros especiales de los contratos de consumo.

108 Véase comentarios de estas resoluciones en (pedrodemiguelasensio.blogspot.com, 23 de julio de 2013).

109 Véase comentario de la STJUE de 6 de septiembre de 2012, asunto C-190/11: Mühleitner-Yusufi de ALVAREZ GONZÁLEZ, S. en *REDI*, vol. LXV (2013), 1, pp. 211-214.

En los dos asuntos *Emrek* y *Mühlleitner* se considera probado, en el litigio principal, que las actividades comerciales a través del sitio web se dirigían al Estado del domicilio del consumidor. En concreto, en el asunto *Emrek* los números de teléfono de contacto aparecían precedidos del prefijo internacional de Francia y se facilitaba también un teléfono móvil alemán con el prefijo internacional de Alemania.

En relación con la posición del Abogado General, en esta resolución, cabe entender que pese a que no se exija una relación de causalidad entre la actividad dirigida y el contrato concluido, la carga impuesta al comerciante puede resultar excesiva en estos supuestos[110]. Esto es, el empresario que publicita sus productos a través de sitios web a determinados Estados miembros, puede ser demandado por los consumidores de estos Estados, aun cuando son estos los que se desplazan a sus establecimientos a celebrar el contrato. Este riesgo está vinculado a las ventajas derivadas de la ampliación de su mercado por la utilización de un sitio web que dirige su oferta a distintos países[111].

Es importante recordar que la mera accesibilidad del sitio web no es un elemento suficiente para afirmar que el empresario dirige su actividad a otro Estado miembro[112]. Pero, resulta más importante, como destaca el Abogado General en estas conclusiones, la «*indagación de los objetivos y efectos de la estrategia comercial perseguida por el vendedor o prestador del servicio*» (ap. 19 de las conclusiones), considerando los criterios objetivos que proporcionan indicios relevantes a estos efectos.

La decisión del TJUE en estos asuntos está motivada, entre otras razones, en el hecho de que, en la práctica, es frecuente que un sitio web esté dirigido a varios Estados fronterizos (en el asunto *Emrek*, Francia y Alemania). En estos supuestos, puede resultar previsible para el empresario el hecho de poder ser demandado ante los tribunales de cualquiera de estos Estados, y en concreto, ante el Estado del domicilio del consumidor.

En relación con esta resolución, y pese a que será preciso estar al caso concreto, los empresarios tienen la posibilidad de adaptar su estrategia comercial y elegir qué tipo de configuración otorgan a su sitio web, limitando su información y por consiguiente los países a los que se dirige su actividad comercial. De esta forma, el riesgo de ser demandados en otros Estados, en virtud, entre otros, del foro en materia de contratos de consumo (art. 17 Reglamento Bruselas I bis), será menor[113].

110 Véase ORTIZ VIDAL, M.ª D., «Contratos electrónicos internacionales B2C...», *loc. cit.*, p. 88.

111 (pedrodemiguelasensio.blogspot.com.es, 23 de julio de 2013).

112 Véase MARCHAL ESCALONA, N., «¿Hacia un nuevo derecho procesal europeo de protección del consumidor?: la nueva iniciativa europea sobre la resolución de litigios de pequeña cuantía», *REEI*, octubre, 2014, pp. 12-13.

113 Véase CORDERO ÁLVAREZ, C. I., «La contratación entre consumidores...», *loc. cit.*, pp. 162 y ss.

Estas demandas pueden generarse, por ejemplo, porque haya dudas sobre la calificación del contenido del sitio web como oferta, o porque no esté claro si se produjo la aceptación. De esta forma, y ante las posibles controversias que puedan surgir relacionadas, entre otras, con estas cuestiones, los PSSI deben definir los mercados ante los que desean actuar dirigiendo a los mismos sus actividades de manera voluntaria. Esta previsión es de gran importancia porque de la jurisprudencia analizada se deduce que incluso en los casos en los que el contrato que suscita el litigio se haya celebrado porque el consumidor (activo) se haya dirigido al mercado del comerciante; el hecho de que este dirija su oferta a través de su sitio web, entre otros, al mercado de dicho consumidor, es un motivo suficiente para que este quede protegido por el art. 17.1 c) del Reglamento bruselas I bis.

En cualquier caso, las empresas deberían valorar si la renuncia a contratar electrónicamente con consumidores domiciliados en otros Estados miembros, con el fin de evitar posibles demandas ante sus tribunales, compensa la pérdida de actividad que pueden sufrir en esos mercados[114]. Estas empresas pueden ver minimizados los riesgos de tener que litigar en el país del domicilio del consumidor, en concreto por la existencia de la oferta, si en el sitio web concretan el carácter vinculante o no, de la información que proporcionan en este entorno virtual. Esta misma estrategia, puede extenderse a la aceptación si se concreta en qué momento se entienden aceptados los términos del contrato.

En cualquier caso, sino se concretan estos extremos o si en todo caso surgen litigios relacionados con los mismos en contratos celebrados con consumidores podrá determinarse el Tribunal competente en base al art. 17.1 c), siempre que del sitio web se desprenda que el PSSI pretendía dirigir su actividad al país del domicilio del consumidor. Este hecho se dará con independencia de la existencia de un nexo causal entre dicho sitio web y la celebración del contrato que orgina el litigio.

2.3.2.4. Jurisprudencia de interés: asunto *Hobohm*

La sentencia del TJUE de 23 de diciembre de 2015, C-297/14, *Hobohm*, también está relacionada con el requisito de la actividad dirigida del art. 17. 1 c) del Reglamento Bruselas I bis. En este caso se trata de un contrato que considerado de forma individual no está comprendido en el ámbito de la actividad dirigida por el profesional al Estado del domicilio del consumidor

114 Véase MARINO, S., «I contrati di consumo on line e la competenza giurisdizionale in ambito comunitario», *Contratto e impresa/Europa*, 1/2011, p. 253. Este autor afirmó que el criterio adoptado por el Reglamento 44/2001 y mantenido en el Reglamento Bruselas I bis, no resulta eficiente en un mercado único donde los prestadores han de desarrollar su actividad sin ningún tipo de discriminación por razones geográficas.

pero que está relacionado con un contrato en el que este mismo profesional sí dirigía su actividad a dicho Estado[115].

En esta resolución se trata de verificar si la relación entre ambos contratos es un motivo suficiente para que el consumidor pueda fundamentar la CJI de los Tribunales de su domicilio y no se vea obligado a litigar en el país del comerciante. En este caso, la empresa está domiciliada en España y ofrece servicios inmobiliarios, entre otros países a Alemania. Este hecho puede deducirse de su sitio web en el que el intermediario demandado ofrecía sus servicios en Internet a través de un sitio registrado con un nombre de dominio «.com», redactado en Internet a través de un sitio registrado con un nombre de dominio «.de». Para contactar con el servicio de gestión de la actividad profesional del demandado debía utilizarse un número de teléfono de Berlín; y el demandado empleaba para su actividad folletos redactados en alemán (ap. 19 de la STJUE en el asunto *Hobohm*).

A través de este sitio web, el consumidor había contratado los servicios de intermediación de esta empresa para comprar una vivienda en España, pero la controversia en el litigio principal no se suscita por esta relación contractual. El origen del litigio está en un contrato de mandato con esta misma empresa para procurar la habitabilidad de una vivienda sita en Denia (Alicante) que el consumidor había adquirido a través de los citados servicios de intermediación.

La existencia de un «nexo material decisivo» entre la actividad de intermediación y el contrato de mandato, cuya finalidad era hacer posible el disfrute efectivo del apartamento adquirido como consecuencia de la actividad de intermediación dirigida a Alemania, es la que lleva al Tribunal alemán a plantear la cuestión prejudicial resuelta ahora por el TJUE.

El Tribunal concluye en la existencia de una conexidad entre ambos contratos para justificar la atribución del foro competencial a favor del Tribunal del domicilio del consumidor según el art. 17. 1 c) del Reglamento Bruselas I bis. Esta afirmación se produce porque en el litigio principal la finalidad del contrato conexo (mandato) era alcanzar el objetivo económico concreto que subyacía al contrato de intermediación (actividad dirigida al domicilio del consumidor) que había dado lugar a la celebración del contrato de compraventa del apartamento a cuya habitabilidad va referido el mandato (ap. 34).

Cuando el contrato conexo tiene como objetivo la satisfacción del objetivo económico del otro contrato, entiende el Tribunal que su celebración puede considerarse como prolongación directa de la actividad profesional dirigida al Estado miembro del domicilio del consumidor que dio lugar al contrato inicial y que el contrato ulterior (mandato) es complementario del inicial (intermediación) (ap. 35). A estos efectos es suficiente la existencia de un nexo económico estrecho entre los contratos conexos, aunque entre ambos no exista interdependencia jurídica (ap. 36).

115 Véase comentario de DE MIGUEL ASENSIO, P. A., (http://pedrodemiguelasensio.blogspot.com.es, entrada de 4 de enero de 2016).

De esta forma, en las situaciones en las que el segundo contrato va referido a la prestación de servicios directamente vinculados a los que constituyen el núcleo de la actividad dirigida al domicilio del consumidor y que se prestan con la misma estructura empresarial. La vinculación que presenta con el primer contrato sirve, en tales supuestos, para afirmar que el segundo contrato, queda comprendido, al igual que el primero, en el marco de las actividades que el profesional dirige al Estado del domicilio del consumidor.

Esta sentencia puede servir, en la práctica en relación con las controversias que se originen sobre la existencia de la oferta y de la aceptación. Por ejemplo, podría ocurrir que la empresa ofreciera en su sitio web servicios de intermediación y que surja una controversia porque el oferente cree que el consumidor ha aceptado no solo un contrato consistente en la intermediación para el alquiler de una vivienda; sino otro contrato de mandato, para la gestión del alta de los suministros (luz, agua, etc). Cuando el profesional, pretende cobrar sus servicios, tanto por la intermediación como por la gestión realizada, el consumidor dice que solo existe un contrato, el de intermediación porque él no ha aceptado el contrato de mandato, y que por tanto solo pagará los honorarios por dicha labor de mediación.

En este contexto, se plantea un litigio para verificar si el contrato de mandato se perfeccionó, y en concreto si se prestó la aceptación *online* por aquel, para lo que debe determinarse la CJI en base al art. 17.1 c) del Reglamento Bruselas I bis, ya que ambos contratos mantienen un nexo material decisivo. De esta forma, será necesario verificar que el profesional dirigió su oferta para la intermediación y para la gestión (mandato) a través de su sitio web. Aunque en todo caso, según el TJUE si se verifica la conexidad entre ambos contratos, se podría justificar la determinación de la competencia en base a este criterio cuando una sola de las actividades cumpliera los requisitos del mismo.

III. Litigios sobre deberes de información y derecho de desistimiento

3.1. Reclamación de cantidad e incumplimiento del deber de información

3.1.1. Supuestos más frecuentes en la contratación electrónica

Como se ha indicado *supra*, los deberes de información constituyen una cuestión muy importante en la contratación electrónica, en los momentos previo y posterior a la celebración del contrato[116]. En la práctica pueden plantearse distintos litigios por el incumplimiento de estos deberes que pueden ocasionar reclamaciones de cantidad de los destinatarios de los SSI que pretenden recuperar las cantidades pagadas en virtud de un contrato electrónico celebrado, en el cual no han recibido la información requerida legalmente.

En primer lugar, en relación con los deberes de información previos establecidos en el art. 10 de la DCE, (art. 27 LSSICE), pueden plantearse disputas, porque el PSSI no haya informado sobre las cuestiones que estos preceptos establecen, relacionadas con: «*los diferentes pasos técnicos que deben darse para celebrar el contrato; si el PSSI va a registrar o no el contrato celebrado, y si este va a ser accesible; los medios técnicos para identificar y corregir los errores de introducción de datos antes de efectuar el pedido y las lenguas ofrecidas para la celebración del contrato*»[117].

En segundo extremo, presenta gran interés el deber del PSSI de poner a disposición del destinatario las CGC de manera que este pueda almacenarlas y reproducirlas (art. 10.3 DCE y 27.4 LSSICE). Esta es una cuestión que en la práctica presenta gran litigiosidad ya que en ocasiones la configuración del sitio web dificulta el acceso a estas estipulaciones y se plantean dudas sobre el cumplimiento de los preceptos indicados[118].

En tercer término, entre los supuestos más frecuentes que pueden darse en relación con las reclamaciones sobre el incumplimiento de los deberes de información se encuentra la cuestión del envío del acuse de recibo regulado en el art 11 de la DCE y 28 de la LSSICE. Como se ha indicado, el cumplimiento de esta obligación consiste en que el PSSI debe enviar al aceptante una confirmación de que ha recibido la aceptación. Los litigios que pueden plantearse en relación con este tema vendrán dados, principal-

116 Véanse en el Capítulo primero, el apartado I.- Perspectiva de Derecho material; 3.- Deberes de información en la contratación electrónica y en el Capítulo segundo, el apartado II.- Normas imperativas en la contratación electrónica; 2.- Normas imperativas y deberes de información.

117 Véase Gómez Calle, E., *Los deberes precontractuales de información*, La Ley, Madrid, 1994, p. 13. En esta obra, se ponía de manifiesto hace más de dos décadas, el cambio que se estaba produciendo en el ámbito de las nuevas tecnologías de la comunicación e información. Hay que apuntar que en la actualidad la complejidad de la contratación electrónica ha aumentado y se evidencia la necesidad de que el legislador proporcione instrumentos al destinatario de los SSI que le permitan reaccionar frente a los abusos que pueden conllevar las nuevas tecnologías de la comunicación (véanse las siguientes obras: Desantes Real, M., «La Directiva sobre el comercio electrónico...», *loc. cit.*, pp. 323-338; Escobar de la Serna, L., *Derecho de la información...*, *op. cit.*, pp. 41-47).

118 En relación con este deber de información previo destacan varias sentencias que se comentan *infra*: STJUE de 21 de mayo de 2015 (As. C-322/14); STJCE de 16 de marzo de 1999, entre otras.

mente, por el hecho de que el PSSI no haya enviado esta confirmación, o que el destinatario no la haya recibido[119].

El incumplimiento de cualquiera de los deberes de información mencionados puede suscitar controversias en el contexto de la contratación electrónica, principalmente vinculadas con reclamaciones de cantidad de los destinatarios de los SSI a los PSSI. De esta forma, puede ocurrir, por ejemplo, que se formalice un contrato electrónico entre un PSSI establecido en Canada y una empresa española. En este contrato se ha elegido como Tribunal competente el del PSSI.

En este caso, el comprador (español) decide demandar a la empresa canadiense porque no ha sido informado de los diferentes pasos para corregir errores y ha pedido (por error) un número de productos superior al que realmente quería comprar. También puede originarse el conflicto, porque la empresa no haya enviado al comprador un acuse de recibo del pedido realizado. Para resolver estas y otras cuestiones que puedan suscitarse en relación con los deberes de información en vía judicial será necesario determinar qué Tribunal tiene la competencia en estos casos, teniendo en cuenta los distintos foros establecidos en el Reglamento Bruselas I bis.

Además de los litigios señalados, relacionados con el contenido del deber de información en la contratación electrónica, pueden surgir otros originados por el hecho de que dicha información se inserta como una condición general en el contrato. Estos procesos originados por el incumplimiento del control de incorporación de las CGC se abordan de forma separada *infra*, debido a que por el propio objeto de la demanda el Tribunal que resulte competente puede variar, en unos y otros supuestos.

3.1.2. Tribunal competente en estos casos

Como se ha indicado, en relación con los deberes de información se plantea la cuestión de qué Tribunal es el competente para conocer de las cuestiones que se susciten por el incumplimiento de estos. En este caso, al tratarse de una materia contractual, la propia LSSICE establece (*deberes de información previos y posteriores al contrato*; arts. 27 y 28 LSSICE) deben incluirse dentro del ámbito de aplicación del Reglamento Bruselas I bis (art. 1.1). De esta forma, será competente para conocer de esta cuestión el órgano jurisdiccional que deba conocer del asunto según los criterios establecidos en este instrumento.

119 Según el art. 28.2 de la LSSICE *«(...) se entenderá que se ha recibido la aceptación y su confirmación cuando las partes a que se dirijan puedan tener constancia de ello. En el caso de confirmación mediante acuse de recibo, se presumirá que su destinatario puede tener la referida constancia desde que aquel haya sido almacenado en el servidor en que esté dada de alta su cuenta de correo electrónico, o en el dispositivo utilizado para la recepción de comunicaciones»*.

En estos supuestos, la acción de reclamación de cantidad del destinatario de los SSI, (cliente) puede interponerse ante el domicilio del demandado, en virtud del mencionado foro general establecido en el art. 4 del Reglamento Bruselas I bis. Este puede ser un foro que presenta ciertas ventajas para el demandante, en este caso en relación a la ejecución del contrato, ya que es habitual que el domicilio del demandado constituya, también el lugar donde este tiene, al menos, parte de su patrimonio. De otro lado, presenta la desventaja del mayor coste económico que puede tener para el destinatario tener que litigar ante un Tribunal extranjero.

Del mismo modo, en relación con la reclamación de cantidad derivada del incumplimiento de los deberes de información en la contratación electrónica, también resulta operativo el foro especial en materia contractual del art. 7 del Reglamento Bruselas I bis. En este caso, será competente el Tribunal del lugar donde se haya cumplido o deba cumplirse la obligación que sirva de base para la demanda (art. 7.1 a). En este sentido, cuando el contrato electrónico verse sobre una compraventa de mercaderías, se tendrá en cuenta el lugar de entrega de estas y en el caso de prestación de servicios el lugar donde hayan sido o deban ser prestados los servicios. Como se ha advertido, en los supuestos en los que la entrega también se haga *online*, la atribución de la CJI en virtud de este foro puede resultar más compleja.

De otro lado, en los contratos de consumo, como se analizado *supra*, cuando se den los requisitos del art. 17 del Reglamento Bruselas I bis, el consumidor podrá optar entre interponer la demanda ante el Tribunal del lugar donde tenga su domicilio el comerciante o ante los órganos jurisdiccionales de su propio domicilio. Para que pueda operar este foro tendrá que cumplirse el requisito de que el PSSI haya dirigido su actividad al país del domicilio del consumidor. Por tanto, habrá que verificar mediante los indicios señalados, si efectivamente, esta era la intención del empresario. En caso contrario el consumidor no podrá utilizar este foro para litigar en su país.

Sin perjuicio de que, con respecto a la reclamación por el incumplimiento de los deberes de información, la CJI pueda atribuirse en virtud de alguno de los foros indicados, debe advertirse que, en la mayoría de los contratos electrónicos, se establece una cláusula en la que las partes se someten a un determinado Tribunal[120].

---

120 Sobre la sumisión expresa se han pronunciado muchos autores en relación con distintas cuestiones. A modo de ejemplo, pueden consultarse las siguientes obras en relación con este foro: ALONSO-CUEVILLAS SAYROL, J., *La competencia Jurisdiccional Internacional...*, *op. cit.*, pp. 54-63; ARENAS GARCÍA, R., «Competencia judicial internacional...», *loc. cit.*, pp. 45-60; BOUZA VIDAL, N., «Aspectos actuales de la autonomía de la de la voluntad en la elección de la jurisdicción y de la ley aplicable a los contratos internacionales», *Cursos de Derecho internacional de Vitoria-Gasteiz*, Vitoria, 2004, pp. 1-51; DE MIGUEL ASENSIO, P. A., «El nuevo Reglamento sobre competencia judicial y reconocimiento...», *loc. cit.*, pp. 3-8; FERNÁNDEZ ROZAS, J. C., SÁNCHEZ LORENZO, S., Derecho Internacional Privado..., *op. cit.*, pp. 53-108; GARCIMARTIN ALFÉREZ, F. J., «Contratos de Distribución Internacional:

La determinación de la competencia a través de este criterio de sumisión expresa o *prorrogatio fori* presenta especial interés en relación con la ley aplicable a los deberes de información en la contratación electrónica. Este hecho se da, principalmente, porque como se ha señalado *supra* las normas reguladoras de esta cuestión pueden tener la consideración de normas internacionalmente imperativas. De esta manera, como se expone a continuación, el foro establecido en el art. 25 del Reglamento Bruselas I sobre sumisión expresa puede utilizarse, en determinados supuestos, para eludir la aplicación de las citadas normas de policía por el Tribunal que conozca del asunto.

3.2. Deberes de información y *prorrogatio fori*

3.2.1. Sumisión expresa e inaplicación de las leyes de policía

En la práctica de la contratación electrónica resulta habitual la elección tanto del Tribunal competente como del Derecho aplicable al contrato. En este contexto, puede ocurrir, como se ha indicado, que el objeto de la demanda verse sobre el incumplimiento de los deberes de información en un contrato electrónico. En este caso, si es el juez español el que conoce del asunto, en virtud de la cláusula de sumisión expresa, tendrá que verificar qué ley regula los deberes de información, supuestamente incumplidos. Como se ha mencionado, puede ocurrir que también exista una cláusula de elección de ley, que estará limitada por las disposiciones imperativas que regulan en este caso los deberes de información y que constituyen el objeto de la controversia. Al margen de la imperatividad en sentido interno, que se ha analizado *supra*, estas normas imperativas actuarían en el presente supuesto como leyes de policía del foro (art. 9.2)[121].

Competencia judicial y Ley aplicable...», *loc. cit.*, pp. 221-240; Rodriguez Benot, A., *Los acuerdos atributivos de competencia judicial...*, *op. cit.*, pp. 74-81; Virgós Soriano, Miguel y Garciamartín Alférez, F. J., *Derecho Procesal Civil...*, *op. cit.*, pp. 54-67. En el concreto ámbito de la contratación electrónica también han sido muchos los autores que se han pronunciado sobre la sumisión expresa de las partes a un concreto Tribunal, entre otras destacan: Calvo Caravaca, A. L., Carrascosa González, J., *Conflictos de leyes...*, *op. cit.*, p. 109; Farah, Y., «Allocation of jurisdiction and the internet in EU law», *European Law Review*, vol. 33, núm. 2, april 2008, pp. 265-266; Keller, M., «Lessons for The Hague: Internet Jurisdiction in Contract and Tort Cases in the European Community and the United States», *The John Marshall Journal of Computer & Information Law*, vol. 23, 2004, pp. 1-74; Kessedjian, C., «Electronic data interchage...», *op. cit.*, pp. 153-154.

121 Como se ha expuesto en el Capítulo II, en el apartado sobre «Normas imperativas en la contratación electrónica», conforme a este precepto, las normas internacionalmente imperativas de la ley del foro prevalecen sobre las de la ley aplicable al contrato. En este sentido el TJUE destaca la exigencia de que las normas del foro que desplazan a la ley del contrato sean realmente normas de policía, proporcionando a los tribunales nacio-

En este contexto, si los Tribunales españoles conocen del asunto, la aplicación de las normas internacionalmente imperativas, en este caso relacionadas con los deberes de información en la contratación electrónica, puede resultar a priori más sencilla, siempre que se verifique que efectivamente las normas del foro, reguladoras de esta cuestión, revisten este carácter.

De otro lado, puede presentar más complejidad, el supuesto de que el Tribunal español tenga que aplicar las normas internacionalmente imperativas de un tercer Estado relacionados con el incumplimiento de los deberes de información en un contrato electrónico. Hay que tener en cuenta que el artículo 9.1 del Reglamento Roma I, no obliga a los tribunales de los Estados parte a aplicar o simplemente a «dar efecto» a las leyes de policía de otro país. Esto no significa que los tribunales de estos países no puedan, si lo estiman conveniente, aplicar las leyes internacionalmente imperativas de un tercer Estado, sino únicamente que, en todo caso, lo harán en base a sus respectivos derechos nacionales.

De esta forma, en el caso de que la aplicación de las mencionadas normas internacionalmente imperativas sobre deberes de información se plantee ante un juez europeo, y en concreto español, el conjunto de variables que deberá tener en cuenta, en caso de que decida aplicar el artículo 9.1 del Reglamento Roma I, le dejan un amplio margen de discrecionalidad[122].

---

nales indicaciones para apreciar si se trata de normas que revisten ese carácter. A tal fin, los tribunales nacionales han de «tener en cuenta no solo los términos exactos de aquella ley sino también su configuración general y el conjunto de circunstancias en las que se promulgó, para poder deducir de ello que tal ley reviste carácter imperativo, en la medida en que conste que el legislador nacional la adoptó con la finalidad de proteger un interés considerado esencial por el Estado miembro de que se trate». Además, el TJUE destaca la necesidad de considerar, cuando se realice esta valoración, «la naturaleza y el objeto de tales disposiciones imperativas», circunstancias que coinciden con las del último inciso del artículo 9.3 del Reglamento Roma I que requiere valorar para decidir si debe darse efecto a disposiciones internacionalmente imperativas de terceros Estados. De esta forma, si el Tribunal español verifica el carácter imperativo de los arts. 27 y 28 de la LSSICE sobre los deberes de información aplicará estas normas con independencia de la *lex causae* elegida por las partes. Estas apreciaciones se hacen por parte del TJUE en la sentencia de 17 de octubre en el asunto Unamar, C-184/12 en el marco del litigio entre una sociedad belga, y otra búlgara, en relación con una reclamación de indemnizaciones por la resolución de un contrato de agencia.

122 En primer lugar, debe valorar la conformidad de los objetivos políticos o económicos perseguidos por el Estado autor de la norma con el propio ordenamiento, así como, la proporcionalidad entre su alcance extraterritorial y la finalidad que se persigue con su aplicación. En segundo extremo, ha de tener en cuenta los intereses privados de los contratantes y las circunstancias concretas del caso, tales como, el grado de previsibilidad respecto de la aplicación de la norma al contrato en cuestión; la responsabilidad de las partes en su infracción, en especial la de aquella que pretende ampararse en la norma imperativa para incumplir las obligaciones derivadas del contrato y; el desequilibrio contractual que provoca su aplicación. Como indica M. Virgós, en relación con el art. 7.1 del Convenio Roma I (actual art. 9.1 del Reglamento Roma I), cuando el juez llamado a conocer del litigio contractual es ajeno al Estado autor de la norma, *«Deberá equilibrar la voluntad de apli-*

Además, en la actualidad, como se ha mencionado *supra*, el art. 9.3 de dicho instrumento solo menciona la posibilidad de que el Tribunal que conozca del asunte aplique las disposiciones internacionalmente imperativas del lugar donde deba cumplirse la obligación que sirve de base a la demanda o hayan sido ejecutadas, en la medida en que dichas leyes de policía hagan la ejecución del contrato ilegal. Este precepto dificulta, aún más si cabe, la aplicación de las normas de terceros Estados que revistan un carácter internacionalmente imperativo.

La jurisprudencia del TJCE ofrece algunos ejemplos que invitan a la reflexión. En el asunto *Courage Ltd.* c. *B. Crehande* 20 de septiembre de 2001, el TJCE estableció las pautas que debían seguir los órganos jurisdiccionales de los Estados miembros para conjugar el interés económico general que expresa el Derecho comunitario de la competencia y el interés particular de las partes en el contrato[123].

El TJCE después de recordar que: los órganos jurisdiccionales nacionales están obligados a garantizar, dentro del marco de sus atribuciones, la plena eficacia del derecho de la competencia comunitario, admite la posibilidad de que el derecho nacional deniegue a una parte, que tiene una responsabilidad significativa en la distorsión de la competencia, el derecho a obtener una indemnización por los daños y perjuicios de la otra parte contratante, en base al principio ampliamente aceptado según el cual nadie puede beneficiarse de su comportamiento ilícito *(nemo auditur propiam turpitudinem allegans)*.

Pero paralelamente también exige, que el órgano jurisdiccional nacional, al aplicar este criterio, tenga en cuenta el particular contexto económico y jurídico en el que se hallan las partes contratantes en el momento de negociar el contrato. En particular señala que, en casos como el contemplado, debe examinarse si la parte perjudicada, debido a su posición de notable inferioridad, se ha visto privada de la posibilidad de negociar las cláusulas del contrato y evitar o limitar de este modo el perjuicio que puede causarle una cláusula contraria al Derecho de la competencia[124].

---

cación de las normas extranjeras con el principio de conservación del negocio(protección de las expectativas de las partes) derivado de la ley del contrato». (véase Virgos Soriano, M., «Obligaciones Contractuales», J. D. González Campos y otros, *Derecho internacional privado (Parte especial)*, Madrid, 1995, p. 188).

123 El origen de esta decisión se encuentra en un contrato de arrendamiento de un establecimiento de bebidas que contenía una cláusula de exclusividad y en la invocación de la contrariedad de esta cláusula con el artículo 85 del TCE (actual 81) ante un tribunal inglés por parte del arrendatario, con el fin de obtener una indemnización por los daños y perjuicios derivados de la misma. La singularidad del litigio radica en que quién invoca la infracción al Derecho comunitario no es un tercero, consumidor o competidor, sino uno de los contratantes.

124 Puntos 31-33 de la STJCE de 20 septiembre 2001, As. 453/99 «*Courage Ltd c. B. Crehan*».

En la contratación electrónica, normalmente la cláusula de elección de Tribunal viene impuesta por una de las partes a la otra, de forma, que en este supuesto el adherente no tiene posibilidad de negociación alguna con respecto a este particular. Esto es, la cláusula de sumisión expresa, como se analiza *infra*, está incluida como una de las CGC que el destinatario de los SSI y potencial adherente no puede negociar. De esta forma, en relación con la STJUE en el asunto *Courage Ltd. c. B. Crehan*, en el contexto de una reclamación de cantidad por el incumplimiento de los deberes de información, el Tribunal que conoce del asunto, debe tener en cuenta está imposibilidad de negociar las cláusulas del contrato, antes de descartar la aplicación de las normas internacionalmente imperativas de terceros Estados.

Ante decisiones tan matizadas como la anterior, respecto de los efectos de la infracción de una norma internacionalmente imperativa sobre las obligaciones derivadas de un contrato, cabe plantearse qué hubiera sucedido si en vez de plantearse la controversia ante un juez inglés, las partes hubieran pactado una prórroga de competencia a favor del tribunal de un Estado no miembro de la UE o una cláusula de arbitraje.

Como destaca la profesora N. Bouza, al margen de la imposibilidad, en ambos casos, de que el juez elegido hubiese planteado una cuestión prejudicial ante el TJCE, lo más probable es que, tratándose de un contrato entre profesionales, la pretensión de la actora perjudicada por la cláusula de exclusividad hubiese sido rechazada, prevaleciendo el principio de que una parte que ha participado en un acuerdo contrario al derecho de la competencia de un tercer Estado no puede reclamar a la otra parte una indemnización por el perjuicio que le ha causado haber participado en el mencionado acuerdo[125]. En definitiva, prevalecería el equilibrio contractual establecido por las partes frente el interés público de un tercer Estado, esto es de la aplicación de sus disposiciones internacionalmente imperativas.

Por otra parte, en relación con este tema, también resulta interesante la Sentencia del Tribunal de comercio de Mons (Bélgica) de 2 noviembre 2001[126]. Se trataba de un contrato de concesión de venta en exclusiva para el territorio de Túnez celebrado entre una empresa belga y una empresa coreana y su filial para Europa. Las partes eligieron la ley belga y los tribunales belgas como los únicos competentes. La sociedad belga presentó una demanda ante los tribunales belgas contra la concesionaria, la cual, en sus alegaciones invocó una ley tunecina que prohíbe las concesiones exclusivas de venta en su territorio, salvo autorización expresa del Ministerio de Comercio, requisito que en este caso no se había cumplido.

125 Véase Bouza Vidal, N., «Aspectos actuales de la autonomía de la de la voluntad...», *loc. cit.*, pp. 1-51.

126 Extracto publicado en *Revue de droit commercial belge*, n.° 9, 2001, p. 617 (véase comentario de esta resolución en Bouza Vidal, N., «Aspectos actuales de la autonomía de la de la voluntad...», *loc. cit.* p. 36).

El juez belga, después de señalar que el artículo 7.1 del Convenio de Roma le faculta, pero no le obliga, a aplicar las leyes de policía de un tercer Estado, consideró: «*que la prohibición absoluta de concesiones exclusivas de venta no era un criterio compartido por otros Estados, en particular, los países europeos y no aplicó dicha disposición del Derecho tunecino*». *En definitiva,* «*(...) una ley de policía extranjera, cuya naturaleza y objetivos no responde a criterios ampliamente admitidos en el plano internacional, incluido el Estado del foro, no puede justificar, como pretendía la demandada, una infracción de las disposiciones contractuales libremente establecidas por las partes como era la elección de Tribunal*».

De esta forma, la elección de Tribunal puede utilizarse por los PSSI establecidos en la UE, para protegerse de la aplicación extraterritorial de las normas de terceros Estados que puedan presentar un carácter internacionalmente imperativo, como puede ocurrir con los preceptos relativos a los deberes de información[127].

Por tanto, esta estrategia está relacionada con la elección de un foro de conveniencia *(forum shopping)*[128]. Esta elección se verá facilitada por el hecho de que fuera de los contratos con consumidores, trabajadores y asegurados, el Reglamento Bruselas I bis no establece ningún límite a la libre elección por las partes del Tribunal competente, por motivos derivados del derecho material aplicable al fondo de la controversia. Ante casos como los descritos, resulta improbable que los tribunales elegidos por las partes (cuando sean comunitarios) apliquen, en virtud de la limitación del supuesto regulado en el art. 9.3 del Reglamento Roma I, las normas internacionalmente imperativas de un tercer Estado, que, en concreto, estén relacionados con los deberes de información.

---

127 Véase Radicati Di Brozolo, L. G., «Mondialisation, jurisdiction, arbitrage: vers des règles d'application seminecessaire?», *Revue critique*, 2003,1, p. 35.

128 Estas situaciones se dan, cuando en virtud de la elección de Tribunal, se articula un foro de conveniencia claramente a favor de una de las partes contratantes. En estos casos, como se analiza *infra*, el legislador comunitario trata de evitarlo desde una doble perspectiva: en primer lugar, de forma previa o preventiva, mediante la articulación de recursos que impidan ex ante esta elección del fórum shopping y/oposteriormente, una vez identificada la situación mediante fórmulas que impiden el éxito de la maniobra electiva. Sobre esta cuestión, véanse entre otras las siguientes obras: Esplugues Mota, C. (dir.): *Derecho del comercio internacional*, Tirant Lo Blanch, Valencia, 2015, pp. 29-38; Illescas Ortiz, R. P., *Derecho mercantil internacional: el Derecho uniforme*, Centro de Estudios Ramón Areces, Madrid, 2003, pp. 45-87. Fernández De La Gándara, L. y Calvo Caravaca, A. L., *Derecho mercantil internacional*, Tecnos, Madrid, 1995, 33-42; Fernández Rozas, J. C.; Arenas García, R.; de Miguel Asensio, P., *Derecho de los negocios internacionales..., op. cit.*, pp. 49-53; Fernández Rozas, J. C.; de Miguel Asensio, P. A., *Derecho internacional privado. Textos y materiales*, Civitas, Madrid, 2014, pp. 45-48; González Campos, J. D.; Fernández Rozas, J. C., *Derecho internacional privado español. Textos y materiales*, vol. I, (Derecho judicial internacional), Universidad Complutense de Madrid, Madrid, 1992, pp. 74-77; Virgós Soriano, M. y Garcimartín Alférez, F. J., *Derecho procesal civil..., op. cit.*, pp. 189-194.

En todo caso, en la práctica también puede ocurrir que en un contrato electrónico se haya pactado una cláusula de elección de Tribunal a favor de un tercer Estado. En este supuesto, del mismo modo, resulta complejo que el Tribunal competente según esta cláusula de *prorrogatio fori* aplique las normas internacionalmente imperativas relacionados con los deberes de información (arts. 27 y 28 LSSICE)

A continuación, se plantea la cuestión de verificar, si el derecho positivo ofrece mecanismos para evitar que las partes logren, a través de la *prorrogatio fori*, neutralizar el efecto que sobre sus relaciones contractuales tienen las normas internacionalmente imperativas del Estado (España) cuyos tribunales han sido excluidos por la elección competencial[129]. Con este propósito se procede a examinar si pueden aplicarse a este supuesto los límites a las cláusulas de elección de foro derivados de los requisitos materiales y formales del art. 25 del Reglamento Bruselas I bis, si bien esta medida solo opera cuando la sumisión de Tribunal se haga a favor de un Estado miembro, como se indica *infra*[130].

3.2.2. Medidas contra el *forum shopping*: validez de la cláusula de elección de Tribunal

Como se ha mencionado, en un contrato con elemento internacional, como pueden ser muchos de los que se concluyen por vía electrónica, interesa a las partes conocer de antemano ante qué órgano jurisdiccional debe interponerse la demanda. Esta cuestión es importante, en la medida en que será este Tribunal el que deba decidir, teniendo en cuenta las normas de DIPr, qué ley se aplica al contrato en este caso, con el fin de resolver la controversia judicial que se plantee[131].

De acuerdo con el art. 25 del Reglamento Bruselas I bis para que una cláusula de elección de Tribunal sea eficaz deben concurrir una serie de requisitos, tanto materiales como formales[132]. El primer requisito sustancial para la eficacia de la cláusula de elección de tribunal es que la sumisión se realice a un tribunal o

129 Véase BOUZA VIDAL, N., «Aspectos actuales de la autonomía de la de la voluntad...», *loc. cit.*, pp. 24-51.

130 *Ibidem*, pp. 40-48.

131 Véase ARENAS GARCÍA, R., «Competencia judicial internacional...», *loc. cit.*, pp. 45-60.

132 Téngase en cuenta que, tal y como señalan M. VIRGOS SORIANO Y F.J. GARCIMARTIN ALFÉREZ, hay que tener presente la doble naturaleza material y procesal de este tipo de cláusulas, que conlleva consecuentemente también la diversidad de normativa aplicable a las mismas. La normativa procesal tendría un efecto de primacía sobre la normativa relativa a los contratos, de tal forma que, en principio, la eficacia de este tipo de cláusulas será determinada por las normas procesales y únicamente en aquellos aspectos que estas últimas guardasen silencio quedarían regulados por el Derecho de los contratos. *Derecho procesal..., op.cit.*, pp. 200-201.

tribunales de un Estado miembro[133]. Debe indicarse que a diferencia de lo que ocurría en el Reglamento Bruselas I (art. 23), en este caso el art. 25 del Reglamento Bruselas I, no establece requisito alguno con respecto al domicilio de las partes para que puedan someterse a los Tribunales de un Estado miembro[134].

En segundo extremo, es necesario que el acuerdo se refiera a una determinada relación jurídica. Esto es, no se admiten los acuerdos generales que afecten al conjunto de relaciones entre quienes lo hayan suscrito. En el caso de los contratos electrónicos, este requisito no suele plantear dificultades en la práctica porque suele estar determinada la relación a la que se refiere la sumisión[135].

Finalmente, el acuerdo de elección de Tribunal solo puede operar en materia de foros de protección de acuerdo con lo previsto en la regulación específica contenida en el Reglamento Bruselas I bis, en los arts. 10 (contrato de seguro), art. 17 (contrato de consumo) y art. 20 (contrato de trabajo). Además, el acuerdo no puede privar de competencia a tribunales exclusivamente competentes de acuerdo con lo previsto en el art. 24 (competencias exclusivas).

De otro lado, según el art. 25 del Reglamento Bruselas I bis existen requisitos formales que debe reunir el acuerdo de sumisión para considerarse válido. Estas condiciones de forma son requisitos necesarios para reconocer la validez del acuerdo y, por tanto, no tienen una función meramente probatoria. El cumplimiento de las exigencias formales en la cláusula de elección de foro se explica tanto en razón del necesario aseguramiento de una verdadera existencia de la voluntad de las partes, como también en el otorgamiento de seguridad a las legítimas expectativas de las mismas[136].

---

133 Véase CARRASCOSA GONZÁLEZ, J., «Competencias especiales...», *loc. cit.*, p. 89.

134 El art. 23 del Reglamento Bruselas I no tenía un alcance universal. Por el contrario, era preciso que se dieran dos condiciones cumulativamente para que se aplicaran las reglas contenidas en esta disposición: a) que las partes hayan optado por elegir a los órganos jurisdiccionales de un Estado parte y b) que al menos una de las partes esté domiciliada en territorio comunitario. Sin embargo, y a pesar de ser este último un requisito ineludible para la aplicación del régimen uniforme contemplado en el art. 23 del Reglamento Bruselas I, en el apdo. 3 de este mismo precepto se contempla cual ha de ser la conducta de los tribunales de los Estados miembros ante una cláusula de elección de foro en la que se han designado como competentes a los órganos jurisdiccionales de un Estado miembro y ninguna de las partes tiene su domicilio en un Estado miembro: *«Cuando ninguna de las partes que hubieren celebrado un acuerdo de este tipo estuviere domiciliado en un Estado miembro, los tribunales de los demás Estados miembros solo podrán conocer del litigio cuando el tribunal o los tribunales designados hubieren declinado su competencia»*.

135 Véase RODRÍGUEZ BENOT, A., *Los acuerdos atributivos...*, *op. cit.*, p. 41.

136 El objetivo principal de las exigencias formales de este precepto, como lo eran las de sus antecesores (Reglamento Bruselas I y Convenio de Bruselas de 1968) es neutralizar *«los efectos de las cláusulas que podrían pasar desapercibidas en los contratos. Por ello, estas cláusulas solo se tomarán en consideración si son objeto de un convenio, lo que supone un intercambio de consentimiento entre las partes»*. [Véase Informe del Sr. P. Jenard sobre el Convenio relativo a la competencia judicial y a la ejecución de resoluciones judiciales en materia civil y mercantil, hecho en Bruselas el 27 de septiembre de 1968 (*DOCE*, núm.

De esta forma, según este precepto, el acuerdo de elección de Tribunal debe hacerse: de forma escrita, verbal con confirmación escrita, en una forma que se ajustare a los hábitos que las partes tuvieran establecidos entre ellas; o en el comercio internacional, de una forma conforme a los usos que las partes debieren conocer y que fueren ampliamente seguidos y regularmente observados en los contratos del mismo tipo. Por su parte, el art. 25.2 aclara que «*se considerará hecha por escrito toda transmisión efectuada por medios electrónicos que proporcione un registro duradero del acuerdo*».

En la contratación electrónica que se realiza por medio de sitios web activos, existe un acuerdo escrito cuando quien accede al sitio web ha de realizar alguna acción que muestre su conformidad con el acuerdo (hacer *click* sobre una casilla en la que muestra su conformidad con las condiciones del contrato, entre las que figura la elección de tribunal). Además, debe quedar un registro duradero del acuerdo, lo que implica que debe existir la posibilidad de que con posterioridad a la conclusión de este sea posible su consulta. La opción de imprimir el acuerdo o guardarlo en formato electrónico debe ser suficiente para entender que se cumple con este requisito formal.

En los casos en los que este acuerdo se recoja como una condición general, lo que ocurre en la mayoría de los contratos electrónicos, debe recordarse que esta exigencia se establece en el art. 10.3 de la DCE y 27.4 de la LSSICE. Estos preceptos, como se ha señalado *supra*, establecen que las CGC deben poder almacenarse y/o reproducirse, cuando este requisito se cumple, la exigencia formal relativa al acuerdo de sumisión a un determinado Tribunal (art. 25 Bruselas I bis) también puede entenderse constatada.

De esta forma, cuando concurren los requisitos previstos en el art. 25 del Reglamento Bruselas I bis existe una presunción *iure et de iure* de que el acuerdo de prórroga de competencia es válido, sin que quepan otras consideraciones que no guarden relación con estos requisitos. En definitiva, cuando el Tribunal elegido es el de un Estado miembro no es posible ampararse en excepciones o limitaciones a las cláusulas de elección de foro del Derecho interno no previstas en el Reglamento Bruselas I bis, tanto si se dirigen a rechazar la prórroga en favor de sus tribunales (teoría del *forum non conveniens*) como a impedir que la competencia de sus tribunales sea derogada por las partes.

189, de 28 de julio de 1990. p. 155)]. En un sentido similar se pronuncia el TJCE en la Sentencia de 16 de marzo de 1999, as. C-159-97, *Trasporti Castelleti c. Hugo Trumpy*, en donde se señala que «*la realidad de la existencia del consentimiento de los interesados continúa siendo uno de los objetivos de dicha disposición, justificado por el deseo de proteger a la parte contratante más débil, evitando que pasen desapercibidas cláusulas atributivas de competencia insertadas en el contrato por una sola de las partes*», (Cdo. 19). Con respecto a las expectativas de las partes la posible ignorancia de una de las partes no puede invocarse como pretexto frente a la otra para el incumplimiento de la cláusula de elección de foro siempre que las condiciones de formaestablecidas en el artículo 23 del Reglamento de Bruselas hayan sido contempladas (véase Virgos Soriano, M.; Garcimartin Alférez, F. J., *Derecho procesal...*, *op.cit.*, p. 207).

Debe indicarse que otra novedad adicional del Reglamento Bruselas I bis es el apartado 5 del art. 25 que proclama la independencia de los acuerdos atributivos de competencia que formen parte de un contrato del resto de las cláusulas del contrato. En consecuencia, la validez del acuerdo atributivo de competencia no puede ser impugnada con base únicamente en que el contrato no es válido[137].

El carácter «autosuficiente» del régimen de los acuerdos de prórroga de competencia previsto en el art. 25 del Reglamento Bruselas I bis obedece a la necesidad de evitar que la unificación de las normas de CJI llevada a cabo y la seguridad y previsibilidad que este hecho comporta, pueda verse afectada por exigencias imperativas derivadas del Derecho interno de los Estados miembros («efecto útil» del Reglamento)[138]. Este hecho hace que solo cuando no se cumplan las prerrogativas del art. 25 del Reglamento Bruselas I bis pueda atribuirse la competencia a otro Tribunal. Este podrá ser el español, como se ha expuesto *supra*, este órgano jurisdiccional tendrá la facultad de aplicar, a tenor del art. 9.2 del Reglamento Roma I, las normas de policía del foro, esto es, los arts. 27 y 28 de la LSSICE, con independencia de la *lex causae* elegida por las partes.

De esta forma, en principio, solo en el supuesto de que no se cumplan los requisitos del art. 25 del Reglamento Bruselas I bis, podrá impedirse la utilización de la *prorrogatio fori*, con la intención de evitar la aplicación de las normas internacionalmente imperativas relacionados, entre otras cuestiones, con los deberes de información.

3.3. Controversias sobre el contenido del Derecho de desistimiento

3.3.1. Falta de información y reducción del plazo para desistir

En relación con el contenido del derecho de desistimiento en la contratación electrónica también pueden plantearse distintas controversias que principal-

137 Estas disposiciones incorporan soluciones contenidas en el Convenio de La Haya de 30 de junio de 2005 sobre acuerdos de elección de foro (véase DE MIGUEL ASENSIO, P. A., «El nuevo Reglamento sobre competencia judicial...», *loc. cit.*, p. 11).

138 Sobre el «efecto útil del Reglamento Bruselas I bis» véanse entre otros, ARENAS GARCÍA, R. «Del Reglamento Bruselas...», *loc. cit.*, pp. 377-382; DE MIGUEL ASENSIO, P.A., «La Propuesta de modificación del Reglamento 1215/2012 (Bruselas I bis) para su adaptación al Acuerdo sobre un tribunal unificado de patentes», *La Ley/Unión Europea*, núm. 7, septiembre de 2013, pp. 1-6; FERNÁNDEZ ROZAS, J. C., «El Reglamento Bruselas I revisado y el arbitraje: crónica de un desencuentro», *La Ley (Unión Europea)*, núm. 9, noviembre de 2013; SÁNCHEZ LORENZO, S., «El nuevo sistema de reconocimiento y ejecución de resoluciones en el Reglamento (UE) 1215/2012 ("Bruselas I bis")», *La Ley (Unión Europea)*, núm. 25 (año III), abril de 2015, pp. 5-56.

mente están relacionadas con la falta de información sobre esta facultad y con la imposición de un plazo inferior al legalmente establecido para ejercitarla[139]. En primer lugar, con respecto a las reclamaciones relacionadas con la obligación de informar sobre este particular a los consumidores, ha de recordarse que este deber está establecido en el art. 60.2 h) del TRLDCU. Esta norma, como se ha indicado, tras la modificación operada por la ley 3/2014 transpuso el contenido de la Directiva 2011/83/UE al ordenamiento español. Como se ha indicado esta información sobre el desistimiento es independiente a los deberes de información previos a la contratación electrónica regulados en la DCE y en la LSSICE respectivamente.

En la práctica puede ocurrir que un consumidor haya concluido un contrato electrónico de compraventa de un determinado producto, y que posteriormente haya decidido dejar sin efecto este contrato por la razón que fuere. Ahora bien, como no se le ha informado de su derecho de desistimiento transcurre el plazo para ejercitarlo, sin que este haga uso de esta facultad. En este contexto, el consumidor se da cuenta de la falta de información en el sitio web del vendedor de este Derecho y decide demandarlo para poder desistir del contrato y recuperar el precio que ha pagado por el producto[140].

En segundo extremo, en la práctica de la contratación electrónica pueden darse otros litigios relacionados con el plazo para ejercer el derecho de desistimiento regulado en el art. 71 del TRLDCU. Estas cuestiones pueden suscitarse no solo por la falta de información sino porque el plazo que se haya acordado en el contrato electrónico sea inferior al establecido legalmente (catorce días). De esta manera, en un contrato en el que se pacta un plazo de desistimiento de diez días, puede ocurrir que el consumidor pretenda desistir del contrato después de finalizado dicho plazo acordado en el contrato y que la empresa se oponga. En estos casos puede surgir una controversia para solicitar que se amplie el plazo para ejercer el derecho de desistimiento de acuerdo a las previsiones legales.

Además de estos supuestos, en la práctica pueden aparecer otras cuestiones que originen controversias relacionadas con la facultad de desistir del contrato, como pueden ser: el cómputo del plazo para ejercer el derecho de desistimiento o quien asume el coste de restitución del producto objeto del contrato, etc. Por otro lado, debe indicarse que además de los litigios que

---

139 Véase ALVAREZ MORENO, M. T., *El desistimiento unilateral...*, *op. cit.*, pp. 117-119; MARÍN LÓPEZ, J. J., «Derecho de desistimiento de los consumidores en los contratos celebrados fuera del establecimiento mercantil», *Revista CESCO de Derecho de Consumo*, núm. 1/2012, pp. 10-15; SAINZ-CANTERO CAPARRÓSM. B., «El Desistimiento ad nutum...», *loc. cit.*, pp. 29-35.

140 En relación con esta cuestión, resulta de interés la STJCE (Sala Primera), de 17 de diciembre de 2009, As. *Eva Martín Martín, contra, EDP Editores, SL.* (TJCE 2009\397). En esta resolución se afirma que el Juez puede apreciar de oficio la nulidad del contrato si el vendedor no cumplió la obligación de información impuesta por el derecho comunitario. A mayor abundamiento sobre el tema (véase MARÍN LÓPEZ, J. J., «Derecho de desistimiento...», *loc. cit.*, pp. 10-15).

puedan surgir por las cuestiones mencionadas pueden darse otros relacionados (también) con el control de incorporación de está claúsula al contrato, como se analiza *infra*.

3.3.2. Competencia judicial internacional en estos casos

Como se ha indicado, el derecho de desistimiento en la regulación europea (Directiva 2011/83/UE) está previsto para las relaciones de consumo. De esta forma, en principio, en los supuestos anteriormente mencionados en los que surja una controversia relacionada con esta facultad, la CJI se determinará conforme a lo indicado en los arts. 17-19 del Reglamento Bruselas I bis[141].

En el contexto de la contratación electrónica, para la atribución de la competencia según estos preceptos habrá que verificar que el PSSI ejerce su actividad en el domicilio del consumidor o por cualquier medio dirige su actividad a este Estado. Si se dan estos requisitos, este podrá optar entre interponer la demanda sobre el derecho de desistimiento ante el Tribunal del domicilio de la empresa o de su propio domicilio (art. 18 Reglamento Bruselas I bis). Para que el consumidor tenga esta opción con respecto a la CJI habrá de verificarse la controvertida cuestión de la actividad dirigida y tener en cuenta los diferentes indicios mencionados *supra* establecidos por la jurisprudencia del TJUE, entre otros.

En cualquier caso, y cómo es habitual en la contratación electrónica, puede darse el supuesto de que las partes hayan acordado someter las controversias que surjan a un determinado Tribunal. En estos supuestos, y como excepción al foro de protección en materia de consumo, prevalecerá dicho acuerdo si se dan algunos de los requisitos establecidos en el art. 19 del Reglamento Bruselas I bis: en primer lugar, en caso de que dicho pacto de competencia sea posterior al nacimiento del litigio; en segundo extremo, si el mismo permite al consumidor formular demandas ante órganos jurisdiccionales distintos de los indicados en la sección cuarta del capítulo segundo del Reglamento; o en tercer término, si habiéndose celebrado entre un consumidor y su cocontratante, ambos domiciliados o con residencia habitual

141 Véase ALONSO-CUEVILLAS SAYROL, J., *La competencia Jurisdiccional Internacional..., op. cit.*, pp. 54-63; ARENAS GARCÍA, R., «Competencia judicial internacional...», *loc. cit.*, pp. 45-60; BOUZA VIDAL, N., «Aspectos actuales de la autonomía de la de la voluntad en la elección de la jurisdicción y de la ley aplicable a los contratos internacionales», *Cursos de Derecho internacional de Vitoria-Gasteiz*, Vitoria, 2004, pp. 1-51; DE MIGUEL ASENSIO, P.A., «El nuevo Reglamento sobre competencia judicial y reconocimiento...», *loc. cit.*, pp. 3-8; FERNÁNDEZ ROZAS, J. C., SÁNCHEZ LORENZO, S., *Derecho Internacional Privado..., op. cit.*, pp. 53-108; GARCIMARTIN ALFÉREZ, F. J., «Contratos de Distribución Internacional: Competencia judicial y Ley aplicable...», *loc. cit.*, pp. 221-240; RODRIGUEZ BENOT, A., *Los acuerdos atributivos de competencia judicial..., op. cit.*, pp. 74-81; VIRGÓS SORIANO, MIGUEL Y GARCIAMARTÍN ALFÉREZ, F. J., *Derecho Procesal Civil..., op. cit.*

en el mismo Estado miembro en el momento de la celebración del contrato, atribuyen competencia a los órganos jurisdiccionales de dicho Estado miembro, a no ser que la ley de este prohíba tales acuerdos[142].

De esta forma, el acuerdo atributivo de competencia solo tendrá relevancia sobre el foro de protección en materia de consumo en los casos indicados. En la práctica es habitual que la empresa que ofrece sus productos o/y servicios por Internet establezca una cláusula de sumisión a favor de los Tribunales de su domicilio. Este hecho, a tenor del art. 19 del Reglamento Bruselas I bis no proporciona al consumidor una alternativa con respecto al art. 18.1, que ya le permite litigar ante los Tribunales del domicilio de la otra parte contratante o de su propio domicilio[143].

En este supuesto, si no se dan algunas de las demás premisas indicadas en el art. 19 del Reglamento, esto es, acuerdo posterior al inicio del litigio o partes domiciliadas en el mismo Estado, dicha sumisión expresa no prevalecerá sobre las normas especiales del Reglamento Bruselas I bis protectoras del consumidor. Por tanto, la relación entre los arts. 19 y 25.4 del Reglamento conllevan, una efectividad muy limitada de los acuerdos de prórroga de la competencia en los contratos de consumo, en concreto, en la contratación electrónica.

Para finalizar, con respecto al órgano jurisdiccional competente en los litigios relacionados con el derecho de desistimiento debe indicarse que, si bien normalmente estos se darán en contratos celebrados con consumidores, puede haber excepciones a esta regla general. Este hecho se produce porque en ocasiones, los sitios web no hacen una distinción al establecer las cláusulas relativas a esta facultad entre los contratos B2B y B2C. Por este motivo deben contemplarse también las controversias que se susciten cuando los adquirentes del producto o servicio *online* de que se trate sean también empresas, y cuál será el Tribunal competente para conocer de las controversias sobre el derecho de desistimiento en estos casos.

Ante estas situaciones, y siempre que la cuestión litigiosa verse sobre alguno de los temas mencionados u otros vinculados al contenido de la facultad de desistimiento de la parte que adquiere el producto o servicio, se estará a los foros establecidos en el Reglamento Bruselas I bis. Según lo indicado, en la mayoría de los contratos electrónicos se habrá pactado la atribución de la competencia a favor de un determinado Tribunal por lo que la competencia se determinará en virtud del art. 25 del Reglamento, teniendo en cuenta las excepciones contenidas en este precepto relacionadas con los foros especiales y exclusivos.

---

142 Véase Arenas García, R., «Competencia judicial internacional...», *loc. cit.*, pp. 45-60.

143 Véase Carrascosa González, J., «Competencias especiales...», *loc. cit.*, pp. 89 y ss.

IV. Controversias sobre la incorporación de las condiciones generales de la contratación

4.1. Cláusula de *prorrogatio fori* como condición general de la contratación

4.1.1. Cuestiones previas

4.1.1.1. Preferencia por este foro en el entorno virtual

Como se ha expuesto *supra*, la autonomía de la voluntad de las partes expresada a través de un acuerdo de elección de foro tiene como objetivo atribuir la competencia a un determinado órgano jurisdiccional (efecto prorrogatorio), y también se busca con el mismo que los restantes órganos jurisdiccionales que no han sido escogidos se declaren incompetentes para conocer del litigio (efecto derogatorio)[144].

En la contratación electrónica, la autonomía de la voluntad se fundamenta en varias razones: en primer lugar, en este ámbito, tal y como se ha señalado, prima la seguridad jurídica que se puede conseguir, entre otras, a través de la incorporación de una cláusula de sumisión expresa al tribunal de un determinado Estado[145].

En segundo extremo, debido a la naturaleza de Internet, las partes pueden operar desde cualquier lugar del mundo, en este sentido, la inclusión de un convenio atributivo de competencia, reduce la incertidumbre cuando deba decidirse el lugar donde ejercer las acciones legales en el caso de que surja un litigio relacionado con el contrato electrónico de que se trate[146].

En tercer término, como afirman M. Virgos Soriano y F. J. Garcimartin Alférez, la aceptación de la autonomía de la voluntad como criterio de CJI se fun-

144 Véase GARCIMARTIN ALFÉREZ, F. J., «Las cláusulas de elección de foro...», *loc. cit.*, pp. 103-119; URRUTIA, M., «Comercio internacional electrónico y conflicto de leyes y de jurisdicciones en el ciberespacio», *Derecho de los Negocios*, abril, 2000, pp. 1-26; VIRGOS SORIANO, M.; GARCIMARTIN ALFÉREZ, F. J., *Derecho procesal..., op.cit.*, p. 207.

145 Véase BOSCHIERO, N., «Il funzionamiento del RegolamentoBruxelles I nell'ordinamentointernazionale: note sullemodifichecontenutenellaproposta di rifusione del 2011», *DCI*, 2012, pp. 293 y ss; FERNÁNDEZ MASIA, E., «Cláusulas de sumisión en contratos electrónicos...», *loc. cit.*, pp. 4-5.

146 Véase CAPRIOLI, E. Y SORIEUL, R., «Le commerce international électronique: vers l'emergence de regles juridiques transnationales», *JDI*, vol. 124, 1997, pp. 323 y ss.

damenta en forma de coherencia sistemática[147]. La lógica privada presente en este sector normativo incluye, entre otras, a las disposiciones sobre CJI. De esta forma, si se acepta que las partes son las únicas que deben decidir si quieren hacer valer sus derechos derivados de sus relaciones contractuales ante la justicia estatal, ha de considerarse, como consecuencia natural, que puedan optar por elegir a que tribunales nacionales quieren acudir, esta resulta una solución económicamente eficiente frente a otras[148].

La importancia de la sumisión expresa en los contratos electrónicos radica principalmente en que comprende la seguridad jurídica desde el inicio de una relación en la que los contratantes se encuentran en países muy lejanos entre sí[149]. De esta forma, en la contratación electrónica, la autonomía de la voluntad de las partes que se expresa a través de una cláusula atributiva de competencia, que se materializa en muchos casos como CGC, es un principio básico aceptado en los actuales sistemas de CJI[150].

El hecho de que la mayoría de los contratos electrónicos operen con CGC puede suponer otro de los motivos para utilizar una cláusula de atribución de la competencia a favor de un determinado Tribunal en los contratos electrónicos. Como se ha expuesto, la utilización de estas cláusulas en el entorno electrónico responde a que estas estipulaciones están pensadas para ser incorporadas a una pluralidad de contratos, sin necesidad de negociar su contenido en cada una de las operaciones que se efectúen. De esta forma, el empresario que comercializa sus productos en Internet establece una cláusula en la que normalmente se declara la competencia del Tribunal de su domicilio y se evita tener que negociar esta cuestión en cada nuevo contrato electrónico que se realice[151].

4.1.1.2. Inconvenientes de la elección de Tribunal

La incorporación de una cláusula de elección de Tribunal en un contrato electrónico puede conllevar dudas, que por el tipo de medio en el que se realizan estos contratos, están relacionadas con determinadas cuestiones de tipo técnico vinculadas al control de incorporación. Este tema se ha intentado resolver por la jurisprudencia del TJUE, como se analiza *infra*, pero en

147 Véase VIRGOS SORIANO, M.; GARCIMARTIN ALFÉREZ, F. J., *Derecho procesal civil...*, *op. cit.* p. 197.

148 Véase ARENAS GARCÍA, R., «Competencia judicial internacional...», *loc. cit.*, pp. 50-51.

149 Véase CALVO CARAVACA, A. L.; CARRASCOSA GONZALEZ, J., *Conflictos de leyes...*, *op. cit.* p. 143.

150 *Ibidem*.

151 Véase GÓMEZ VALENZUELA, E., «Condiciones Generales de la contratación electrónica...», *loc. cit.*, pp. 32-33.

la contratación electrónica, la sumisión expresa a un determinado Tribunal a través de CGC presenta otros inconvenientes.

En primer lugar, al tratarse de una condición general, no habrá posibilidad por parte del destinatario (adherente) de negociación, por lo que si desea adquirir el bien o servicio de que se trate solo tendrá, en principio, la opción de aceptar dicha cláusula. En segundo extremo, y en relación con el anterior, este hecho puede conllevar la existencia de un *forum shopping* a favor del PSSI, que puede establecer en el contrato electrónico una cláusula a favor del Tribunal que más le convenga[152].

En tercer término, esta elección de Tribunal puede deberse a una estrategia por parte del comerciante para evitar la aplicación de las normas internacionalmente imperativas de otro Estado. En relación con esta cuestión la *prorrogatio fori* puede tratar de evitar la aplicación de determinados preceptos (normas internacionalmente imperativas) relacionados con los deberes de información previo y posterior a la celebración del contrato.

Además, la citada estrategia puede extenderse precisamente al propio control de incorporación ya que como también se ha señalado, existen otras normas que en relación con esta cuestión pueden tener la consideración de internacionalmente imperativas (arts. 5 y 7 de la LCGC). En este sentido, cuando en virtud de la cláusula de atribución de la competencia haya de conocer un tercer Estado la aplicación de estas normas estará bastante limitada según se ha expuesto.

Esto es, el inconveniente que puede presentar la sumisión expresa a favor de Tribunales (que no sean los españoles) se debe a que puede ser utilizada para aplicar una normativa distinta de la española y que no ofrezca las mismas garantías a los adherentes en esta fase previa al momento perfectivo del contrato. Este hecho se da, porque en este caso los Tribunales gozan de discrecionalidad para aplicar las disposiciones internacionalmente imperativas de otros Estados, pero no están obligados a ello, y el art. 9.3 del Reglamento Roma I limita aún más esta posibilidad[153].

De esta forma, frente a las ventajas relacionadas principalmente con razones de eficiencia económica y seguridad jurídica, la elección de Tribunal en

---

152 Véase DE LA CUETARA MARTINEZ, J. M.; ECHEVARRIA BARBERO, J. M.; «Comercio electrónico. Requisitos legales para su desarrollo», *Régimen Jurídico de Internet*, Madrid, La Ley, 2002, pp. 1093-1100; WINTERS, D. K., «Bricks to Clicks: Counseling Clients as They Move Online. JurisdictionalImplications in the Operation of a Web Site», disponible en http://www.pbnlaw.ocm/PressRomm/bricks_clicks.shtml).

153 En relación con esta cuestión, debe recordarse la Sentencia del Tribunal de comercio de Mons (Bélgica) de 2 de noviembre de 2001, que estableció esta actuación discreccional del Tribunal que conoce del asunto al afirmar que *«(...) una ley de policía extranjera, cuya naturaleza y objetivos no responde a criterios ampliamente admitidos en el plano internacional, incluido el Estado del foro, no puede justificar, una infracción de las disposiciones contractuales libremente establecidas por las partes como era la elección de Tribunal»*.

la contratación electrónica también presenta determinados inconvenientes relacionados con el hecho de que está cláusula se incorpora al contrato como una condición general.

4.1.1.3. Control de incorporación y cláusula de *prorrogatio fori*

a) Asunto El *Majdoub*

Como se ha señalado *supra*, la cláusula de elección de Tribunal figura en la mayoría de los casos en la contratación electrónica como una CGC[154]. Sobre este particular, se han suscitado múltiples controversias judiciales en el seno de la UE. En concreto, destaca la STJUE de 21 de mayo de 2015 en el asunto El *Majdoub* (C-322/14). En este caso, el TJUE, no da importancia al hecho de que las CGC en las que consta una cláusula de atribución de competencia no pueda reproducirse automáticamente. El Tribunal considera que se cumplen las estipulaciones formales del Reglamento (art. 23 Bruselas I; art. 25 Bruselas I bis), siempre que la cláusula de elección de Tribunal conste en un soporte duradero que permita su almacenamiento, impresión o/y reproducción.

El litigio principal se suscita porque un concesionario de automóviles adquirió, en el sitio web propiedad de la demandada en el mismo procedimiento, un automóvil eléctrico. La venta se canceló por el vendedor, debido a supuestos defectos en el automóvil. El comprador solicitó que el contrato se llevara a cabo y se procediera a la entrega de los vehículos porque no existían tales daños[155].

En este contexto, se plantea una cuestión prejudicial sobre si la técnica *«click-wrapping»,* cumplía los requisitos de una transmisión efectuada por medios electrónicos en el sentido del art. 23.2 del Reglamento 44/2001. El TJUE dijo que en el litigio principal no se había cuestionado el hecho de que

---

154 Véase Jacquot, F.; Weitzel, B., «Le réglement des litiges», *Le guide juridique du commerçant électronique*, Montreal, 2001, p. 231.

155 El demandante en el litigio principal alegaba que al estar su contraparte contractual domiciliada en Alemania, y no su sociedad matriz (domiciliada en Bélgica), compete al órgano jurisdiccional remitente conocer de dicho asunto. Pero la demandada alegaba que los Tribunales alemanes no eran competentes para conocer del mismo. En concreto aducía que el ap. 7 de las CGC de una operación realizada por Internet, a las que se podía acceder desde su sitio web, contenía una cláusula atributiva de competencia a favor de un Tribunal de Bélgica. El demandante en el litigio principal consideró que este acuerdo atributivo de la competencia no se incorporó válidamente al contrato de compraventa, ya que no se celebró por escrito, con arreglo a lo dispuesto en el art. 23. 1.ª) del Reglamento Bruselas I. Alega que el sitio web de la demandada en el litigio principal, que contiene sus CGC no se abre automáticamente con el registro ni con cada compra. Afirma que, por el contrario es necesario seleccionar una casilla con la indicación «hacer click aquí para acceder a las CGC de entrega y pago en una nueva ventana» (técnica de aceptación mediante click, llamada *«click- wrapping»*). El demandante alega que solo se cumplirían los requisitos del art. 23.2 del Reglamento Bruselas I, si la ventana con las CGC se abriese automáticamente.

la técnica de la aceptación mediante un click permitía imprimir y guardar el texto de las CGC. Por tanto, «*(...) el hecho de que el sitio web de Internet que contiene esas condiciones no se abriera automáticamente al registrarse en la misma, ni con cada operación de compra, no obsta a la validez de la cláusula atributiva de competencia*».

De esta forma, destaca el apdo. 35 de la sentencia: «*(...) la finalidad de ese precepto es asimilar, al objeto de simplificar la celebración de contratos por medios electrónicos, determinadas modalidades de transmisión electrónica a la forma escrita, ya que los respectivos datos también se transmiten si se puede acceder a ellos a través de una pantalla. Para que este tipo de transmisión pueda ofrecer las mismas garantías, en particular en materia de prueba, basta con que sea posible guardar e imprimir la información antes de la celebración del contrato*».

Por este motivo, se responde a la cuestión prejudicial diciendo que el art. 23. ap. 2 del Reglamento Bruselas I (art. 25.2 Bruselas I bis) debe interpretarse en el sentido de que: «*la técnica de aceptación mediante un click de las CGC que incluya una cláusula atributiva de competencia de un contrato de compraventa celebrado por vía electrónica, como el del litigio principal, constituye una transmisión por medios electrónicos que proporciona un registro duradero de dicha cláusula, en el sentido de esta disposición, siempre que esa técnica permita, imprimir y guardar el texto de las citadas condiciones antes de la celebración de un contrato*». Del tenor de esta resolución parece deducirse que en el ámbito de la UE la técnica click-wrap es válida y el contrato debe producir todos sus efectos, siempre que el adherente, tenga la oportunidad de imprimir o/y guardar, dichas CGC[156].

De esta forma, según se desprende de esta Resolución y con respecto al art. 23 del Reglamento Bruselas I (art. 25 Reglamento Bruselas I bis), puede decirse que, de nuevo, la regulación comunitaria utiliza el «principio de equivalencia funcional». Esto es, se equipara la sumisión expresa que se realiza en los contratos concluidos por la vía tradicional con los que se celebran de forma electrónica[157]. En cualquier caso, el objetivo principal de los requisitos formales establecidos en el art. 25.1 del Reglamento Bruselas I es que los efectos de las cláusulas que podrían pasar desapercibidos en los contratos solo serán válidos según este instrumento si ha habido un consentimiento de las partes en aceptar dicha sumisión.

156 En relación con esta cuestión, algunos autores afirman que la posible ignorancia de una de las partes no puede invocarse como pretexto frente a la otra para el incumplimiento de la cláusula de elección de foro siempre que las condiciones de forma establecidas en el art. 25.1 del Reglamento Bruselas I bis (art. 23.1 del Reglamento Brusela I)hayan sido contempladas (véase VIRGOS SORIANO, M.; GARCIMARTIN ALFÉREZ, F. J., *Derecho procesal civil...*, *op. cit.*, p. 207).

157 Véase art. 6 de la ley Modelo de Uncitral en relación con la equiparación del término escrito.

En relación con esta cuestión, desde la perspectiva española debe indicarse que la interpretación del TJUE resulta relevante en relación con el precepto relativo a los deberes de información previos y las CGC (art. 27.4) Esta resolución viene a confirmar la obligación prevista en este precepto sobre la posibilidad de «almacenamiento» de las CGC, en este caso de la que contiene la *prorrogatio fori*. En este caso dicha posibilidad es necesaria para que se cumplan los requisitos formales del art. 25 del Reglamento Bruselas I bis.

b) Otras resoluciones judiciales

En relación con el control de incorporación con respecto a la cláusula de elección de Tribunal destaca también la STJCE de 16 de marzo de 1999, en el As. C-159 *(Trasporti Castelleti c. Hugo Trumpy)*, en la que se señala que «*la realidad de la existencia del consentimiento de los interesados continúa siendo uno de los objetivos de dicha disposición, justificado por el deseo de proteger a la parte contratante más débil, evitando que pasen desapercibidas cláusulas atributivas de competencia insertadas en el contrato por una sola de las partes*».

De esta forma, debe verificarse, de acuerdo al ordenamiento que resulte aplicable al control de incorporación si la parte conocía y era consciente de la existencia y de las consecuencias de la aceptación de esta cláusula de sumisión expresa a un Tribunal[158]. Esto es, se exige, al igual que para el resto de estipulaciones no negociadas, un pleno conocimiento por los contratantes, en este caso con respecto a la elección de los tribunales competentes, para que esta sea válida[159].

Sobre este particular, el TJCE se pronunció en su momento en varias resoluciones que si bien no son específicas del entorno electrónico son de interés en este contexto: la STJCE de 14 de diciembre de 1976, *Estasis Salotti y Gianmario Colzani c. RÜWAy* la STJCE de 11 de julio de 1985, *Berghoefer c.* ASA (As. 221/84).

En ambos casos, el TJCE acepta, la práctica basada en el envío de una oferta por escrito y la posterior aceptación de esta que también se realiza por escrito, que se da de forma habitual en el comercio internacional. Según el Tribunal europeo no es necesario que la aceptación se refiera expresamente a la cláusula de elección de foro, sino que es suficiente con que se acepté la oferta en la que se contiene dicha estipulación. Esta cuestión no ha de plantear problemas en los contratos electrónicos, siempre que se incluya expresamente en el texto del contrato una remisión expresa a las CGC y esta resulte asequible para el adherente mediante la aplicación de una diligencia normal.

158 Véase GARCIMARTIN ALFÉREZ, F. J., «Las cláusulas de elección de foro: fallos del mercado y abuso de derecho», *REDI*, núm. 2, 1998, pp. 103-119.

159 Véase ARIAS POU, M., «El consentimiento en la contratación electrónica...», *loc. cit.*, p. 1530.

Por último, y más recientemente el TJUE se ha pronunciado sobre la validez de un acuerdo atributivo de la competencia incluido en las CGC, en la sentencia de 7 de julio de 2016 en el asunto C-222/15, *Höszig*. En esta resolución, una vez más, el Tribunal europeo admite el acuerdo competencial cuando se cumplan los requisitos formales exigidos en el art. 23.1 del Reglamento Bruselas I (art. 25.1 Reglamento Bruselas I bis). Esta afirmación se hace en la medida en la que tales requisitos tienen como objetivo garantizar que se acredita el consentimiento de las partes con respecto a la cláusula atributiva de la competencia. Esta sentencia reitera la idea de que, para apreciar la existencia de la voluntad de las partes de someterse a un determinado Tribunal, resulta determinante la comprobación de los requisitos formales previstos en el propio Reglamento[160].

De esta forma, la importancia radica en la constancia de la existencia de un acuerdo de voluntad expresa e inequívoca de ambos contratantes, en este caso, sobre la cláusula de sumisión expresa[161]. Esta cuestión está íntimamente relacionada con uno de requisitos del control de incorporación relativa a que las CGC deben ser accesibles a los adherentes. En relación con este tema, en la celebración de contratos electrónicos pueden darse dos situaciones vinculadas al requisito de la accesibilidad al texto de las CGC: en primer lugar, puede existir un acceso directo a las CGC pulsando un *link*, esto es, de un vínculo que en muchos casos se encuentra abajo o/y a un lado en la presentación del sitio web[162].

En estas situaciones, pueden surgir dudas sobre el cumplimiento de la exigencia citada aunque si el texto que aparece sobre el *link* no ofrece duda alguna sobre su contenido y puede comprenderse fácilmente por la otra parte; y al pinchar el *link* aparece de forma directa el texto de estas CGC entre las que suele incluirse la cláusula de elección de foro, se entenderá que el PSSI cumplen el citado requisito[163].

Una segunda opción consiste en que, de forma previa a la prestación del consentimiento por el adherente al contenido del contrato, se abre de forma necesaria una ventana cuyo contenido es precisamente el texto de las CGC,

---

160 Véase comentario de esta Resolución de DE MIGUEL ASENSIO, P. A., en (pedrodemiguelasensio.blogspot.com, entrada de 8 de julio de 2016).

161 En este sentido se pronuncia la Sentencia de la AP de Alicante (sección 8.ª) de 24 de febrero de 2014, procedimiento 966/11 (Véase comentario de esta resolución de DESANTES REAL, M., *REDI*, vol. LXVI (2014), 2, pp. 263-266.

162 *«En relación con esta modalidad de accesibilidad a las condiciones generales en el contexto de la contratación electrónica puede consultarse el caso norteamericano Decker v. Circus Circus Hotel, 49 F.Supp. 2d 743 (D N.J. 1999), en el que el tribunal reconoció validez a una cláusula de elección de foro contenida en las condiciones generales de la contratación, estando estas a disposición del adherente a través de un link situado en la página principal de la web del demandado en el que se señalaba que su contenido se remitía a los términos y condiciones legales de la misma».*

163 Véase GARCÍA RUBIO, M. P., «Las condiciones generales en la contratación electrónica...», *loc. cit.*, pp. 22-43.

entre las que se contiene la cláusula relativa a la atribución de la competencia. Con esta técnica se hace posible que el adherente pueda ver el contenido de las CGC, aunque es preciso, como se ha expuesto *supra*, que tenga la posibilidad de almacenarlas o/y reproducirlas. Para una mayor seguridad sobre el hecho de que el adherente ha conocido las CGC y otorga su consentimiento a la incorporación de estas al contrato, siempre es viable y recomendable, que se utilice un sistema de ventanas de confirmación[164]. Mediante este sistema, el contrato tendría lugar si el adherente mediante un click en el icono correspondiente del sitio web, aplicación, etc. confirma que conoce el contenido de la ventana que incluye las CGC y acepta las mismas[165].

En consecuencia, siempre que se cumplan estas premisas no debe haber inconvenientes con respecto a los requisitos del art. 25 del Reglamento Bruselas I bis sobre la sumisión expresa cuando esta se plasma a través de CGC. Esto es, se habrán cumplido los requisitos de incorporación, al menos en lo relativo a la accesibilidad de estas estipulaciones no negociadas por lo que si se produce la aceptación de la incorporación de estas cláusulas, en principio, el contrato se habrá concluido y en caso de litigio conocerá el Tribunal al que las partes se hayan sometido mediante la cláusula de sumisión que constará como una condición general[166].

4.2. Litigios sobre el incumplimiento del control de incorporación

4.2.1. Condiciones generales sobre deberes de información previos

Como se ha indicado *supra* es habitual en la contratación electrónica que los deberes de información previos estén contenidos en las CGC[167]. En estos casos, se pueden originar litigios, no solo por el incumplimiento de estos

164 Véase Ramos Suarez, F., «La seguridad en el comercio electrónico...», *loc. cit.*, p. 126.

165 Véase Ribas Alejandro, J., *Aspectos jurídicos del comercio electrónico...*, *op. cit.*, pp. 45-47.

166 Véase Virgos Soriano, M. y Garcimartin Alférez, F. J.; *Derecho procesal...*, *op. cit.*, p. 197. *«Estos autores señalan que las partes son "los mejores jueces de sus propios intereses", ya que son las que poseen mayor información sobre los caracteres de su relación y en consecuencia, quienes mejor pueden designar a los tribunales nacionales que están en mejor situación para conocer de los posibles litigios que puedan surgir. Es, por otra parte, este mismo fundamento el que impide normalmente aceptar una libertad absoluta de las partes para elegir el foro competente en aquellas situaciones en las que una de ellas se encuentra en una posición de inferioridad respecto de la otra (posiciones de asimetría contractual como en los contratos de consumidores o de seguros)».*

167 Véase Jacquot, F.; Weitzel, B., «Le réglement des litiges»..., *loc. cit.*, pp. 234-238.

deberes de información, que cómo se ha expuesto puede ocasionar diversas reclamaciones de los destinatarios de los SSI, sino porque las CGC donde se insertan dichos deberes de información no cumplan los requisitos relacionados con el control de incorporación[168].

Este control tiene una doble vertiente, relacionada con la accesibilidad y la transparencia de las CGC[169]. De esta manera, en primer lugar, puede ocurrir que las cláusulas donde se insertan los deberes de información no estén accesibles, no puedan guardarse ni imprimirse. En segundo extremo, puede darse el supuesto que las CGC en las que se insertan algunos de los deberes de información, por ejemplo, el relativo a los pasos necesarios para concluir el contrato no expresen de forma clara y comprensible para el destinatario cuales son estas fases.

Estos hechos pueden originar distintos litigios relacionados con el control de incorporación de las cláusulas relativas a los deberes de información. Para resolver estas cuestiones por vía judicial será preciso determinar cuál es el Tribunal competente para conocer de los mismos. Puede ocurrir que en el contrato que da lugar a la controversia se haya pactado cual será el foro ante el que las partes se someten en caso de conflicto. Como se ha expuesto, esté vendrá recogido (también) como una CGC, en la mayoría de supuestos[170].

En este contexto resulta complejo atribuir la competencia en virtud de este foro, si precisamente el objeto de la demanda está relacionado con el control de incorporación, en concreto al requisito de accesibilidad, de las cláusulas no negociadas. Será necesario estar al caso concreto, para verificar si el supuesto incumplimiento del control de incorporación se alega de la totalidad de los términos y condiciones del contrato (que incluirán en este caso la *prorrogatio fori*), o si solo se refiere a las CGC relativas a los deberes de información.

Además, debe recordarse que según el Reglamento Bruselas I bis, el acuerdo atributivo de la competencia a favor de un Estado miembro, tiene independencia del resto del contrato y no podrá ser impugnado por la sola invalidez del contrato (art. 25.5 Reglamento Bruselas I bis).

En cualquier caso, si la cuestión controvertida versa sobre el incumplimiento del control de incorporación, por la falta de accesibilidad de todas las CGC (relativas a los deberes de información y también a la sumisión expresa) el Tribunal competente para conocer del asunto será determinado en virtud

168 Véase Julia Barcelo, R., *Comercio electrónico entre empresarios...*, *op. cit.*, pp. 91-94.

169 Véase García Rubio, M. P., «Las condiciones generales...», *loc. cit.* p. 22; Pagador López, J., «La ley 7/1998 de 13 de abril sobre...», *loc. cit.*, pp. 1-34.

170 Véase Radin, M. J.;Rothchild, J.; Silveman, G. M.; *Internet Commerce: Doing Business in a Networked World*, Foundation Press, 2002, vol. 16, p. 65.

del resto de foros establecidos en el Reglamento Bruselas I bis (foros especiales por razón de la materia y foro general del domicilio del demandado)[171].

Estas dudas no se plantearán si el litigio se origina por el requisito del control de incorporación relativo a la transparencia, ya que esté estará relacionado solo con alguna/s de las CGC, en este caso relativas a los deberes de información y en todo caso no tienen por qué afectar a la validez del acuerdo de elección de Tribunal[172].

4.2.2. Litigios sobre la incorporación del derecho de desistimiento

En relación con el desistimiento del contrato electrónico, y al margen de los conflictos que por su contenido puedan suscitarse, que se han expuesto *supra*, el incumplimiento del control de incorporación de esta cláusula puede originar algunos litigios[173]. De esta forma, al igual que en el caso de los deberes de información puede ocurrir que la condición general donde se inserta el derecho de desistimiento no se haya puesto a disposición del consumidor según los requisitos exigidos por la regulación sobre el control de incorporación.

En este sentido, y teniendo en cuenta que el derecho de desistimiento aparece sobre todo en los contratos celebrados con consumidores habrá que tener en cuenta el foro especial en materia de consumo establecido en el Capítulo II, sección cuarta del Reglamento Bruselas I bis. Por tanto, en principio, para todos los litigios que se susciten en relación con el desistimiento, sean estos por razón de su contenido (falta de información, plazo para desistir, cómputo, costes, etc) o por la incorporación de la condición general donde se inserta dicho derecho, la CJI se determinará en virtud de este foro[174].

Sin embargo, puede ocurrir, en algunos casos, limitados a los supuestos del art. 19 del Reglamento Bruselas I bis, que en estos contratos de consumo se haya realizado un pacto de elección de Tribunal que prima sobre el foro especial por razón de la materia, solo si se cumplen los requisitos de dicho precepto. En estos supuestos, si el procedimiento versa precisamente sobre la incorporación de las CGC al contrato electrónico, entre las que se encuen-

---

171 Véase Rodríguez Benot, A., *Los acuerdos atributivos de competencia judicial..., op. cit.*, pp. 296-297.

172 Véase Fernandez Rozas, J. C.; Sánchez Lorenzo, S., *Derecho internacional privado..., op. cit.*, p. 114; De Miguel Asensio, P., *Derecho privado..., op.cit.*, pp. 451-452.

173 Véase Vega Vega, A., «Las condiciones generales...», *loc. cit.*, pp. 3-55.

174 Véase Espiniella Menéndez, A., «Competencia judicial internacional...», *loc. cit.*, pp. 181-188; Fallon, M.; Meeusen, J., «Le commerce électronique...», *loc. cit.*, pp. 435-490; Feliu Álvarez De Sotomayor, S., *La contratación internacional..., op. cit.*, pp. 27-190; Gillies L. E., *Electronic Commerce..., op. cit.*, pp. 49-57.

tra el derecho de desistimiento, y también probablemente, la prórroga de competencia, esta quedará, a priori, invalidada.

En estas circunstancias, se atribuirá la competencia en virtud de los demás foros del Reglamento Bruselas I bis, en la mayoría de los supuestos que versen sobre el desistimiento, en virtud del art. 17 del Reglamento Bruselas I bis. En estos casos, el comprador de un producto que quiera litigar porque la condición general donde se inserta el desistimiento no cumple los requisitos de incorporación (por ejemplo, no se puede archivar o/almacenar) podrá optar entre demandar ante el domicilio de la empresa con la que ha contratado a través de Internet, o ante su propio domicilio (art. 18 Reglamento Bruselas I bis).

En cualquier caso, si la controversia relativa al incumplimiento del control de incorporación sobre el desistimiento se suscita en un contrato B2B porque el PSSI no establece distinción respecto a está clausula en el sitio web para los contratos celebrados con empresas o con consumidores; la CJI se determinará de acuerdo con el resto de foros. Según lo señalado, se tendrá en cuenta la sumisión expresa, si el incumplimiento del control de incorporación no estuviere relacionado con esta CGC, sino solo con el desistimiento.

En caso contrario, si se suscita una cuestión de validez de todas las CGC del contrato electrónico, incluida no solo la facultad de desistimiento, sino también el resto, cuestión que puede ser usual en la práctica, la competencia se determinará de acuerdo al resto de foros del Reglamento Bruselas I bis.

CAPÍTULO TERCERO

VÍA EXTRAJUDICIAL

I. Cuestiones previas: medios alternativos de solución de litigios

1.1. El arbitraje y la mediación en la contratación electrónica

1.1.1. Sumisión a arbitraje comercial

1.1.1.1. Cuestiones previas. Regulación

En ocasiones es posible tratar de solucionar la controversia sin necesidad de acudir a los Tribunales en la contratación electrónica. La Ley prevé que el prestador y el destinatario entre los que existe la controversia, puedan dirimir sus diferencias por medios más sencillos, cómodos y económicos.

Entre estos medios alternativos se encuentra el servicio de reclamaciones o defensa del cliente que la propia empresa tenga implantado en su caso. En este servicio, el usuario que se considera afectado presenta su reclamación y se puede lograr un acuerdo.

En otros supuestos es preciso el arbitraje que cómo se sabe está previsto en legislación específica en el ámbito nacional e internacional. Este procedimiento de resolución extrajudicial de conflictos se basa en los códigos de conducta y en otros instrumentos de autorregulación. El Arbitraje de Consumo resuelve conflictos entre empresas y consumidores. El requisito es que ambas partes se sometan voluntariamente a él.

Con respecto a la legislación aplicable en una controversia entre una empresa extranjero y un consumidor español, evidentemente han de tenerse en cuenta las normas del Derecho internacional privado de consumo, algunas de las cuales se han estudiado en este trabajo. En principio si el consumidor tiene su domicilio en España, con independencia de su nacionalidad estará protegido por la normativa de este país y de la UE. Por tanto la empresa que dirija su oferta al mercado europeo entre el que se encuentra el español deberá tener este extremo en cuenta.

La rapidez y facilidad con la que se utiliza el comercio electrónico expone a las partes intervinientes en estos contratos a multiplicidad de conflictos. En ocasiones pueden resolverse fácilmente, pero en otros casos es preciso el análisis de la información que se ha facilitado en el sitio web y si esta cumple la normativa aplicable para lo que debe tenerse un conocimiento suficiente de Algunos son de fácil resolución. Pero otros requieren de información sobre antecedentes y conocimientos profundos de la legislación vigente.

Como se ha señalado, las transacciones que se realizan a través de Internet, en ocasiones, son de escasa cuantía económica. Este hecho, justifica la solución de estos litigios con medios prácticos, eficaces y poco onerosos[175]. De esta forma, el fomento del acceso a sistemas alternativos de solución de litigios se reconoce como un objetivo que puede garantizar la confianza de los destinatarios de los SSI, para posibilitar que el comercio electrónico pueda alcanzar su máximo desarrollo[176].

Los ADR son una alternativa a la sumisión a un determinado órgano jurisdiccional útiles para la resolución de los diferentes litigios mencionados relacionados, en particular, con los contratos electrónicos.

En este sentido, el arbitraje es un procedimiento para la resolución de controversias en el que los interesados se someten de forma voluntaria a la tutela de un árbitro (tercero de confianza) para que les escuche y resuelva de forma definitiva las diferencias entre las partes[177]. El arbitraje, se utiliza, por tanto, para resolver disputas entre empresas o entre particulares de forma definitiva y vinculante. Las partes pueden optar por acudir a este medio, mediante la inclusión en su contrato electrónico de una cláusula arbitral[178].

175 Véase Gaillard, E., «The review of international arbitral awards», *IAI, Forum, Dijon* 12-14 September 2008, pp. 197-299.

176 Véase Gonzalo Quiroga, M., *Orden público y arbitraje internacional en el marco de la globalización comercial*, Universidad Rey Juan Carlos, Madrid, 2003, pp. 27-50.

177 Véase Bühring-Uhle, C., *Arbitration and mediation in International businness*, Kluwer Law international, Boston, 2005, pp. 5-31.

178 Véase Riaño Brun, I., «La ejecución del acuerdo obtenido en mediación», A. Pérez Moriones; I. Riaño Brun; M. Mestrot (dirs), *El arbitraje: una nueva perspectiva desde el Derecho español y el Derecho francés*, La Ley, 2013, pp. 317-327.

En los casos en los que el litigio se somete a arbitraje se excluye la aplicación del Reglamento Bruselas I bis [art. 1.2 d)]. De esta forma, en el ámbito internacional debe tenerse en cuenta, en primer lugar, el Convenio sobre el reconocimiento y la ejecución de las sentencias arbitrales extranjeras, hecho en Nueva York el 10 de junio de 1958[179].

> «La finalidad principal de la Convención es evitar que las sentencias arbitrales, sean objeto de discriminación, por lo que obliga a los Estados parte a velar por que dichas sentencias sean reconocidas en su jurisdicción y puedan ejecutarse en ella, en general, de la misma manera que las sentencias o laudos arbitrales nacionales. Un objetivo secundario de la Convención es exigir que los tribunales de los Estados parte den pleno efecto a los acuerdos de arbitraje negándose a admitir demandas en las que el demandante esté actuando en violación de un acuerdo de remitir la cuestión a un tribunal arbitral»[180].

En segundo extremo, el Convenio Europeo sobre arbitraje comercial hecho en Ginebra el 21 de abril de 1961 regula determinadas cuestiones relacionadas con este medio alternativo de solución de controversias como son: la organización del arbitraje, la declinatoria del Tribunal arbitral por incompetencia, la competencia de los Tribunales judiciales estatales, el Derecho aplicable, la motivación de la sentencia arbitral y la declaración como nula de la sentencia arbitral[181].

Esta opción del arbitraje es habitual en el comercio electrónico debido a que, como sucede con la elección de las cláusulas de elección de foro, con el acuerdo arbitral se dota de seguridad jurídica al contrato[182]. Además, este hecho puede resultar de utilidad en los contratos electrónicos, en los que las partes pueden estar situadas en lugares muy distantes y en ocasiones, sus ordenamientos jurídicos también son muy diferentes[183].

---

179 *BOE* núm. 283 de 4 de octubre de 1975. Este Convenio tiene carácter erga omnes ya que España en el momento de su ratificación no realizó la reserva contemplada en su art. 3 con el fin de limitar su aplicación a los laudos procedentes únicamente de los Estados contratantes. Su art. 2 señala: *«1. Cada uno de los Estados contratantes reconocerá el acuerdo por escrito conforme al cual las partes se obliguen a someter a arbitraje todas las diferencias o ciertas diferencias que hayan surgido o puedan surgir entre ellas respecto a una determinada relación jurídica, contractual o no contractual, concerniente a un asunto que pueda ser resuelto por arbitraje. 2. La expresión "acuerdo por escrito" denotará una cláusula compromisoria incluida en un contrato o un compromiso, firmados por las partes o contenidos en un canje de cartas o telegramas».*

180 *Ibidem*.

181 *BOE* núm. 164 de 11 de julio de 1977.

182 Véase Bühring-Uhle, C., *Arbitration and mediation..., op. cit.*, pp. 6-8.

183 Véase Ahrendt, A., *Der Zuständigkeitsstreit im Schiedsverfahren füur ausläandisches und internationales Privatrecht*, J. C. B., Mohr (Paul Siebeck) Tübingen, 1996, pp. 5-25.

De otro lado, las partes en la contratación electrónica suelen acudir al arbitraje pretendiendo un efecto derogatorio para la atribución competencial a órganos jurisdiccionales estatales, que en caso de no realizar esta elección pudiese resultar aplicable. En este sentido, el reconocimiento de este efecto se materializa en la práctica cuando los tribunales nacionales entienden que la cláusula arbitral resulta eficaz en el foro[184]. Esta cuestión depende del contenido del derecho procesal del Estado al que pertenecen dichos tribunales. Por lo tanto, para conocer la eficacia y por ende, el alcance de un acuerdo arbitral deberá tenerse en cuenta la perspectiva de un concreto ordenamiento jurídico.

En tercer término, dentro de las fuentes de Derecho transnacional relacionadas con el arbitraje destaca la Ley Modelo de UNCITRAL sobre arbitraje comercial internacional aprobada el 21 de junio de 1985[185]. Esta norma se formula para ayudar a los Estados a reformar y modernizar sus leyes sobre el procedimiento arbitral a fin de que tengan en cuenta los rasgos peculiares y las necesidades del arbitraje comercial internacional. Regula todas las etapas del procedimiento arbitral, desde el acuerdo de arbitraje, pasando por la composición y competencia del tribunal arbitral y el alcance de la intervención del tribunal, hasta el reconocimiento y la ejecución del laudo arbitral. Refleja un consenso mundial sobre los aspectos más importantes de la práctica del arbitraje internacional aceptados por Estados de todas las regiones y los diferentes ordenamientos jurídicos o sistemas económicos del mundo[186].

Por último, en el ámbito nacional la Ley 60/2003[187], de 23 de diciembre, de Arbitraje y de regulación del arbitraje institucional en la Administración General del Estado modificada por la ley 11/2011 de 20 de mayo regula esta cuestión en España[188]. Esta norma supuso un avance cualitativo de entidad en la

184 El TC configura el arbitraje como *«(...) un equivalente jurisdiccional, mediante el cual las partes pueden obtener los mismos objetivos que de la jurisdicción civil, esto es, la obtención de una decisión que ponga fin al conflicto con todos los efectos de cosa juzgada»*. [véanse sentencias del TC 15/1987 y 15/1989, fundamento jurídico 9.º; 62/1991 (fundamento jurídico 5.º; 288/1993, fundamento jurídico 3.º); STC 174/1995; 1996/75; 1996/146; 1996/176; 1997/196].

185 El 7 de julio de 2006, la CNUDMI aprobó enmiendas del párrafo 2 del artículo 1, del artículo 7 y del párrafo 2 del artículo 35, el nuevo capítulo IV A que sustituye al artículo 17 y un nuevo artículo 2A. La versión revisada del artículo 7 tiene por objeto modernizar el requisito de la forma para los acuerdos arbitrales a fin de observar más estrictamente las prácticas contractuales internacionales. El nuevo capítulo IV A establece un régimen jurídico más amplio relativo a las medidas provisionales en apoyo del arbitraje. Desde 2006, la versión estándar de la Ley Modelo es la versión enmendada. También se reproduce el texto original de 1985 en vista del gran número de leyes nacionales que se han basado en esa versión original (www.uncitral.org).

186 Véase Picand Albónico, E., *Arbitraje comercial internacional*, Tomo I, editorial jurídica de Chile, 2005.

187 *BOE* núm. 309, de 26 de diciembre de 2003.

188 *BOE* núm. 121, de 21 de mayo de 2011.

regulación de esta institución, estableciendo un nuevo marco para el arbitraje interno e internacional que toma como referencia la Ley Modelo de la UNCITRAL, sobre el arbitraje comercial. En concreto las modificaciones operadas por esta regulación están relacionadas por la formulación unitaria del arbitraje, el reconocimiento del arbitraje internacional, el aumento de la disponibilidad arbitral, sus reglas sobre notificaciones, comunicaciones y plazos, el apoyo judicial al arbitraje o su antiformalismo.

Por otro lado, para considerar la utilidad de este medio alternativo de resolución de conflictos relacionados con el contrato electrónico deben distinguirse distintos tipos. De esta forma, existen diferentes tipos de arbitraje, principalmente el «institucional» y el «*ad hoc*»[189]. El arbitraje institucional es el gestionado por una entidad que administra todo el procedimiento desde la admisión a trámite hasta la entrega del laudo arbitral, por la realización de esta labor percibe unos honorarios. Esta modalidad es adecuada para empresas que no están acostumbradas al arbitraje en general o con el arbitraje en una determinada jurisdicción[190].

La ventaja de utilizar una institución arbitral consolidada está en que la misma gestiona el proceso arbitral teniendo en cuenta el Derecho aplicable en cada supuesto y cuenta con diferentes expertos a quienes nombra según los casos. El inconveniente es importe que haya que abonar por el servicio de administración que puede ser elevado según la naturaleza de la disputa y/o de la institución[191].

El arbitraje «*ad hoc*» se produce cuando las partes encargan la administración del proceso al árbitro que elijan de forma que este actúa como árbitro y como administrador.

La ventaja de esta modalidad es que al eliminar el intermediario se reduce el coste del procedimiento. También se puede ampliar el campo de búsqueda del árbitro que sea más adecuado en cada supuesto concreto. La desventaja se da cuando el árbitro no administra de forma adecuada el proceso ya que no es habitual que este ni las partes tengan que cumplir una normativa procesal previamente acordada[192].

De otro lado, dependiendo de quién ostente la condición de árbitro, el arbitraje tiene dos modalidades diferentes: el arbitraje de derecho y de equidad. La diferencia entre estos dos tipos se relaciona con la profesión del árbitro. Para que se produzca el *arbitraje de derecho*, el árbitro debe ser obligatoriamente

189 Véase Bühring-Uhle, C., *Arbitration and mediation*..., *op. cit.*, pp. 25-29.

190 Véase Audit, B., «L'accord d'arbitrage dans l'arbitrage commercial international», *Course on International Law XXXVII*, Organization of American States, 2010, pp. 95-126.

191 Véase Rivera, J. C., *Arbitraje comercial: internacional y doméstico*, LexisNexis, México, 2007, pp. 45-58.

192 *Ibidem*, pp. 28-29.

abogado en ejercicio. El arbitraje de equidad admite que cualquier otro profesional que no sea jurista actúe como árbitro, pero sin excluir a los abogados, que pueden actuar también en equidad[193].

De esta forma, el arbitraje puede ser una vía útil de solución de conflictos en la contratación electrónica. En concreto, con respecto a las cuestiones relacionadas con la existencia de la oferta y de la aceptación; deberes de información; derecho de desistimiento, etc, pueden resolverse mediante esta ADR. En todo caso para que está clausula opere de forma eficaz en la solución de los litigios indicados, es preciso que cumpla una serie de requisitos en el entorno electrónico.

1.1.1.2. Eficacia de las cláusulas de arbitraje

La norma esencial para estudiar la validez de una cláusula arbitral ante los tribunales españoles es el art. 2 del Convenio de Nueva York. Además de este artículo y debido al carácter complementario que el Convenio de Ginebra asume respecto al Convenio de Nueva York, es necesario mencionar el art. 1.2.a) de este instrumento[194].

El art. 2.2 del Convenio de Nueva York establece «la necesidad de la existencia de un acuerdo de las partes y de que este acuerdo ha de formalizarse de una determinada manera para su validez. En relación con este requisito de la forma del convenio arbitral, en principio, esta disposición parte de la necesaria constatación por escrito de esta cláusula. Esta obligatoriedad está motivada por la función que cumple la forma escrita: además de mostrarse como una prueba inequívoca de la existencia del acuerdo, se asegura que ambas partes manifestaron de forma consciente y libre el sometimiento de su controversia a este método de resolución»[195].

En definitiva, debido a su relevancia se consigue que dichas cláusulas no puedan pasar desapercibidas para las partes. Sin embargo, frente a esta exigencia formal que equivale a considerar como únicamente válidas aquellas cláusulas de arbitraje incluidas en los contratos realizados por escrito y firmados por los contratantes existe cierta flexibilidad. Esta se refiere al hecho de que la jurisprudencia ha aceptado que cuando el esquema contractual se

---

193 Véase Gaillard, E., «The review of international arbitral awards», *IAI, Forum, Dijon*, 12-14 September 2008, pp. 197-299.

194 Artículo 1.2. a) del Convenio de Ginebra establece: *«A lo fines del presente Convenio se entenderá por: a) "acuerdo compromisorio arbitral", bien sea una cláusula compromisoria incluida en un contrato, o bien en un compromiso, contrato o compromiso separado firmados por las partes o contenidos en un intercambio de cartas, telegramas o comunicaciones por teleimpresor y, en las relaciones entre Estados cuyas leyes no exijan la forma escrita para el acuerdo o contrato arbitral, todo acuerdo o compromiso estipulado en la forma permitida por dichas leyes».*

195 Véase Calvo Caravaca, A.; Carrascosa Gonzalez, J., *Conflictos de leyes..., op.cit.*, p. 55.

corresponda con el intercambio de documentación, puede aceptarse la validez de una cláusula arbitral que se contiene en los mismos sin necesidad de que exista la firma manuscrita de las partes. Para que exista esta posibilidad es preciso que pueda probarse por cualquier otro medio la autenticidad del origen de las declaraciones escritas de las partes[196].

Esta interpretación faculta para introducir una cierta matización vinculada a las cuestiones analizadas sobre las cláusulas de elección de Tribunal, cuando de lo que se trata es de examinar que forma sería preciso que cumpliese una cláusula arbitral que se incluye en un contrato electrónico internacional para tener eficacia ante un juez español. Está claro que es necesario que la cláusula arbitral se fije por escrito, esta formalidad se cumple teniendo en cuenta el criterio de equivalencia funcional (art. 6 LMCE), siempre que las partes puedan acceder a la información que contiene el mensaje de datos para su posterior consulta. Es necesario, por tanto, que el medio electrónico utilizado facilite una constancia suficiente del acuerdo de los contratantes a través de un registro duradero del mismo, sobre todo cuando esta consta como una CGC[197].

Si en la contratación tradicional, en los supuestos indicados, la falta de firma manuscrita de las partes en los documentos en los que se incluirían la cláusula arbitral, no invalida esta, en la contratación electrónica no será obligatorio en determinadas situaciones la existencia de una firma electrónica. En todo caso, lo que sí sería necesario es la prueba de la autenticidad del origen de los mensajes electrónicos y que estos hayan sido adecuadamente almacenados de forma que puedan consultarse[198].

Realizadas las anteriores afirmaciones, también es preciso considerar los inconvenientes que pueden presentarse en los supuestos en los que la cláusula arbitral se incluye en unas CGC. En dichos casos, como se ha expuesto en relación con las cláusulas de elección de Tribunal, es preciso que se cumplan dos requisitos que actúan como mecanismos para proteger al adherente, para que se considere como formalmente válida la incorporación de dichas CGC[199].

---

196 Véase STS de 5 de mayo de 1998 (Roj 4296). En esta resolución se acepta la existencia de un acuerdo arbitral a pesar de la falta de firma de una de las partes de la documentación si de esta última, se infiere *«la inequívoca voluntad de las partes de someter a arbitraje las controversias surgidas en el desarrollo de una determinada relación negocial»*.

197 Sobre esta necesidad de una interpretación del artículo 2.2 del Convenio de Nueva York acorde con la aparición de las nuevas tecnologías y sobre la aceptación de los medios electrónicos (véase HILL, R., «On-line Arbitration: Issues and Solutions», Arb.Int'l., vol. 15, 1999, pp. 199 y ss).

198 Véase MONCAYO VON HASE, A., «Litiges relatifs au commerce electronique et á l'arbitrage: obstacles juridiques et enjeux», p. 7, disponible en (http://droit-internet-2001.univparis1.fr); MANEVY, I., *Online Dispute Resolution: What Future?*, Mémoire DEA, 2001, pp. 21-28. Un mayor factor de seguridad sería intercambiar con posterioridad los documentos escritos y firmados por ambas partes a través de un medio tradicional (por ejemplo, vía fax), tal y como apunta DE MIGUEL ASENSIO, P., *Derecho privado...*, *op.cit.*, p. 487.

199 Véase VIRGOS SORIANO, M.; GARCIMARTIN ALFÉREZ, F. J.; *Derecho procesal...*, *op.cit.*, p. 221.

En primer lugar, es necesaria la remisión expresa dentro del contrato a estas CGC en las que se encuentra la cláusula arbitral, aunque no es necesario, en todo caso, una referencia expresa a esta última. En segundo extremo, es preciso que el adherente pueda conocer de forma efectiva el contenido de estas CGC con antelación a la celebración del contrato y que además tenga la opción de tener una copia de estas cláusulas[200].

Este segundo requisito, como se ha expuesto para las cláusulas de elección de Tribunal, se cumpliría según la práctica habitual en el diseño de los sitios web comerciales mediante dos fórmulas[201]. En primer lugar, se cumple este requisito cuando se coloque en el sitio web un link cuyo contenido sea precisamente el texto de estas CGC incluyendo la cláusula arbitral, aunque las opciones que permite la tecnología informática hacen decantarse por una segunda posibilidad que, además elimina toda duda sobre el desconocimiento del adherente del contenido de las CGC[202]. Esta consistiría en la utilización de ventanas de confirmación cuyo contenido sería el texto de las CGC, que aparecerían con anterioridad a la posibilidad de perfeccionar el contrato, y que en todo caso, requerirían para su eliminación de la pantalla el acto afirmativo de su aceptación por parte del adherente mediante un click de su ratón en un recuadro cuyo texto no dejase ninguna duda de lo que se está pidiendo («Estoy de acuerdo», «*I agree*», etc.)[203].

1.1.2. La mediación civil y mercantil

La mediación es un método extrajudicial a través del que un tercero asiste a aquellos que pretendan encontrar libremente soluciones a su controversia. Este método se basa en la intención que tienen las partes de dialogar por muy diferentes que sean sus respectivos criterios[204].

---

200 Véase Arsic, J., «International Comercial Arbitration on the Internet: Has the Future Come too Early», *J. Int' l. Arb.*, núm. 3, 1997, pp. 209 y ss.

201 Véase Fernández Masia, E., «Optando por la normativa...», *loc. cit.*, pp. 17-22.

202 Puede consultarse la sentencia en el caso norteamericano *Specht v. Netscape Communications Corp.*, 2001 WL 755396, 150 F.Supp. 2d 585 (S.D.N.Y., July 5, 2001), donde el tribunal rechazó otorgar eficacia a una cláusula arbitral contenida en unas CGC porque la situación de las mismas en la página web mediante un hiperlink permitía sostener que los adherentes no habían tenido la posibilidad de poder conocer tales cláusulas y por ello no quedaban obligados por las mismas.

203 Véase Creswell, C. C., «Arbitration Clauses in Online Agreements», disponible en (http://www.acm.org/ubiquity/views). En este sentido, véase el caso norteamericano *In Re Realnetwoks, Inc.,2000 U.S. Dist.* (LEXIS 6584, Mayo 2000), donde el tribunal afirmó que el diseño del sitio web permitía que las condiciones contractuales fueran presentadas de tal manera que el adherente tenía una amplia oportunidad de poder leer y comprender las mismas, permitiéndose además que fuesen impresas o grabadas.

204 Véase Álvarez Moreno, M.ª T., «La mediación en asuntos civiles y mercantiles», *Revista del Poder Judicial*, núm. 77, primer trimestre 2005, pp. 243-304.

En relación con la mediación destaca la Directiva 2008/52/CE del Parlamento Europeo y del Consejo de 21 de mayo sobre ciertos aspectos de la mediación en asuntos civiles y mercantiles[205]. Las características que, según el art. 1.2 de la Directiva, deben tener los «litigios» para que se les aplique la misma es que sean transfronterizos, que se trate de asuntos civiles y mercantiles, salvo aquellos derechos y obligaciones que no estén a disposición de las partes en virtud de la legislación pertinente y que las partes quieran resolver de modo amistoso, con la ayuda de un tercero.

De otro lado, entre las características más importantes del acuerdo destacan la voluntariedad con respecto a la elección de este medio de solución de las controversias, Debe señalarse que este carácter voluntario de la mediación puede ceder ante una norma estatal o resolución judicial que obligue a las partes a acudir a la mediación, o ponga incentivos o sanciones en relación con esta cuestión [arts. 3 a) y 5].

El art. 3 también establece, entre las características de la mediación, la necesaria presencia de un tercero. De manera que las partes intentarán llegar a un acuerdo por sí mismas, con la ayuda de un tercero. Por tanto, no se trata de un proceso heterocompositivo como los procesos judiciales o el arbitraje.

La Directiva no se aplica a aquellos sistemas de resolución de controversias en los que el tercero proponga una solución formal a las partes, para que estas la acepten o la rechacen (Cdo. 11). Puede que, por esta razón, en ocasiones, sea difícil establecer cuándo se está en el ámbito de aplicación de la Directiva y cuándo no, pues los procedimientos de mediación son flexibles y en algunos casos, el tercero puede tener discrecionalidad para presentar o no un acuerdo a las partes, para su aprobación.

La mediación tampoco se aplicará a la conciliación judicial (art. 3) o a aquellas controversias sobre algún punto concreto de carácter técnico o científico, que las partes pongan en manos de un experto (Cdo. 11).

De otro lado, para la aplicación de esta Directiva, es importante mencionar la exigencia de que el litigio sea transfronterizo, esto es, que las partes estén domiciliadas o residan habitualmente en Estados de la UE, y al menos una de ellas no debe estar domiciliada o residir habitualmente en el mismo Estado que las demás (art. 2.1 Directiva 2008/52/CE). También se considera litigio transfronterizo si tras la mediación se inicia un procedimiento judicial o arbitral en un Estado de la UE distinto de aquel en el que las partes estén domiciliadas o residan habitualmente (art. 2.2 Directiva 2008/52/CE)[206].

205 *DOUE L* 136/13 de 24 de mayo de 2008.

206 Este precepto es difícil de entender porque no deja claro si el Estado en el que ha de comenzar el arbitraje o el procedimiento judicial ha de ser distinto de cada uno de los Estados donde estuvieran domiciliadas o residieran habitualmente las partes. Tampoco se entiende bien cómo se puede declarar el litigio como transfronterizo, a efectos de que se aplique la Directiva, cuando el proceso de mediación ya ha acabado, que es cuando

En otro orden de cosas, la Directiva indica que no se aplicará a aquellas pretensiones que no sean de libre disposición de las partes, de manera similar a la ley de arbitraje española. Sin embargo, advierte que para comprobar qué derechos y obligaciones no están a disposición de las partes, habrá que estar a la «legislación pertinente». Se puede entender que esta ley será la del Estado (o Estados) donde se solicite el carácter ejecutivo del acuerdo al que se llegue, ya que este es el único Estado con algún interés en limitar la ejecutividad del acuerdo[207].

Debe indicarse que las partes que decidan utilizar el mecanismo de la mediación han de hacerlo de forma abierta y con disponibilidad a dialogar como fase previa necesaria para conseguir soluciones que resulte satisfactorias para todas las partes implicadas. La mediación intenta, en definitiva, estudiar cuales son los aspectos comunes sobre los que pueda llegarse a un acuerdo positivo para ambas partes. El mediador desde su imparcialidad y experiencia profesional ayuda a las personas (físicas o jurídicas) que acuden a este mecanismo para comprender sus motivaciones y las de la contraparte.

Esta ADR puede tener diferentes variantes: *facilitativa*, evaluativa o *trasnformativa*. La mediación facilitativa constituye la modalidad tradicional de la mediación, en esta el mediador no opina sobre los temas que plantean las partes y se limita a facilitar el diálogo entre estas. En la mediación evaluativa, el mediador sí ofrece su opinión sobre cuestiones de hecho o de derecho, y las evalúa según sea el supuesto. La mediación transformativa pretende, a priori, transformar conductas en el proceso de las partes de alcanzar acuerdos[208].

El proceso de mediación comienza cuando las partes muestran su intención de participar en el citado procedimiento y este se desarrolla teniendo en cuenta la combinación de distintas reuniones y, en su caso, por separado para que el mediador pueda entender mejor las discrepancias entre las partes para poder ayudarles a resolverlas. El número de reuniones depende normalmente de distintos factores como son el número de temas que las partes desean solucionar o a la dificultad de dichos asuntos[209].

---

se puede verificar que el arbitraje o el proceso judicial comienzan en un Estado distinto. Puede que la única manera de entender este artículo sea en el caso de que una cláusula arbitral o de elección de foro indique la sede del arbitraje o del proceso judicial y se pueda comprobar antes de que inicie la mediación, o durante la misma, si responde a un «litigio transfronterizo» (Véase Belloso Martín, N., «Un paso más hacia la desjudicialización: La Directiva europea 2008/52/UE sobre mediación en asuntos civiles y mercantiles», *Revista electrônica de Direito Processual*, vol. II., pp. 1-11).

207 Véase Riaño Brun, I., «La ejecución del acuerdo obtenido en mediación...», *loc. cit.*, p. 331.

208 *Ibidem*, p. 74.

209 Véase Alvarez Moreno, M.ª T., «La mediación en asuntos civiles...», *loc. cit.*, pp. 251-259.

Las sesiones se realizan de forma conjunta estando presentes los interesados y el mediador. Este puede reunirse individualmente con cada uno de ellos cuando lo entienda oportuno. Cualquier cuestión tratada en una reunión individual es confidencial y no debe compartirse por el mediador salvo que se autorice expresamente. La mediación finaliza como resultado del acuerdo que las partes alcanzan sobre todas o algunas de sus discrepancias. De la misma forma, las partes de mutuo acuerdo o individualmente pueden dar por finalizada la mediación cuando lo entiendan oportuno. Esta opción también es viable para el mediador que puede concluir la mediación si cree que resulta improbable que las partes puedan resolver sus diferencias aun mediando sesiones adicionales.

La mediación, a diferencia del arbitraje, no finaliza con la obtención de una solución impuesta por el mediador, sino que la conclusión tendrá lugar a través de un acuerdo negociado por las partes según su propio criterio y con ayuda del mediador. Todo depende de los interesados, en este caso las partes del contrato electrónico, que son los protagonistas de la mediación[210].

De esta forma, la mediación puede resultar un instrumento eficaz para la resolución de controversias en la contratación electrónica. Esta institución ayuda a que los Tribunales de justicia queden como la última opción para la solución de la controversia cuando no sea posible la resolución a través de la voluntad de las partes. Este método, puede ser de utilidad para la reducción de la carga de trabajo de aquellos, reduciendo su intervención a los casos en que las partes enfrentadas no hayan sido capaces de poner fin, desde el acuerdo, a la situación de controversia[211].

Cada uno de los Estados miembros ha transpuesto el contenido de la mencionada Directiva a los ordenamientos internos a través de distintos instrumentos. En el caso de España, la transposición se produjo con cierto retraso a través de la Ley 5/2012, de 6 de julio, de mediación en asuntos civiles y mercantiles[212]. Sin embargo, su regulación va más allá del contenido de esta norma de la UE, mientras la Directiva 2008/52/CE «*(...) se limita a establecer unas normas mínimas para fomentar la mediación en los litigios transfronterizos en asuntos civiles y mercantiles. Por su lado, la regulación de esta norma conforma un régimen general aplicable a toda mediación que tenga lugar en*

210 Por otro lado, en relación con la confidencialidad e imparcialidad, debe indicarse que todos los mediadores deben ser imparciales respecto a las partes. El mediador no puede divulgar a terceros ningún aspecto relativo a los asuntos tratados por las partes con él. Del mismo modo, la entidad encargada de administrar la mediación se compromete a mantener la confidencialidad de todos los datos que le sean facilitados por las partes (véase Sáez Valcárcel, R., Ortuño Muñoz, P., «Alternativas a la judicialización de los conflictos: la mediación», *Estudios de derecho judicial*, 2006, pp. 7 y ss).

211 Véase Fentimann, R., *International Commercial Litigation*, Oxford University Press, Oxfrod, 2010, pp. 479 y ss.

212 *BOE* núm. 162, de 7 de julio de 2012.

España y pretenda tener un efecto jurídico vinculante, si bien circunscrita al ámbito de los asuntos civiles y mercantiles y dentro de un modelo que ha tenido en cuenta las previsiones de la Ley Modelo de la CNUDMI sobre Conciliación Comercial Internacional de 24 de junio de 2002»[213].

II. Especialidades en los contratos electrónicos de consumo

2.1. Cuestiones previas

El rápido crecimiento en la utilización de las nuevas tecnologías en las transacciones comerciales permite la realización de negocios desde cualquier parte del mundo y en este escenario, cómo señala el profesor De Miguel Asensio «*el entorno digital e interconectado a través de la red y el ámbito espacial de las relaciones negociales de los diversos operadores se difumina siendo habituales los negocios transfronterizos*»[214].

En este sentido debe indicarse que la aplicación delas reglas generales de la contratación a este tipo de transacciones electrónicas no garantiza, en muchas ocasiones la seguridad jurídica para las parte máxime si se trata de consumidores por más que determinadas reglas relacionadas con la atribución de la competencias judicial internacional, cómo las establecidas en el Reglamento Bruselas I bis, intenten proteger a esta parte considerada débil del contrato.

Por este motivo, entre otros, puede resultar necesario, contar con otros medios de solución de conflictos que sean eficientes en el entorno virtual, también en los contratos de consumo. Uno de estos medios es la mediación en línea como mecanismo jurídico capaz de cumplir con las exigencias de la problemática contractual.

Cómo se ha indicado *supra* en un contrato electrónico puede ser más difícil determinar la competencia judicial internacional que en los contratos que se realizan off line y esto también sucede en los contratos electrónicos que muchas de estas transacciones estamos frente a unas partes domiciliadas en Estados diferentes que negocian en el marco de un espacio no delimitado por fronteras y sin una jurisdicción determinada.

En algunos casos las dificultades en estas transacciones trasfronterizas, traen su causa en barreras u obstáculos que se sintetizan en los siguientes aspectos: la falta de diversidad en los medios de pago; el encarecimiento de

213 (www.uncitral.org).

214 Véase de Miguel Asensio, P. A., *Derecho privado de Internet...*, *op. cit.*, 807.

los costos impositivos/aduaneros y de logística para los productos físicos; la falta de percepción de seguridad y la falta de confianza que experimentan los consumidores ante un problema con una empresa extranjera por desconocimiento de la legislación aplicable y/o la jurisdicción competente; y la inexistencia de mecanismos alternativos de solución de controversias en línea; dificultades relacionados con el idioma cuando se trata de sitios de lengua extranjera, inexistencia de comparadores de precios a nivel transfronterizo, desconocimiento de marcas cuando se trata de Pymes, dudas respecto de los procedimientos y normativa aduanera aplicable

Con respecto a los motivos por los que puede producirse la controversia en los contratos electrónicos estos pueden estar relacionados con: falta de entrega a tiempo de los productos adquiridos por mal manejo de stocks por parte de las empresas y/o problemas logísticos. La recepción de productos diferentes de los ofertados (fraude publicitario), problemas en la facturación de los productos o duplicación de pedidos o de facturación (muchas veces por problemas de los sistemas a la hora de clickear *online* un pedido), recepción de productos defectuosos o diferentes de los solicitados, errores en los talles, tamaños, colores o demás características del producto, etc. Luego, aparecen los problemas relacionados con el fraude *online*, y demás posibles delitos de los que un consumidor podría ser víctima (ILCE y otro, 2010).

De esta forma, en ocasiones los litigios que se plantean están relacionados con el desarrollo inadecuado en los contratos y las prácticas mercantiles poco eficientes. Parece lógico que en estos supuestos de igual manera que la transacción se produce de forma rápida, la resolución del problema planteado por diferentes causas, entre otras, las mencionadas *supra* puedan resolverse por método igualmente desarrollados con la máxima celeridad, con un coste bajo y a ser posible también en el entorno electrónico.

Las capacidades de comunicación moderna e instantánea no permiten experimentar como medio de resolución de controversias comerciales las tradicionales, por lo cual se necesitan alternativas más sencillas y más agiles que resuelvan los problemas usando las tecnologías en el campo virtual. En algunas ocasiones las soluciones de conflictos nacidos en el comercio electrónico con soluciones *offline*, resultan complejas, onerosas e inciertas porque cómo se ha planteado es necesario determinar, entre otras cuestiones cual es el Tribunal competente para conocer y por supuesto la Ley aplicable al fondo del asunto, lo que unido, cómo se ha indicado a cuestiones de prueba y de tiempo terminan teniendo una incidencia negativa en la resolución de conflictos generados en determinados contratos electrónicos celebrados con consumidores.

En este sentido, La mediación en línea como ODR para la solución de conflictos B2C y C2C, se desarrolla mediante un tercero neutral *online* que requerirá a las partes de forma activa para la solución de sus controversias. Este instrumento, cómo otros, en el ámbito extrajudicial cuenta con cualidades que permiten una flexibilidad para adaptarse al conflicto, a las nuevas tecnologías de la información y para dar solución amigable a las controversias que se reflejen en la satisfacción y fidelidad del cliente (consumidor) con la empresa.

De otro lado también son de utilidad la utilización de códigos internos de la empresa como es el caso del servicio de atención al cliente, encontramos que son las acciones que realiza la empresa para aumentar los niveles de satisfacción (Puig & Izquierdo, 2011) de los consumidores que permita una fidelización del cliente y desde luego se repercuta en una ventaja competitiva. Los Servicios de atención al cliente se acreditan como procesos y sistemas de solución óptima de quejas a clientes siendo una oportunidad de mejorar el modelo de negocio.

En relación con estos servicios apareció la negociación automatizada que tiene un grado de abstracción mayor que los RED/ODR como quiera que responda a una lógica numérica en donde las partes de forma sincrónica o asincrónica proponen sumas patrimoniales de arreglo. De identificar el software que las propuestas se enmarcan en un margen determinado, calcula la media resolviendo así la disputa. Esta modalidad de solución de conflictos ha sido desarrollada por prestadoras de servicio como *Cybersettle*, *Smartsettle* y *ResolveitNow*, cómo se expondrá *infra* en la parte de los ADR.

2.2. Normativa comunitaria sobre *alternative dispute solution*

2.2.1. Directiva 2013/11/UE sobre resolución alternativa de litigios y Ley 7/2017 de transposición y reglamento 524/2013 sobre resolución de litigios en línea

Debemos comenzar indicando que pese a que esta normativa está relacionada con el presente apartado ya que se refiere a los ADR no se centra en el comercio electrónico sino en cualquier controversia que surja entre una empresa y un consumidor y cómo puede resolverse fuera del ámbito judicial.

Según la exposición de motivos de esta norma: «La resolución alternativa de litigios ofrece una solución extrajudicial sencilla, rápida y asequible para los litigios entre los consumidores y los comerciantes. Sin embargo, la resolución alternativa de litigios no está desarrollada todavía de manera suficiente y coherente en toda la Unión. Desafortunadamente, a pesar de las Recomendaciones de la Comisión 98/257/CE, de 30 de marzo de 1998, relativa a los principios aplicables a los órganos responsables de la solución extrajudicial de los litigios en materia de consumo, y 2001/310/CE, de 4 de abril de 2001, relativa a los principios aplicables a los órganos extrajudiciales de resolución consensual de litigios en materia de consumo, los mecanismos de resolución alternativa de litigios no se han establecido correctamente ni funcionan satisfactoriamente en todas las áreas geográficas o sectores empresariales de la Unión.

Los consumidores y los comerciantes siguen sin conocer las vías de recurso extrajudicial, ya que solo un pequeño porcentaje de ciudadanos sabe cómo presentar una reclamación ante una entidad de resolución alternativa de litigios («entidad de resolución alternativa»). En los casos en que existen procedimientos de resolución alternativa de litigios («procedimientos de resolución alternativa»), sus niveles de calidad varían de forma considerable entre los Estados miembros, y con frecuencia las entidades de resolución alternativa no tramitan de forma eficaz los litigios transfronterizos.

Las disparidades en términos de cobertura, calidad y conocimiento de la resolución alternativa de litigios en los distintos Estados miembros constituyen un obstáculo para el mercado interior y se hallan entre las razones por las cuales muchos consumidores se abstienen de comprar más allá de las fronteras y no confían en que los posibles litigios con los comerciantes puedan resolverse de un modo sencillo, rápido y asequible.

Por los mismos motivos, podría suceder que los comerciantes se abstengan de vender sus productos a los consumidores de otros Estados miembros en los que el acceso a procedimientos de resolución alternativa de alta calidad sea insuficiente. Además, los comerciantes establecidos en un Estado miembro en el que no se cuente con suficientes procedimientos de resolución alternativa de alta calidad se ven en una posición de desventaja competitiva respecto de los comerciantes que sí tienen acceso a tales procedimientos y pueden, por consiguiente, resolver los litigios con consumidores de manera más rápida y económica.

Para que los consumidores puedan aprovechar plenamente el potencial del mercado interior, es necesario que la resolución alternativa pueda aplicarse a todos los tipos de litigios, nacionales y transfronterizos, incluidos en el ámbito de aplicación de la presente Directiva, que los procedimientos de resolución alternativa cumplan unos requisitos de calidad coherentes aplicables en toda la Unión, y que los consumidores y los comerciantes conozcan la existencia de dichos procedimientos. Debido al incremento del comercio y la circulación de personas con carácter transfronterizo, también es importante que las entidades de resolución alternativa tramiten los litigios transfronterizos de manera eficaz.

Como indica el Parlamento Europeo en sus Resoluciones de 25 de octubre de 2011, sobre modalidades alternativas de solución de conflictos en el ámbito del Derecho civil, mercantil y de familia, y de 20 de mayo de 2010, sobre cómo ofrecer un mercado único a los consumidores y los ciudadanos, cualquier enfoque global del mercado único que ofrezca resultados a sus ciudadanos debe desarrollar prioritariamente un sistema de recurso sencillo, asequible, rápido y accesible.

En su Comunicación de 13 de abril de 2011 titulada Acta del Mercado Único la Comisión identificó la legislación sobre resolución alternativa de litigios, incluida la dimensión del comercio electrónico, como una de las doce prioridades para estimular el crecimiento, reforzar la confianza y avanzar en la realización del mercado único.

En sus conclusiones de 24 y 25 de marzo y de 23 de octubre de 2011, el Consejo Europeo invitó al Parlamento Europeo y al Consejo a adoptar, antes de que terminase 2012, un primer conjunto de medidas prioritarias con el fin de dar un nuevo impulso al mercado único. Además, en sus conclusiones de 30 de mayo de 2011 sobre las prioridades para relanzar el mercado único, el Consejo de la Unión Europea destacaba la importancia del comercio electrónico y coincidía en que los sistemas de resolución alternativa de litigios en materia de consumo pueden constituir un sistema de recurso asequible, sencillo y rápido para los consumidores y los comerciantes.

Para llevar a la práctica con éxito estos sistemas, es necesario un compromiso político y un apoyo continuados de todas las partes interesadas, sin poner en peligro la asequibilidad, la transparencia, la flexibilidad, la rapidez y la calidad de la toma de decisiones de las entidades de resolución alternativa incluidas en el ámbito de aplicación de la presente Directiva.

En concreto, respecto del comercio electrónico destaca que dada la creciente importancia del comercio en línea y, en particular, del comercio transfronterizo como pilar de la actividad económica de la Unión, es necesario contar con una infraestructura para la resolución alternativa de litigios en materia de consumo que funcione correctamente y con un marco para la resolución de litigios en línea en materia de consumo derivados de transacciones en línea que esté convenientemente integrado, a fin de lograr el objetivo del Acta del Mercado Único de reforzar la confianza de los ciudadanos en el mercado interior.

La presente Directiva y el Reglamento 524/2013 del Parlamento Europeo y del Consejo, de 21 de mayo de 2013, sobre resolución de litigios en línea en materia de consumo y por el que se modifica el Reglamento 2006/2004 y la Directiva 2009/22/CE, son dos instrumentos legislativos interrelacionados y complementarios. El Reglamento 524/2013 establece la creación de una plataforma de resolución de litigios en línea que ofrece a los consumidores y a los comerciantes una ventanilla única para la resolución extrajudicial de litigios en línea mediante entidades de resolución alternativa que están vinculadas a esa plataforma y que ofrecen la resolución alternativa a través de procedimientos de calidad.

Contar con entidades de resolución alternativa de calidad en toda la Unión constituye, pues, un requisito previo para el correcto funcionamiento de dicha plataforma. La presente Directiva no debe aplicarse a los servicios no económicos de interés general. Son servicios no económicos aquellos que no se prestan por un interés económico. Por tal motivo, los servicios no económicos de Interés general prestados por el Estado o en su nombre sin recibir una retribución a cambio no deben incluirse en el ámbito de aplicación de la presente Directiva, independientemente de la forma jurídica que revista su prestación.

El desarrollo en la Unión de un sistema adecuado de resolución alternativa de litigios es necesario para reforzar la confianza de los consumidores en el mercado interior, incluido el ámbito del comercio en línea, y para desarrollar plenamente el potencial y las oportunidades del comercio transfronterizo y en línea. Dicho desarrollo debe basarse en los procedimientos de resolución alternativa existentes en los Estados miembros y en el respeto de sus respectivas tradiciones jurídicas. Las entidades de resolución de litigios, tanto ya existentes como nuevas, que funcionen correctamente y cumplan los requisitos de calidad establecidos en esta Directiva deben considerarse: entidades de resolución alternativa en el sentido de esta Directiva. La difusión de la resolución alternativa de litigios puede también resultar importante en aquellos Estados miembros en que existe una considerable acumulación de asuntos pendientes ante los órganos jurisdiccionales, lo que impide a los ciudadanos de la Unión ejercer su derecho a un juicio justo dentro de un plazo razonable.

La presente Directiva debe aplicarse a los litigios entre consumidores y comerciantes relativos a obligaciones contractuales derivadas de contratos de compraventa o de prestación de servicios, celebrados o no en línea, en todos los sectores económicos menos los exceptuados.

En esta categoría deben incluirse los litigios derivados de la venta o el suministro de contenidos digitales a cambio de una retribución. La presente Directiva debe aplicarse a las reclamaciones presentadas por consumidores contra comerciantes. No debe aplicarse a las reclamaciones presentadas por comerciantes contra consumidores, ni a los litigios entre comerciantes. Sin embargo, no debe impedir que los Estados miembros adopten o mantengan en vigor disposiciones sobre procedimientos para la resolución extrajudicial de dichos litigios.

Se debe permitir que los Estados miembros mantengan o introduzcan disposiciones nacionales relativas a procedimientos no regulados por la presente Directiva, como procedimientos internos de tramitación de reclamaciones gestionados por el comerciante. Tales procedimientos internos de tramitación de reclamaciones pueden constituir un medio eficaz de resolución temprana de litigios en materia de consumo.

Según la Directiva tienen la consideración de consumidores las personas físicas que actúan con fines ajenos a sus actividades comerciales o empresariales, a su oficio o a su profesión.

No obstante, si el contrato se celebra con un propósito en parte relacionado y en parte no relacionado con la actividad comercial de la persona (contratos de doble finalidad) y el propósito comercial es tan limitado que no predomina en el contexto general del suministro, dicha persona debe ser considerada un consumidor.

Algunos actos jurídicos vigentes de la Unión ya contienen disposiciones en materia de resolución alternativa de litigios. Con el fin de garantizar la seguridad jurídica, debe disponerse que, en caso de conflicto, prevalezca la presente Directiva, excepto en los casos en que esta prevea expresamente otra cosa. En particular, la presente Directiva debe entenderse sin perjuicio de la Directiva 2008/52/CE del Parlamento Europeo y del Consejo, de 21 de mayo de 2008, sobre ciertos aspectos de la mediación en asuntos civiles y mercantiles que establece un marco para los sistemas de mediación en el ámbito de la Unión en litigios transfronterizos, sin perjuicio de la aplicación de la citada Directiva a los sistemas internos de mediación.

Esta Directiva está destinada a aplicarse de manera horizontal a todo tipo de procedimientos de resolución alternativa, incluidos los regulados por la Directiva 2008/52/CE.

Las entidades de resolución alternativa son muy diversas en la Unión, pero también dentro de los Estados miembros. La presente Directiva debe aplicarse a cualquier entidad establecida de manera duradera, que ofrezca la resolución de un litigio entre un consumidor y un comerciante mediante un procedimiento de resolución alternativa y que haya sido incluida en lista con arreglo a esta Directiva. Esta norma también debe aplicarse a las entidades de resolución de litigios autorizadas por los Estados miembros a imponer soluciones vinculantes para las partes.

Sin embargo, un procedimiento extrajudicial creado ad hoc para un único litigio entre un consumidor y un comerciante no debe considerarse un procedimiento de resolución alternativa.

Los procedimientos de resolución alternativa son muy variados, tanto en la Unión como en el interior de los Estados miembros. Pueden adoptar la forma de procedimientos en los que la entidad de resolución alternativa reúne a las partes con el fin de facilitar una solución amistosa, de procedimientos en los que dicha entidad propone una solución, o de procedimientos en los que impone una solución. También pueden adoptar la forma de una combinación de dos o más de estos procedimientos. Esta Directiva debe entenderse sin perjuicio de la forma que revistan los procedimientos de resolución alternativa en los Estados miembros.

Los procedimientos ante entidades de resolución de litigios en los que las personas físicas responsables de su resolución son contratadas por el comerciante o reciben cualquier tipo de retribución exclusivamente del comerciante probablemente se vean afectados por un conflicto de intereses. Por consiguiente, dichos procedimientos deben quedar excluidos, en principio, del ámbito de aplicación de la presente Directiva, a menos que un Estado miembro decida que tales procedimientos pueden reconocerse como procedimientos de resolución alternativa en el marco de esta normativa, y a condición de que dichas entidades observen plenamente los requisitos específicos de independencia e imparcialidad que esta establece. Las entidades de resolución alternativa que ofrezcan la resolución de litigios a través de tales procedimientos deben someterse a una evaluación periódica de su cumplimiento de los requisitos de calidad establecidos en la Directiva, incluidos los requisitos complementarios específicos para garantizar su independencia.

Esta Directiva no debe aplicarse a procedimientos de sistemas de tratamiento de reclamaciones de los consumidores gestionados por el comerciante ni a las negociaciones directas entre las partes. Además, no debe aplicarse a los intentos realizados por un juez para solucionar un litigio en el marco de un procedimiento judicial relativo a dicho litigio.

Los Estados miembros deben garantizar que los litigios a los que se aplica la presente Directiva puedan someterse a una entidad de resolución alternativa que cumpla los requisitos establecidos en la presente Directiva y que esté incluida en una lista con arreglo a esta. Los Estados miembros deben tener la posibilidad de cumplir esta obligación basándose en entidades de resolución alternativa existentes que funcionen correctamente y ajustando su ámbito de aplicación, si es necesario, o previendo la creación de nuevas entidades de resolución alternativa.

De esta forma, la presente Directiva no debe obstaculizar el funcionamiento de las entidades de resolución de litigios existentes que operen en el marco de las autoridades nacionales de protección de los consumidores de los Estados miembros, en las que los responsables de la resolución de litigios sean funcionarios. Los funcionarios deben considerarse representantes imparciales de los intereses tanto de los consumidores como de los comerciantes. La presente Directiva no debe obligar a los Estados miembros a crear en cada sector minorista una entidad de resolución alternativa específica.

Cuando sea necesario a fin de garantizar la total cobertura sectorial y geográfica del acceso a la resolución alternativa de litigios, así como el acceso efectivo, los Estados miembros deben tener la posibilidad de prever la creación de una entidad de resolución alternativa complementaria que conozca de litigios para cuya resolución no sea competente ninguna entidad de resolución alternativa específica. La finalidad de las entidades de resolución alternativa complementarias es la de constituir una salvaguardia para consumidores y comerciantes, al garantizar que no existan deficiencias en el acceso a una entidad de resolución alternativa.

Mediante esta norma se garantiza que las entidades de resolución alternativa puedan funcionar de manera eficaz, dichas entidades deben tener la posibilidad de mantener o introducir, de acuerdo con las leyes del Estado miembro en que estén establecidas, normas de procedimiento que les permitan negarse a tramitar litigios en determinadas circunstancias, por ejemplo, en el caso de litigios excesivamente complejos que por tal motivo se resolverían más adecuadamente ante un órgano jurisdiccional.

No obstante, no debe permitirse que las normas de procedimiento que autoricen a las entidades de resolución alternativa a negarse a tramitar un litigio supongan un impedimento significativo para el acceso de los consumidores a los procedimientos de resolución alternativa, también en el caso de litigios transfronterizos. Así, a la hora de fijar un umbral monetario, los Estados miembros deben tener siempre en cuenta que el valor real de un litigio puede variar entre uno y otro Estado miembro y que, por consiguiente, fijar un umbral desproporcionadamente alto en un Estado miembro podría obstaculizar el acceso de los consumidores de otros Estados miembros a los procedimientos de resolución alternativa. No debe exigirse a los Estados miembros que velen por que el consumidor pueda presentar su reclamación ante otra entidad de resolución alternativa cuando una entidad de resolución alternativa ante la que se haya presentado la reclamación en primer lugar se haya negado a tramitarla atendiendo a sus normas de procedimiento. En tales casos, debe considerarse que los Estados miembros han cumplido con su obligación de garantizar la cobertura total de dichas entidades.

La presente Directiva debe permitir que los comerciantes establecidos en un Estado miembro estén amparados por una entidad de resolución alternativa establecida en otro Estado miembro. Con objeto de mejorar la cobertura y el acceso de los consumidores a la resolución alternativa de litigios en toda la Unión, los Estados miembros deben estar facultados para recurrir a entidades de resolución alternativa establecidas en otro Estado miembro o a entidades de resolución alternativa regionales, transnacionales o paneuropeas, en las que los comerciantes de distintos Estados miembros estén amparados por la misma entidad de resolución alternativa.

Sin embargo, el recurso a entidades de resolución alternativa establecidas en otro Estado miembro o a entidades de resolución alternativa transnacionales o paneuropeas debe entenderse sin perjuicio de la responsabilidad de los Estados miembros de garantizar la cobertura total y el acceso a las entidades de resolución alternativa.

La presente Directiva no debe constituir un obstáculo para que los Estados miembros mantengan o introduzcan procedimientos de resolución alternativa por los que se tramiten conjuntamente litigios idénticos o similares entre un comerciante y varios consumidores. Deben llevarse a cabo evaluaciones de impacto de las resoluciones extrajudiciales colectivas antes de que tales resoluciones se propongan a escala de la Unión. La existencia de un sistema eficaz de reclamaciones colectivas y un recurso fácil a la resolución alternativa de litigios deben ser complementarios y ambos procedimientos no deben ser excluyentes.

Durante el procedimiento de resolución alternativa deben respetarse en todo momento la confidencialidad y la privacidad. Debe alentarse a los Estados miembros a proteger la confidencialidad de los procedimientos de resolución alternativa en todo proceso o arbitraje civil o mercantil que pueda tener lugar posteriormente.

No obstante, los Estados miembros deben velar por que las entidades de resolución alternativa hagan públicos los posibles problemas sistemáticos o significativos que se produzcan con frecuencia y den lugar a litigios entre consumidores y comerciantes. La información que se comunique a este respecto podrá ir acompañada de recomendaciones acerca del modo de evitar o resolver tales problemas en el futuro, con objeto de mejorar las pautas de actuación de los comerciantes y de facilitar el intercambio de información y de buenas prácticas.

Los Estados miembros deben garantizar que las entidades de resolución alternativa resuelvan los litigios de manera justa, práctica y proporcionada tanto para el consumidor como para el comerciante, con arreglo a una evaluación objetiva de las circunstancias en las que se ha presentado la reclamación y respetando los derechos de las partes.

La independencia y la integridad de las entidades de resolución alternativa son fundamentales para ganar la confianza de los ciudadanos de la Unión en unos mecanismos de resolución alternativa de litigios que les ofrezcan un resultado justo e independiente. La persona física o el órgano colegiado a cargo de la resolución alternativa de litigios deben gozar de total independencia con respecto a aquellos que pudieran tener algún interés en el resultado y no estar implicados en ningún conflicto de intereses que pueda impedirles adoptar una decisión de manera justa, imparcial e independiente.

Las personas físicas encargadas de la resolución alternativa de litigios solo deben considerarse imparciales si no pueden estar sometidas a presiones que influyan potencialmente en su actitud hacia el litigio. Con el fin de garantizar la independencia de su actuación, dichas personas deben ser nombradas además por un plazo suficientemente prolongado y no recibir instrucciones de cualquiera de las partes o de sus representantes.

Con el fin de asegurar que no existan conflictos de intereses, las personas físicas encargadas de la resolución alternativa de litigios deben revelar cualquier circunstancia que pudiera afectar a su independencia e imparcialidad o dar lugar a un conflicto de intereses con cualquiera de las partes en el litigio cuya resolución se les solicite. Tales conflictos podrían consistir en un interés financiero directo o indirecto en el resultado del procedimiento de resolución alternativa, o en cualquier relación personal o mercantil con una o más de una de las partes durante los tres años anteriores a su asunción del cargo, con inclusión de cualquier situación distinta de la resolución alternativa de litigios en la que la persona de que se trate haya actuado por cuenta de una o más de una de las partes, o por cuenta de una organización profesional o asociación empresarial de la que sea miembro alguna de las partes, o por cuenta de cualquier otro miembro de tales organizaciones u asociaciones.

Es especialmente necesario garantizar que no existan dichas presiones en caso de que las personas físicas encargadas de la resolución alternativa de litigios estén contratadas por el comerciante o reciban cualquier tipo de retribución de este. Por consiguiente, deben establecerse requisitos específicos si los Estados miembros deciden que los procedimientos de resolución de litigios pueden considerarse en tales casos procedimientos de resolución alternativa al amparo de la presente Directiva. En caso de que las personas encargadas de la resolución alternativa de litigios estén contratadas por una organización profesional o una asociación empresarial de la que sea miembro el comerciante o reciban cualquier forma de retribución exclusivamente de tal asociación u organización, deben disponer de un presupuesto independiente y específico que sea suficiente para el desempeño de sus funciones.

Es esencial para el éxito de la resolución alternativa de litigios, en el marco de esta normativa y para garantizar la confianza necesaria en sus procedimientos, que las personas físicas encargadas de tal resolución posean los conocimientos especializados necesarios, incluida una comprensión general del Derecho. En particular, dichas personas deben poseer un conocimiento general suficiente en el ámbito jurídico que les permita comprender las implicaciones jurídicas del litigio, sin que tengan la obligación de ser profesionales cualificados del Derecho.

La aplicabilidad de determinados principios de calidad a los procedimientos de resolución alternativa refuerza la confianza en dichos procedimientos, tanto por parte de los consumidores como de los comerciantes. A escala de la Unión, tales principios de calidad se desarrollaron por primera vez en las Recomendaciones 98/257/CE y 2001/310/CE. Al dar carácter vinculante a algunos de los principios establecidos en las citadas Recomendaciones de la Comisión, la presente Directiva establece un conjunto de requisitos de calidad que se aplican a todos los procedimientos de resolución alternativa llevados a cabo por una entidad de resolución alternativa que haya sido notificada a la Comisión.

Del mismo modo, esta Directiva establece requisitos de calidad para las entidades de resolución alternativa, que deben garantizar el mismo nivel de protección y la igualdad de derechos para los consumidores en los litigios tanto nacionales como transfronterizos. Las entidades de resolución alternativa deben ser accesibles y transparentes. A fin de garantizar la transparencia de las entidades y los procedimientos de resolución alternativa, es preciso que las partes reciban, de manera clara y accesible, la información que necesiten para tomar una decisión con conocimiento de causa antes de iniciar un procedimiento de resolución alternativa. No debe exigirse el suministro de dicha información a los comerciantes cuando su participación en dichos procedimientos sea obligatoria con arreglo al Derecho nacional.

Una entidad de resolución alternativa que funcione correctamente debe resolver con celeridad los procedimientos de resolución de litigios, ya sea o no en línea, y dar a conocer el resultado del procedimiento de resolución alternativa en un plazo de noventa días naturales contado desde la fecha en que haya recibido el expediente de reclamación completo, incluida toda la documentación pertinente relativa a la reclamación. La entidad de resolución alternativa que haya recibido una reclamación debe informar a las partes una vez que haya recibido todos los documentos necesarios para tramitar el procedimiento de resolución alternativa correspondiente.

En determinados casos excepcionales de índole particularmente compleja, entre ellos si una de las partes no puede, por razones justificadas, participar en el procedimiento de resolución alternativa, las entidades de resolución alternativa deben poder prorrogar el plazo con el fin de llevar a cabo un examen del caso de que se trate. Debe informarse a las partes de toda prórroga de este tipo, así como, aproximadamente, del plazo que se requerirá para la resolución del litigio.

Los procedimientos de resolución alternativa deben, preferiblemente, ser gratuitos para el consumidor. En caso de que se cobren costas, tales procedimientos deben ser accesibles, atractivos y asequibles para los consumidores. Con tal propósito, las costas no deben exceder una cuota mínima.

Los procedimientos de resolución alternativa deben ser justos, de manera que las partes en litigio estén plenamente informadas de sus derechos y de las consecuencias de las elecciones que realicen en el contexto de un procedimiento de resolución alternativa. Las entidades de resolución alternativa deben informar de sus derechos a los consumidores antes de que acepten o actúen de acuerdo con una solución propuesta. Ambas partes también deben poder presentar sus datos y pruebas sin estar físicamente presentes.

Un acuerdo entre el consumidor y el comerciante de someter una reclamación a la apreciación de una entidad de resolución alternativa no debe ser vinculante para el consumidor cuando se haya celebrado antes de que se materializara el litigio y cuando tenga por efecto privar al consumidor de su derecho a recurrir ante los órganos jurisdiccionales para la resolución del litigio. Además, en los procedimientos de resolución alternativa que tengan por objeto resolver el litigio imponiendo una solución, esta debe tener carácter vinculante para las partes únicamente cuando hayan sido informadas con antelación de ese carácter vinculante y lo hayan aceptado expresamente. No debe exigirse la aceptación expresa por parte del comerciante cuando la normativa nacional disponga que tales soluciones son vinculantes para los comerciantes.

En los procedimientos de resolución alternativa que tengan por finalidad resolver el litigio mediante la imposición de una solución al consumidor, en caso de que no exista conflicto de leyes, la solución impuesta no debe dar lugar a que el consumidor se vea privado de la protección ofrecida por disposiciones que no puedan excluirse mediante un acuerdo con arreglo a la legislación del Estado miembro en que el consumidor y el comerciante tengan su residencia habitual. En caso de que exista conflicto de leyes, si la ley aplicable al contrato de compraventa o de servicios se determina con arreglo al artículo 6, apartados 1 y 2, del Reglamento Roma I, la solución impuesta por la entidad de resolución alternativa no debe dar lugar a que el consumidor se vea privado de la protección ofrecida por disposiciones que no puedan excluirse mediante acuerdo.

De otro lado, el derecho a la tutela judicial efectiva y el derecho a un juez imparcial forman parte de los derechos fundamentales establecidos en el artículo 47 de la Carta de los Derechos Fundamentales de la Unión Europea. Por consiguiente, los procedimientos de resolución alternativa no deben concebirse como sustitutivos de los procedimientos judiciales y no deben privar a consumidores o comerciantes de su derecho a recurso ante los órganos jurisdiccionales.

El cualquier caso esta normativa sobre resolución alternativa de litigios no debe impedir a las partes ejercer su derecho de acceso al sistema judicial. En los casos en que un litigio no pueda resolverse mediante un procedimiento de resolución alternativa determinado cuyo resultado no es vinculante, no debe impedirse a las partes que incoen a continuación un procedimiento judicial en relación con dicho litigio. Los Estados miembros deben poder elegir libremente los medios adecuados para lograr este objetivo. Deben contar con la posibilidad de establecer, entre otras disposiciones, que los plazos de caducidad o prescripción no venzan durante un procedimiento de resolución alternativa.

Para funcionar con eficacia, las entidades de resolución alternativa deben contar con suficientes recursos humanos, materiales y financieros. Los Estados miembros deben decidir sobre la forma adecuada de financiación de dichas entidades en su territorio, sin restringir la financiación de las entidades que ya estén en funcionamiento.

La citada Directiva debe aplicarse sin perjuicio de que tales entidades se financien de forma pública o privada, o a través de una combinación de financiación pública y privada. No obstante, debe alentarse a dichas entidades a que, en particular, tomen en consideración el recurso a formas de financiación privada, quedando la utilización de los fondos públicos a discreción de los Estados miembros. La presente Directiva no debe afectar a la posibilidad de que las organizaciones profesionales o las asociaciones empresariales financien tales entidades.

Es de suma importancia que cuando surge un conflicto los consumidores puedan identificar rápidamente qué entidades de resolución alternativa son competentes para tratar su reclamación y saber si el comerciante afectado participará o no en el procedimiento sometido a una entidad de resolución alternativa. Los comerciantes que se comprometan a recurrir a tales entidades para la resolución de litigios con los consumidores deben informar a los consumidores sobre la dirección del sitio web de la entidad o entidades de resolución alternativa que les amparen. La información se facilitará de forma clara, comprensible y fácilmente accesible en el sitio web del comerciante cuando exista y, en su caso, en las condiciones generales de los contratos de compraventa de mercancías o prestación de servicios entre el comerciante y los consumidores.

Los comerciantes deben tener la posibilidad de incluir en sus sitios web, y en las condiciones generales del contrato de que se trate, cualquier información complementaria sobre sus procedimientos internos de tramitación de reclamaciones, o sobre cualesquiera otros modos de entrar en contacto directo con ellos con miras a la resolución de litigios con los consumidores sin remitirlos a una entidad de resolución alternativa. Si un litigio no puede resolverse de forma directa, el comerciante debe facilitar al consumidor, en papel o en cualquier otro soporte duradero, información sobre las entidades de resolución alternativa correspondientes y precisar si recurrirá a ellas.

La obligación de los comerciantes de informar a los consumidores acerca de las entidades de resolución alternativa que amparan a dichos comerciantes debe entenderse sin perjuicio de la obligación de información a los consumidores acerca de los procedimientos de recurso extrajudicial establecidos en otros actos jurídicos de la UE que deban aplicarse además de la correspondiente obligación de información establecida en la presente Directiva.

A pesar de la regulación de los ADR en esta Directiva, no debe exigírsele a los comerciantes que ofrezcan sus productos de forma física o a través de internet, o mediante ambas vías, a que resuelvan sus litigios a través de estos medios alternativos. Sin embargo, con el fin de garantizar que los consumidores tengan una vía de recurso y que no se vean obligados a renunciar a sus reclamaciones, se debe alentar a los comerciantes, en la medida de lo posible, a que participen en procedimientos de resolución alternativa. Por lo tanto, la citada Directiva debe entenderse sin perjuicio de cualquier norma nacional que haga obligatoria la participación de los comerciantes en dichos procedimientos, la incentive o sancione, o que les obligue a aceptar su resultado, siempre que dichas normas no impidan a las partes ejercer su derecho a acceder al sistema judicial, tal como establece el artículo 47 de la Carta de los Derechos Fundamentales de la Unión Europea.

Con objeto de evitar la imposición de una carga innecesaria a las entidades de resolución alternativa, los Estados miembros deben animar a los consumidores a ponerse en contacto con el comerciante para tratar de resolver el problema de manera bilateral antes de presentar una reclamación ante una entidad de resolución alternativa. En muchos casos, este modo de proceder permite a los consumidores resolver sus conflictos con rapidez y en una fase temprana.

Los Estados miembros deben implicar a los representantes de las organizaciones profesionales, de las asociaciones de empresarios y de las asociaciones de consumidores al desarrollar la resolución alternativa de litigios, especialmente por lo que respecta a los principios de imparcialidad e independencia. Del mismo modo, deben velar por que las entidades de resolución alternativa cooperen en la resolución de los litigios transfronterizos.

Deben reforzarse en la Unión las redes de entidades de resolución alternativa, como la red FIN-NET de resolución alternativa de litigios en el ámbito de los servicios financieros. Los Estados miembros deben animar a dichas entidades a formar parte de dichas redes.

La cooperación estrecha entre las entidades de resolución alternativa y las autoridades nacionales debe reforzar la aplicación efectiva de los actos jurídicos de la Unión en materia de protección de los consumidores. La Comisión y los Estados miembros deben facilitar la cooperación entre dichas entidades, con miras a estimular el intercambio de buenas prácticas y conocimientos técnicos y a debatir los problemas que puedan surgir en el funcionamiento de los procedimientos de resolución alternativa.

A fin de garantizar que las entidades de resolución alternativa funcionen adecuada y eficazmente, deben ser objeto de un estrecho seguimiento. Para ello, cada Estado miembro debe designar una autoridad o autoridades competentes que realicen esa función. La Comisión y las autoridades competentes con arreglo a la presente Directiva deben publicar y actualizar una lista de entidades de resolución alternativa que cumplen la presente Directiva. Los Estados miembros deben velar por que las entidades de resolución alternativa, la red de Centros Europeos del Consumidor y, en su caso, los organismos designados de conformidad con la Directiva publiquen esa lista en su sitio de internet, junto con enlaces al sitio de internet de la Comisión, y siempre que sea posible en un soporte duradero en sus propios locales.

Además, los Estados miembros también deben fomentar la publicación de la lista por las organizaciones de consumidores y las asociaciones de empresarios pertinentes. También debe difundirse la información sobre lo que deben hacer los consumidores en caso de controversia con un comerciante. Además, las autoridades competentes deben publicar informes periódicos sobre el desarrollo y el funcionamiento de las entidades de resolución alternativa en sus respectivos Estados miembros. Dichas entidades deben notificar a las autoridades competentes información específica en la que deben basarse esos informes. Los Estados miembros deben animar a las entidades de resolución alternativa a facilitar tal información utilizando la Recomendación 2010/304/UE de la Comisión, de 12 de mayo de 2010, sobre el uso de una metodología armonizada para la clasificación y notificación de las reclamaciones y consultas de los consumidores.

Como en otros casos de Derecho derivado de la UE resultó necesario que los Estados miembros establecieran normas relativas a las sanciones aplicables a las infracciones de las disposiciones nacionales adoptadas para dar cumplimiento a la citada Directiva presente Directiva y velen por que dichas normas se cumplan. Las sanciones serán efectivas, proporcionadas y disuasorias. Este objetivo en el caso de España se lleva a cabo con la Ley 7/2017 de 2 de noviembre, por la que se incorpora al ordenamiento jurídico español la Directiva 2013/11/UE, del Parlamento Europeo y del Consejo, de 21 de mayo de 2013, relativa a la resolución alternativa de litigios en materia de consumo.

Esta ley tiene como finalidad garantizar a los consumidores residentes en la UE el acceso a mecanismos de resolución alternativa de litigios en materia de consumo que sean de alta calidad por ser independientes, imparciales, transparentes, efectivos, rápidos y justos. A estos efectos, pretende:

a) Determinar los requisitos que deben reunir las entidades de resolución alternativa de litigios para que puedan ser incluidas en el listado de entidades acreditadas por cada autoridad competente así como en el listado nacional de entidades que elabore la Agencia Española de Consumo, Seguridad Alimentaria y Nutrición.

b) Regular el procedimiento para la acreditación de las entidades de resolución alternativa de litigios que lo soliciten.

c) Establecer las obligaciones que deben asumir las entidades de resolución alternativa acreditadas.

d) Garantizar el conocimiento por los consumidores de la existencia de entidades de resolución alternativa de litigios de consumo acreditadas, mediante el establecimiento de la obligación de información de los empresarios y la actuación de las Administraciones Públicas competentes.

Quedan excluidos del ámbito de aplicación de esta ley:

a) La negociación directa entre el consumidor y el empresario.

b) Los procedimientos de resolución alternativa de litigios iniciados por los empresarios contra los consumidores.

c) Los procedimientos ante sistemas de resolución gestionados por los empresarios u oficinas y servicios de información y de atención al cliente.

d) Los litigios entre empresarios.

e) Los intentos o actuaciones realizadas en el marco de un procedimiento judicial con el fin de intentar solucionar el litigio objeto del mismo.

f) Las reclamaciones que se refieran a servicios no económicos de interés general.

g) Las reclamaciones referidas a servicios relacionados con la salud, prestados por un profesional sanitario con el fin de evaluar, mantener o restablecer el estado de salud de los pacientes, así como la extensión de recetas, dispensación y provisión de medicamentos y productos sanitarios.

h) Las reclamaciones dirigidas a prestadores públicos de enseñanza complementaria o superior.

Cómo ya se ha indicado, ninguna de las partes tendrá la obligación de participar en el procedimiento ante una entidad de resolución alternativa de litigios de consumo, excepto en el caso de entidades financieras, compañías de transporte aéreo o cuando una norma especial así lo establezca.

En ningún caso la decisión que ponga fin a un procedimiento de participación obligatoria podrá impedir a las partes el acceso a la vía judicial.

El resultado del procedimiento se debe dar a conocer a las partes en un plazo máximo de noventa días naturales contados desde la fecha de la presentación de la reclamación o, en su caso, desde la fecha en que conste en soporte duradero que se ha recibido la documentación completa y necesaria para tramitar el procedimiento.

Cuando concurra especial complejidad en el litigio de cuya solución se trate se puede prorrogar el plazo señalado. Dicha prórroga no puede ser superior al plazo previsto para la resolución del litigio y se tiene que comunicar a las partes motivadamente.

Con carácter general para todos los sectores económicos la ley designa como autoridades competentes para la acreditación a la Agencia Española de Consumo, Seguridad Alimentaria y Nutrición, que actuará además como punto de contacto único con la Comisión Europea. No obstante, las Comunidades Autónomas que en su legislación hayan asumido y desarrollado competencias en materia de mediación de consumo, podrán designar autoridades competentes para la acreditación de entidades de resolución alternativa de litigios de consumo que finalicen con una decisión no vinculante para las partes.

Los procedimientos deben ser gratuitos para los consumidores. La Directiva nada establece respecto al coste de estos procedimientos de resolución alternativa para el empresario, no incluyéndose tampoco en la ley ninguna cantidad mínima o máxima que deba soportar este, dejando libertad a las entidades de resolución alternativa acreditadas para su fijación.

Los empresarios deben facilitar la identificación completa de la entidad acreditada competente, incluyendo la dirección de su página web. Esta información se ofrecerá de manera clara, e identificable, comprensible y mediante un acceso fácil en su página web, debiendo constar también en las condiciones generales de los contratos de compraventa o de prestación de servicios que el empresario ofrezca al consumidor. Si el empresario no dispusiera de sitio web o no existiera documentación relativa a las condiciones generales, el suministro de esta información se efectuará de cualquier manera que permita al consumidor su conocimiento, en particular a través de folletos informativos propios, carteles con la información en lugar accesible al consumidor o cualquier otra comunicación comercial.

Esta obligación de información supuso una novedad importante y afecta a todos los empresarios, estén o no adheridos a las entidades de resolución alternativa acreditadas, tipificándose su vulneración como infracción sancionable en materia de protección de los consumidores y usuarios

El empresario que celebre contratos de compraventa o de prestación de servicios en línea, así como las plataformas de comercio electrónico o mercados en línea, deberán incluir en su sitio web un enlace que permita un acceso identificable y fácil a la plataforma de resolución de litigios en línea de la Unión Europea a la que se refiere el Reglamento (UE) n.º 524/2013 del Parlamento Europeo y del Consejo, de 21 de mayo de 2013.

Con respecto a la obligatoriedad de esta vía alternativa de Resolución de litigios ha de contemplarse que la misma será obligatoria para las entidades financieras y las compañías aéreas, que tendrán que participar en los procedimientos ante la entidad de resolución.

En el caso de las compañías aéreas, la resolución será vinculante para ellas y será el Ministerio de Fomento la autoridad competente para la acreditación de entidades. En el ámbito del sector financiero, serán el Banco de España, la Comisión Nacional del Mercado de Valores y la Dirección General de Seguros o el Fondo de Pensiones del Ministerio de Economía, Industria y Competitividad.

En la evolución de la protección jurídica del consumidor, tanto en los ordenamientos nacionales como en el Derecho de la UE, se pueden distinguir, algo distantes, aunque no del todo separadas, dos etapas. En una primera etapa se reconocen principios y derechos en favor de los consumidores, mientras que en una segunda etapa los Estados advierten que no es suficiente el reconocimiento de un repertorio de derechos a los consumidores por lo que resulta imprescindible el establecimiento de cauces adecuados para que estos puedan hacer valer los derechos reconocidos en la etapa anterior.

Las leyes pueden reconocer al consumidor un amplio elenco de derechos, pero la eficiencia de un derecho protector de los consumidores se va a medir, no solo por la perfección o equidad de sus normas, sino también por la existencia de cauces sencillos, rápidos y gratuitos o de escaso coste a través de los cuales se puedan hacer exigibles sus derechos cuando estos no hayan sido respetados adecuadamente.

En las dos últimas décadas del siglo XX, la Comisión Europea empieza a mostrar su preocupación por el problema del acceso de los consumidores a la justicia en los Estados miembros y utiliza esta expresión no de forma limitada, en cuanto al acceso de aquellos a los distintos tipos de tribunales ordinarios o especializados, sino incluyendo también a otras instancias o mecanismos de diversa naturaleza como la mediación, la conciliación y el arbitraje. Se empieza entonces a incidir en el hecho de que las dificultades observadas se acrecientan considerablemente cuando el consumidor y el empresario residen en diferentes Estados miembros y entran en juego las normas sobre competencia judicial internacional.

Dos comunicaciones remitidas al Consejo Europeo por la Comisión de las Comunidades Europeas en los años 1985 y 1987, constituyen los antecedentes de la Resolución del Consejo de la CEE de 25 de junio de 1987, sobre el acceso de los consumidores a la justicia, en la que se invitaba a la Comisión a ampliar algunos análisis anteriores sobre el tema, al tiempo que se sugería un análisis de la evaluación de las barreras que podrían obstaculizar el acceso de los consumidores a la justicia sobre la base de tres elementos, como son el tiempo empleado, el coste económico soportado y la eficacia conseguida.

Fruto de este análisis, la Comisión Europea presentaba el 16 de noviembre de 1993 el Libro Verde sobre el acceso de los consumidores a la justicia y solución de litigios en materia de consumo en el mercado único, que constituía un definitivo impulso sobre la materia y en el que se ponían de manifiesto los problemas específicos de los consumidores en el ejercicio de sus derechos, así como la dimensión comunitaria del problema, señalando que el acceso a la justicia, además de ser uno de los derechos reconocidos por el Convenio Europeo para la Protección de los Derechos Humanos, es una condición de eficacia jurídica de cualquier ordenamiento jurídico, y como tal condición también debe ser tenida en cuenta por el ordenamiento jurídico comunitario.

Los análisis de la Comisión Europea concluían en reconocer las ventajas ofrecidas por la resolución alternativa de litigios en materia de consumo como medio de conseguir una solución extrajudicial, sencilla, rápida y asequible. Unos años antes, el ordenamiento jurídico español ya había comenzado a mostrar su interés por poner a disposición de los consumidores medios sencillos y rápidos para la solución de sus litigios y de forma innovadora e inesperada, por la escasa tradición de la institución jurídica, había optado por el arbitraje como procedimiento de solución de los litigios de los consumidores. Así, el artículo 31 de la Ley 26/1984, de 19 de julio, General para la Defensa de los Consumidores y Usuarios, señaló que el Gobierno establecería un sistema arbitral que, sin formalidades especiales, atendiera y resolviera con carácter vinculante y ejecutivo para ambas partes las quejas o reclamaciones de los consumidores o usuarios, siempre que no concurriera intoxicación, lesión o muerte, ni existiesen indicios racionales de delito, todo ello sin perjuicio de la protección administrativa y de la judicial, de acuerdo con lo establecido en el artículo 24 de la Constitución Española. En cumplimiento de ese mandato se aprobó el Real Decreto 636/1993, de 3 de mayo, por el que se regula el sistema arbitral de consumo, posteriormente derogado por el Real Decreto 231/2008, de 15 de febrero, por el que se regula el Sistema Arbitral de Consumo, actualmente vigente.

La Comisión Europea, consciente de la importancia del tema y con el fin de establecer unos requisitos mínimos de calidad exigibles a los mecanismos extrajudiciales de solución de litigios, adopta, algunos años después, la Recomendación 98/257/CE, de 30 de marzo de 1998, relativa a los principios aplicables a los órganos responsables de la solución extrajudicial de los litigios en materia de consumo (que proponen o imponen una solución), y la Recomendación 2001/310/CE, de 4 de abril de 2001, relativa a los principios aplicables a los órganos extrajudiciales de resolución consensual de litigios en materia de consumo.

El Consejo Europeo, en su Resolución de 25 de mayo de 2000, relativa a la creación de una red comunitaria de órganos nacionales encargados de la solución extrajudicial de litigios de consumo, decide dar un paso adelante, invitando a los Estados miembros a la notificación de todos los organismos extrajudiciales que acreditaran el cumplimiento de los requisitos establecidos en la primera de las Recomendaciones antes mencionadas con el fin de integrarlos en una red comunitaria. En virtud de dicha Resolución fueron notificadas a la Comisión Europea las Juntas Arbitrales de Consumo que resuelven mediante arbitraje y, por tanto, con carácter vinculante y ejecutivo, los litigios entre consumidores y empresarios.

Sin embargo, estas Recomendaciones han resultado insuficientes para garantizar el acceso de los consumidores a mecanismos de solución extrajudicial de conflictos a través de este tipo de entidades de resolución alternativa y a sus procedimientos en todas las áreas geográficas y sectoriales de la Unión Europea. Quince años después del inicio de la notificación a la Comisión Europea de estas entidades de resolución alternativa, los consumidores y empresarios continúan sin conocer las vías de recurso extrajudicial, lo que sin duda constituye un obstáculo para el desarrollo y buen funcionamiento del mercado interior.

La Comunicación de la Comisión Europea de 13 de abril de 2011, titulada «Acta del Mercado Único (Doce prioridades para estimular el crecimiento y reforzar la confianza)», identificó la legislación sobre resolución alternativa de litigios, incluidos los derivados del comercio electrónico, como uno de los obstáculos para la consecución del fin perseguido, motivo por el cual fijó como una de las doce prioridades el desarrollo de esta legislación para estimular el crecimiento, reforzar la confianza y avanzar en la realización del Mercado Único.

Con el fin de contribuir a alcanzar esta finalidad y mantener un alto nivel de protección del consumidor, se aprueban tanto la Directiva 2013/11/UE del Parlamento Europeo y del Consejo, de 21 de mayo de 2013, relativa a la resolución alternativa de litigios en materia de consumo y por la que se modifica el Reglamento (CE) n.º 2006/2004 y la Directiva 2009/22/CE, como el Reglamento (UE) n.º 524/2013 del Parlamento Europeo y del Consejo, de 21 de mayo de 2013, sobre resolución de litigios en línea en materia de consumo y por el que se modifica el Reglamento (CE) n.º 2006/2004 y la Directiva 2009/22/CE, instrumentos ambos interrelacionados y complementarios.

La Directiva 2013/11/UE del Parlamento Europeo y del Consejo, de 21 de mayo de 2013, que es de armonización mínima, obliga a los Estados miembros a garantizar a los consumidores residentes en la Unión Europea la posibilidad de resolver sus litigios con empresarios establecidos en cualquier Estado miembro mediante la intervención de entidades de resolución alternativa que ofrezcan procedimientos de resolución alternativa o extrajudicial de litigios de consumo que sean independientes, imparciales, transparentes, efectivos, rápidos y justos. Los litigios a los que se refiere la garantía de resolución alternativa son aquellos, de carácter nacional o transfronterizo, relativos a obligaciones contractuales derivadas de contratos de compraventa o de prestación de servicios.

Cada Estado miembro debe cumplir con dicha obligación, garantizando la existencia de entidades de resolución alternativa que tras acreditar, como mínimo, el cumplimiento de los principios, requisitos y garantías establecidos en dicha directiva, den cobertura, al menos, a la resolución de litigios en los que estén implicados empresarios establecidos en su territorio. Si, pese al cumplimiento general de esa garantía, en un supuesto determinado no existiera en su territorio una entidad competente para la resolución de un conflicto, los Estados pueden recurrir complementariamente a entidades de resolución alternativa establecidas en otro Estado miembro, ya sean transnacionales o paneuropeas.

Para el cumplimiento de este mandato los Estados miembros deben partir de las entidades de resolución alternativa de litigios de consumo ya existentes y de los procedimientos gestionados por estas, manteniendo así el respeto a sus respectivas tradiciones jurídicas en materia de resolución alternativa o extrajudicial de litigios de consumo. Esto no impedirá la creación de nuevas entidades que desarrollen la misma actividad, pero tanto unas como otras, las entidades ya creadas y las de nueva creación, deberán ajustarse por igual a las exigencias y procedimientos establecidos por los Estados miembros si desean ser acreditadas.

La Directiva 2013/11/UE «(...) establece un marco armonizado básico con respecto a las entidades y los procedimientos de resolución alternativa de litigios en materia de consumo. El contenido esencial de esta norma se refiere al establecimiento de requisitos que deben cumplir las entidades de resolución alternativa de litigios; el acceso de los consumidores a tales entidades; las condiciones que deben reunir las personas físicas encargadas de la resolución alternativas de litigios (conocimientos especializados, independencia e imparcialidad); las obligaciones de transparencia de dichas entidades; la eficacia de los diversos tipos de procedimientos y su eficacia; el régimen jurídico aplicable en tales procedimientos; la información y asistencia a los consumidores en este ámbito; la cooperación entre entidades de resolución y entre estas y las autoridades nacionales competentes; así como las funciones de dichas autoridades y de la Comisión» .

Deben destacarse dos cuestiones de interés en relación con esta norma que son especialmente relevantes en el contexto de la contratación electrónica: su ámbito de aplicación y los diversos tipos de procedimientos contemplados en la Directiva.

En primer lugar, el ámbito de aplicación de la Directiva 2013/11/UE se establece en su art. 2. Según este precepto, la Directiva resulta de aplicación por un lado, a las entidades establecidas de manera duradera que ofrezcan la resolución de un litigio entre un consumidor y un comerciante mediante un procedimiento de resolución alternativa y que hayan sido incluidas en la lista prevista en la propia Directiva. Por otro lado, la norma también comprende «(...) a las entidades de resolución de litigios autorizadas por los Estados miembros a imponer soluciones vinculantes para las partes. El criterio básico es que la Directiva se aplica a los litigios entre consumidores y comerciantes relativos a obligaciones contractuales derivadas de contratos de compraventa o de prestación de servicios, celebrados o no en línea, en todos los sectores económicos, menos los exceptuados».

La Directiva 2013/11/UE es aplicable tanto a los «litigios nacionales» como a los «litigios tranfronterizos», categorías definidas en el art. 4. Esta última, se define como «litigio contractual derivado de un contrato de compraventa o de servicios en el que el consumidor, en el momento de realizar la orden de pedido, tiene su residencia en un Estado miembro distinto de aquel en que está establecido el comerciante».

> «(...) Esta norma comunitaria se aplica a las reclamaciones presentadas por consumidores contra comerciantes, pero no a las presentadas por comerciantes, sin perjuicio de que los Estados miembros puedan regular estas últimas. Además, con carácter general, la Directiva no impide que los Estados miembros mantengan o introduzcan legislación en materia de procedimientos de resolución extrajudicial de litigios en contratos celebrados con consumidores que estén acorde con los requisitos establecidos en la Directiva».

Es importante destacar que la Directiva no regula ciertos procedimientos (delimitación negativa), algunos de los cuales desempeñan un papel relevante en la práctica del comercio electrónico. Por un lado, están excluidos de esta regulación «(...) el caso de los mercados virtuales, como son los procedimientos internos de tramitación de reclamaciones gestionados por el comerciante o los procedimientos en los que las personas físicas responsables de su resolución son contratadas o retribuidas exclusivamente por el comerciante». Tampoco están reguladas por esta norma las negociaciones directas entre las partes y los procedimientos extrajudiciales creados ad hoc para un único litigio (art. 2.2 Directiva 2013/11/UE) .

Con respecto a la mediación, la Directiva 2013/11/UE establece como criterio de base que debe entenderse sin perjuicio de la Directiva 2008/52/CE sobre mediación, cuya regulación se ha expuesto *supra*.

En segundo extremo, con respecto al tipo de procedimientos, la Directiva 2013/11/UE contempla «(...) la existencia de dos categorías básicas de procedimientos. Por un lado, los que únicamente tienen por objeto proponer una solución para resolver un litigio (art. 9.2). Este instrumento permite a las partes retirarse del procedimiento en cualquier momento si no están satisfechas con su funcionamiento o tramitación, si bien se admite que la legislación nacional pueda obligar al comerciante a participar en un procedimiento de ese tipo, de modo que en tales situaciones la posibilidad de retirarse solo se atribuye al consumidor».

En relación a los procedimientos que tengan por objeto resolver el litigio mediante una solución vinculante, la Directiva 2013/11/UE exige que «en tales casos se informe previamente a las partes del carácter vinculante de la solución y que estas lo hayan aceptado de manera expresa, salvo si la solución es vinculante para el comerciante con arreglo a la normativa nacional, de modo que no se exige la aceptación del comerciante para cada caso» (art. 10.2) .

Cuando se trate de procedimientos en los que se pretenda lograr una solución vinculante, la Directiva 2013/11/UE «incorpora también ciertas reglas sobre el régimen jurídico aplicable al fondo de la controversia, para asegurar la adecuada protección de los consumidores y el respeto en estos casos de las normas de DIPr en materia de contratos de consumo vinculantes para los órganos judiciales». El art. 11 de la Directiva diferencia entre litigios internos (cuando no existan conflicto de leyes) e internacionales (cuando exista conflicto de leyes).

> «Para los primeros, impone la exigencia de que la solución no prive al consumidor de la protección que le proporcionen las disposiciones que no puedan excluirse mediante acuerdo, en virtud de la ley del Estado miembro en que el consumidor y el comerciante tengan su residencia habitual. Es decir, exige la aplicación en todo caso de todas las normas imperativas de protección de los consumidores del Estado miembro de la residencia habitual común. Para las segundas, impone la necesidad de respetar, en su caso, lo previsto en el art. 6 del Reglamento Roma I, exigiendo que la solución impuesta por la entidad de resolución alternativa no pueda dar lugar a que el consumidor se vea privado de la protección ofrecida por disposiciones que no puedan excluirse mediante acuerdo en virtud de la ley del Estado miembro en que el consumidor tenga su residencia habitual».

En el ámbito nacional, en España, como se ha mencionado, la Ley 7/2017 incorpora al Derecho español la Directiva 2013/11/UE del Parlamento Europeo y del Consejo, de 21 de mayo de 2013, garantizando la existencia de entidades de resolución alternativa establecidas en España que cumplan con los requisitos, garantías y obligaciones exigidas por la misma.

De esta forma, los consumidores residentes en España o en cualquier Estado miembro de la UE tendrán la posibilidad de resolver sus litigios de consumo con empresarios establecidos en España acudiendo a entidades de resolución alternativa de calidad que hayan sido acreditadas por la autoridad competente e incluidas en un listado nacional de entidades acreditadas, el cual será trasladado a la Comisión Europea para que sea incluido en el listado único de entidades notificadas por los diferentes Estados miembros de la Unión Europea.

Son las propias entidades las que, voluntariamente, podrán solicitar su acreditación ante la autoridad competente que proceda, quien dictará resolución tras realizar un análisis y evaluación del cumplimiento por las mismas de todos los requisitos exigidos en esta ley. Aquellas entidades de resolución alternativa que no se encuentren acreditadas de conformidad con el procedimiento establecido en esta norma ejercerán sus funciones en la forma prevista para cada caso.

Las entidades de resolución alternativa de litigios que deseen obtener la acreditación que concede la autoridad competente deberán estar establecidas en España y cumplir los requisitos exigidos por esta ley, y las mismas podrán tener naturaleza pública o privada.

En sectores donde exista un alto nivel de conflictividad y una adhesión limitada a entidades de resolución de conflictos, se articularán todas las medidas administrativas y normativas necesarias para corregir esta situación, incluidas las sancionadoras. Para ello anualmente se evaluarán los sectores más problemáticos y las cuestiones más reclamadas en orden a introducir las modificaciones normativas o las políticas que alienten la inclusión de estos sectores de actividad en los sistemas de resolución de conflictos que cumplan con los principios y garantías que recoge esta ley. Sin perjuicio de que tales mecanismos privados internos de reclamación se regulen conforme a los criterios y exigencias que recoge esta ley de conformidad a la Directiva 2013/11/UE.

La ley se refiere a los litigios, de carácter nacional o transfronterizo, surgidos entre un consumidor y un empresario con ocasión o como consecuencia de un contrato de compraventa o de prestación de servicios, celebrado o no a través de internet, independientemente del sector económico al que correspondan.

Se incluyen también dentro del ámbito de aplicación de esta ley los litigios derivados de las prácticas comerciales llevadas a cabo por empresarios adheridos a códigos de conducta. En concreto, y si bien la Directiva 2013/11/UE del Parlamento Europeo y del Consejo, de 21 de mayo de 2013, no hace ninguna referencia a los sistemas de resolución extrajudicial de reclamaciones en materia publicitaria, recogidos en el ordenamiento jurídico español en el artículo 37.4 de la Ley 3/1991, de 10 de enero, de Competencia Desleal, se considera procedente incluir estos sistemas dentro del ámbito de aplicación de esta ley, teniendo en cuenta su sujeción a la misma normativa comunitaria y el hecho de que, de no ser incluidos, quedarían huérfanos de regulación, no resultando posible su notificación a la Comisión Europea.

De esta forma, los requisitos exigibles a los sistemas extrajudiciales de resolución de litigios, ya sean relativos a las obligaciones derivadas de los contratos de compraventa o de prestación de servicios o a aquellos derivados del incumplimiento de códigos de conducta en materia de competencia desleal y publicidad alternativa, quedan sujetos al mismo régimen legal, sin distinción alguna.

Esta ley no se aplica a los servicios no económicos de interés general, ni a determinadas reclamaciones referidas a servicios relacionados con la salud, ni tampoco a aquellas reclamaciones dirigidas a prestadores públicos de enseñanza complementaria o superior. Asimismo, quedan fuera de su ámbito de aplicación los litigios entre empresarios, la negociación directa entre el consumidor y el empresario, los procedimientos de resolución alternativa iniciados o gestionados por los empresarios, así como los intentos o actuaciones realizadas en el marco de un procedimiento judicial con el fin de intentar solucionar el conflicto objeto del mismo.

La Directiva 2013/11/UE del Parlamento Europeo y del Consejo, de 21 de mayo de 2013 otorga a los Estados miembros libertad para decidir si las entidades acreditadas en su territorio están facultadas para imponer una solución a las partes y considera vinculantes aquellos procedimientos que tienen como resultado la imposición a cualquiera de ellas de la solución del conflicto, sin hacer referencia alguna al hecho de que aquellos conlleven o no la renuncia a la vía judicial, pero estableciendo un tratamiento diferente para ambos supuestos.

En esta línea, la ley define como procedimiento con resultado vinculante aquel que tenga como resultado la imposición a cualquiera de las partes de la solución adoptada, con independencia de que el resultado conlleve o no la renuncia a la vía judicial, y como procedimiento con resultado no vinculante aquel que finalice con un acuerdo entre las partes, adoptado por sí mismas o mediante la intervención de un tercero, o que termine con una propuesta de solución, con independencia de que las partes puedan posteriormente otorgar a su acuerdo carácter vinculante o comprometerse a aceptar la proposición efectuada por la persona encargada de la solución del litigio —sería, por ejemplo, el caso de la mediación, cuyo resultado no se impone sino que es fruto del acuerdo de las partes, con independencia de que pueda adquirir carácter de título ejecutivo si las partes optan por ello—.

Es importante destacar que esta ley no regula ni desarrolla procedimientos de resolución alternativa de litigios, sino que se limita a establecer los requisitos que buscan la armonización de la calidad de las entidades de resolución alternativa a las que pueden recurrir los consumidores y los empresarios para la solución de sus litigios.

Atendiendo a un elemental criterio de prudencia, la ley impide acceder a la acreditación europea a las entidades de resolución alternativa de litigios de consumo en las cuales las personas encargadas de la resolución del litigio estén empleadas o retribuidas directamente por el empresario reclamado. Este mismo criterio ha sido seguido por todos los Estados miembros en la transposición de la Directiva con la única excepción del sistema francés, que permite la acreditación de estas entidades como entidades RAL europeas.

Por otro lado, con el fin de asegurar la eficacia de los procedimientos llevados a cabo por las entidades acreditadas, se establece un plazo máximo de resolución de los mismos que se fija en noventa días a contar desde el momento en que la entidad haya recibido la reclamación completa.

Además, para que las entidades de resolución alternativa puedan ser acreditadas el coste de los procedimientos que gestionen deberá ser gratuito para el consumidor. La directiva nada establece respecto al coste de estos procedimientos de resolución alternativa para el empresario, no incluyéndose tampoco en la ley ninguna cantidad mínima o máxima que deba soportar este, dejando libertad a las entidades de resolución alternativa acreditadas para su fijación.

El Capítulo II del Título I, relativo al procedimiento para la acreditación de las entidades de resolución alternativa, regula, entre otros aspectos, las autoridades competentes para la acreditación, la incorporación de aquellas a los listados de entidades acreditadas para su posterior notificación a la Comisión Europea, así como la exclusión de las entidades de dichos listados en caso de pérdida de los requisitos de acreditación o de incumplimiento de las obligaciones asumidas por las mismas.

La ley determina el procedimiento a seguir para la acreditación de las entidades de resolución alternativa que lo soliciten. Con carácter general para todos los sectores económicos la ley designa como autoridades competentes para la acreditación a la Agencia Española de Consumo, Seguridad Alimentaria y Nutrición, que actuará además como punto de contacto único con la Comisión Europea. No obstante, las Comunidades Autónomas que en su legislación hayan asumido y desarrollado competencias en materia de mediación de consumo, podrán designar autoridades competentes para la acreditación de entidades de resolución alternativa de litigios de consumo que finalicen con una decisión no vinculante para las partes. Igualmente se atribuye a las Comunidades Autónomas la competencia para la acreditación de entidades que lleven a cabo procedimientos administrativos establecidos y desarrollados en su legislación.

Para el sector financiero se establecen algunas especialidades, designándose como autoridades competentes para dicho ámbito al Banco de España, a la Comisión Nacional del Mercado de Valores y a la Dirección General de

Seguros y Fondos de Pensiones del Ministerio de Economía, Industria y Competitividad, cada uno de ellos para las entidades que actúen en su respectivo sector de supervisión. Además, en la disposición adicional primera se mandata al Gobierno para remitir a las Cortes Generales un proyecto de ley en la que se regule una entidad única para la resolución de litigios de consumo en dicho sector. No obstante, en la misma disposición adicional se posibilita que las Juntas Arbitrales de Consumo, que dan cobertura a reclamaciones de todos los sectores económicos, puedan seguir conociendo de los litigios de consumo correspondientes al sector financiero, siempre que ambas partes, de forma voluntaria, lo acepten.

Y lo mismo ocurre en materia de protección de los usuarios del transporte aéreo, a la que hace referencia la disposición adicional segunda de esta ley, designándose para este ámbito como autoridad competente a la persona titular del Ministerio de Fomento.

El Título II, denominado «Obligaciones de las entidades de resolución alternativa acreditadas», recoge las diferentes obligaciones que asume cada una de estas entidades a consecuencia de su acreditación y establece que cuando una autoridad competente determine que se ha incumplido alguna de dichas obligaciones deberá requerir a la entidad para que subsane de inmediato el incumplimiento, advirtiéndole que si transcurre un plazo de tres meses sin haberlo subsanado será excluida del correspondiente listado de entidades acreditadas.

El Título III se estructura en dos capítulos y se denomina «Otras disposiciones». El Capítulo I, bajo la rúbrica «Obligaciones de información de los empresarios», establece para todos los empresarios la obligación de informar acerca de la existencia de entidades acreditadas de resolución alternativa de litigios.

Esta obligación de información, que constituye una novedad importante, afecta a todos los empresarios, estén o no adheridos a las entidades de resolución alternativa acreditadas, tipificándose su vulneración como infracción sancionable en materia de protección de los consumidores y usuarios. Dicha obligación viene a dejar sin efecto las obligaciones previstas en los apartados 3 y 4 del artículo 21 del texto refundido de la Ley General para la Defensa de los Consumidores y Usuarios y otras leyes complementarias, aprobado por Real Decreto Legislativo 1/2007, de 16 de noviembre, que hacían referencia a la Recomendación 98/257/CE, de 30 de marzo de 1998, y a la Recomendación 2001/310/CE, de 4 de abril de 2001, que constituyen los antecedentes de la directiva que con esta ley se transpone.

El Capítulo II de este Título III, bajo el título «Actuaciones de las administraciones públicas competentes», establece la información que sobre las entidades de resolución alternativa acreditadas deben proporcionar el Centro Europeo del Consumidor y las administraciones públicas, la asistencia jurídica a los consumidores en caso de litigios transfronterizos y la cooperación entre las instituciones públicas y las entidades acreditadas, así como con las redes en que estas se integren.

La parte final de la ley contiene tres disposiciones adicionales, una disposición derogatoria y ocho disposiciones finales.

La disposición adicional primera se refiere a las entidades de resolución alternativa en el ámbito de la actividad financiera y la disposición adicional segunda a las entidades de resolución alternativa en el ámbito de la protección de los usuarios del transporte aéreo.

Por su parte, las disposiciones finales cuarta y quinta modifican, respectivamente, el texto refundido de la Ley General para la Defensa de los Consumidores y Usuarios y el Real Decreto 231/2008, de 15 de febrero, por el que se regula el Sistema Arbitral de Consumo.

La modificación de los apartados 3 y 4 del artículo 21 del texto refundido de la Ley General para la Defensa de los Consumidores y Usuarios responde al hecho, ya mencionado, de haber quedado afectado su contenido por la incorporación de la nueva obligación de información de los empresarios sobre la resolución alternativa de litigios de consumo, mientras que la modificación de los artículos 37 y 49 del Real Decreto 231/2008, de 15 de febrero, obedece a la necesidad de adaptar el procedimiento arbitral de consumo a los requisitos exigidos en esta ley para los procedimientos de resolución alternativa, especialmente en cuanto al plazo máximo de resolución del conflicto.

De esta forma, la Directiva 2013/11/UE de 21 de mayo relativa a la resolución alternativa de litigios en materia de consumo y la ley 7/2017 de 2 de noviembre concluyeron un largo proceso de modernización del marco legal de la UE en este sector que se ha materializado en una mayor utilización de los ADR desde la promulgación de estos textos legales hasta la actualidad[215].

De esta forma, los consumidores residentes en España o en cualquier Estado miembro de la UE tendrán la posibilidad de resolver sus litigios de consumo con empresarios establecidos en España acudiendo a entidades de resolución alternativa de calidad que hayan sido acreditadas por la autoridad competente e incluidas en un listado nacional de entidades acreditadas, el cual será trasladado a la Comisión Europea para que sea incluido en el listado único de entidades notificadas por los diferentes Estados miembros de la UE.

Son las propias entidades las que, voluntariamente, podrán solicitar su acreditación ante la autoridad competente que proceda, quien dictará resolución tras realizar un análisis y evaluación del cumplimiento por las mismas de todos los requisitos exigidos en esta ley. Aquellas entidades de resolución alternativa que no se encuentren acreditadas de conformidad con el procedimiento establecido en esta norma ejercerán sus funciones en la forma prevista para cada caso.

215 Ambas normas se publicaron en el DO L 165/63 de 18 de junio de 2013.

Las entidades de resolución alternativa de litigios que deseen obtener la acreditación que concede la autoridad competente deberán estar establecidas en España y cumplir los requisitos exigidos por esta ley, y las mismas podrán tener naturaleza pública o privada.

En sectores donde exista un alto nivel de conflictividad y una adhesión limitada a entidades de resolución de conflictos, se articularán todas las medidas administrativas y normativas necesarias para corregir esta situación, incluidas las sancionadoras. Para llevar a cabo esta labor, anualmente se evaluarán los sectores más problemáticos y las cuestiones más reclamadas en orden a introducir las modificaciones normativas o las políticas que alienten la inclusión de estos sectores de actividad en los sistemas de resolución de conflictos que cumplan con los principios y garantías que recoge esta ley. Sin perjuicio de que tales mecanismos privados internos de reclamación se regulen conforme a los criterios y exigencias que recoge esta ley de conformidad a la Directiva 2013/11/UE.

Este marco normativo comunitario, entre otras cuestiones, facilita el acceso a mecanismos extrajudiciales para la resolución de controversias de consumo internacionales (intracomunitarios), supuestos para los que el ordenamiento nacional suele resultar insuficiente. En cualquier caso, resulta de suma importancia destacar que estos dos instrumentos, adoptados de forma simultánea y que en cierto modo se complementan, tienen ámbitos de aplicación, alcances y características muy diversos[216].

2.3. Centro Europeo de consumo

2.3.1. Funciones. Utilidades en la contratación electrónica

La red de CEC fue creada en 2005 por la Comisión Europea. En este año, en el marco de su misión de desarrollo del consumo transfronterizo dentro del espacio comunitario, la Dirección General de Sanidad y Consumo de la Comisión Europea creó la Red CEC, fusionando dos redes preexistentes: los Euroguichets, creada en 1991, cuyo objetivo era proporcionar información en los litigios transfronterizos, y la red Extrajudicial Europea (EJE-net), que desde el año 2001 se dedicaba a ayudar a los consumidores mediante ADR. Desde 2005, la entrada de cada nuevo Estado miembro en la UE ha estado acompañada por la creación del correspondiente CEC[217].

216 (www.pedrodemiguelasensio.blogspot.com.es,entrada de 9 de julio de 2013).

217 (http://ec.europa.eu/consumers/publications/factsheet-ECC-Net_en.pdf).El Establecimiento de la Red Europea de Centros Europeos del Consumidor (ECC-Net) a partir de la

La organización interna de cada centro varía según la estructura del mismo, esto es, puede ser un Organismo público o también una asociación de Derecho privado sin ánimo de lucro. La Red CEC está cofinanciada por los Estados miembros y la Comisión Europea.

Con respecto a las funciones del CEC, debe indicarse que este Centro: informa, asesora, asiste y apoya al consumidor europeo. Sus funciones son: en primer lugar, asesorar a los consumidores sobre sus derechos en materia de consumo, para que puedan aprovechar mejor las posibilidades que ofrece el mercado interior europeo. Esta actividad incluye la información sobre la legislación aplicable a cada caso concreto, tanto de ámbito nacional como europeo[218].

En segundo extremo, intervenir como mediadores en las quejas y reclamaciones transfronterizas que se produzcan en los siguientes casos (CEC de España): de un lado, cuando un consumidor nacional quiera reclamar por un mal servicio o producto defectuoso contra un establecimiento o empresa situado en otro Estado de la UE; o cuando un consumidor de otro Estado Comunitario quiere reclamar contra un establecimiento o empresa española.

En tercer término, informar y divulgar la política comunitaria en materia de consumo y de defensa del consumidor mediante la organización de seminarios, publicaciones, boletín informativo y difusión en los medios audiovisuales.

De otro lado, si un consumidor residente en España desea reclamar contra una empresa española, por una cuestión relacionada con una compra realizada a través del sitio web de esta debe acudir a la Dirección General de Consumo de su Comunidad Autónoma. A este órgano le corresponden las siguientes funciones: planificación, dirección, coordinación, control técnico y propuesta de actuación en materia de defensa de los consumidores y de control de mercado. Las actividades y servicios sometidos al control de dichas materias por esta Dirección General se refieren al ámbito de consumo de alimentos, los productos industriales y los servicios en general.

Por otro lado, en relación con las ADR, debe indicarse la importancia la Oficina Municipal del Consumidor (OMIC) que está en cada localidad a la que también se puede acudir en el caso de que surjan determinadas controversias en los contratos de consumo. Estos órganos se encargan de atender consultas de los consumidores, tramitar reclamaciones y realizar labores de mediación en este tipo de contratos[219].

---

fusión de los Euroguichets/ ECCs y la Red EJE. En la actualidad la Red está compuesta por un centro en cada Estado Miembro, y los centros de Noruega e Islandia.

218 (https://cec.consumo.gob.es/CEC/conocenos/quienesSomos/home.htm).

219 La Agencia Española de Consumo, Seguridad Alimentaria y Nutrición, Aecosan, integra y desempeña en el marco competencial de la Administración General del Estado las funciones relacionadas con la promoción y el fomento de los derechos de los consumidores y usuarios en bienes y servicios, así como la seguridad alimentaria y la nutrición saludable.

2.3.2. Procedimiento de reclamación

Para presentar reclamaciones ante el CEC, en este caso, por diferentes controversias vinculadas con los contratos formalizados vía internet deben cumplirse los siguientes requisitos: en primer lugar, la persona que presenta la reclamación debe ser un consumidor individual, y la cuestión objeto de la posible controversia ha de estar relacionada con un contrato de consumo, que no esté vinculado con su profesión.

En segundo extremo, es necesario que desee formular una consulta o presentar una reclamación contra una empresa europea. Es decir, es preciso que exista un componente transfronterizo europeo. Puede darse, por un lado, un supuesto de consumidores residentes en España que tengan alguna controversia con empresas en otro país de la UE o supuestos de consumidores residentes en la UE (excepto España) a la que se le plantee un conflicto con empresas españolas.

Por ejemplo, el CEC sería competente en el caso de un contrato electrónico, si un consumidor español compra por Internet un billete de avión en una aerolínea francesa o si un turista alemán sufre un problema con la compra *online* de aceite de oliva de una empresa española. En cambio, este organismo no sería competente si surge un problema al contratar una tarifa de móvil entre un consumidor español y una empresa de EE. UU.

Para el estudio del caso por este centro es requisito indispensable acreditar el contacto previo por escrito con la empresa, con la que se tiene el contrato (de consumo) por cualquier medio del que quede constancia (carta certificada, burofax, email). Si transcurren treinta días sin respuesta favorable, puede enviarse la reclamación rellenando el formulario de reclamación/consulta que se encuentra en el sitio web de este organismo (www.cec.consumo-inc.es). Se trata de un formulario electrónico que, una vez cumplimentado y enviado correctamente, llega de forma automática a la base de datos europea del centro.

A partir de este momento, un asesor de consumo se pone en contacto con el reclamante en un plazo máximo aproximado de un mes y después contac-

---

Es un organismo autónomo, adscrito al Ministerio de Sanidad, Servicios Sociales e Igualdad a través de la Secretaría General de Sanidad y Consumo y es el resultado de la fusión entre el Instituto Nacional del Consumo y la Agencia Española de Seguridad Alimentaria y Nutrición. Está formado por más de 400 profesionales al servicio de la seguridad y de los legítimos intereses del consumidor distribuidos entre sus dos sedes de Madrid y tres laboratorios: el Centro Nacional de Alimentación, Laboratorio Nacional de Referencia; el Laboratorio de Biotoxinas Marinas, Laboratorio de Referencia de la UE ubicado en VIGO y el Centro de Investigación y Control de Calidad. Los objetivos fundamentales de AECOSAN. Entre sus funciones están, ejercer la promoción y el fomento de los derechos de los consumidores y usuarios, tanto en materia de seguridad de los productos como de sus intereses económicos (https://www.aesan.gob.es/AECOSAN/web/home/aecosan_inicio.htm).

tarán con los proveedores y mediarán entre estos y los usuarios, presentándoles la asistencia lingüística y técnica necesaria hasta llegar a una solución satisfactoria o en caso contrario, les asistirán y les orientarán acerca de las ADR previas a la vía judicial.

2.4. *Online disputes resolution*

2.4.1. Delimitación, características, ventajas e inconvenientes y tipología de los ODR

2.4.1.1. Antecedentes y delimitación

Los mecanismos extrajudiciales de resolución de conflictos han ido evolucionando a lo largo de los años y es con la aparición del comercio electrónico cuando se desarrollan los ODR[220]. Estos mecanismos surgen como respuesta a los conflictos derivados del crecimiento de las transacciones a través de Internet[221]. Resulta de interés delimitar que se considera ODR ya que, si bien es cierto que no existe una definición universalmente aceptada, estos sistemas se pueden describir como procesos de resolución de controversias que se desarrollan en el ámbito extrajudicial y que incorporan el uso de las nuevas tecnologías, bien para prevenir la aparición de cualquier controversia, así como para su resolución. Debe destacarse que estos ODR, si bien se utilizan en multitud de ocasiones para resolver las disputas que traen su origen en contratos electrónicos, también pueden utilizarse en el caso del comercio *ofline*, bien porque las partes previamente a la celebración del contrato hayan acordado someterse a estos medios, bien porque lo hayan hecho después.

La comunicación efectuada a través de estos medios puede ser parcial o completamente en línea y debe indicarse que en estas fórmulas de resolución de litigios en línea pueden incluirse los medios ya mencionados para la resolución extrajudicial de litigios, esto es los ADR, tales como la mediación y el arbitraje, entre otros[222]. De esta forma aunque los ODR no son la versión en línea de los ADR puede afirmarse que estos han servido de inspiración a

220 Para la realización de esta parte del estudio se ha seguido el interesante análisis realizado por la doctora W. Nava González Véase Nava González, W., «Los mecanismos: extrajudiciales de resolución de conflictos en línea: su problemática en el derecho internacional privado», *ACDI*, Bogotá, Vol. 13, XX-XXI, 2019.

221 Véase Ethan Katsh and Colen Rule, «What we know about Online Dispute Resolution», *South Carolina Law Review*, n.° 2 (2016), pp. 67-75.

222 Véase Wendolyne Nava y Jorge Breceda, «México en el contexto internacional de solución de controversias en línea de comercio electrónico», *Anuario Mexicano de Derecho Internacional*, 15, (2015): 721-785.

aquellos[223]. El avance y desarrollo en la utilización de las nuevas tecnologías les ha servido para poder instrumentalizar estos métodos electrónicos convirtiéndolos en un valioso mecanismos para poder dar soluciones en muchos casos más rápidas y eficientes a las controversias que las encontradas en sede judicial e incluso, en determinados supuestos que las que los ADR pudieran otorgar a los mismos asuntos.

Esto se produce porque los ODR combinan la eficiencia de las soluciones alternativas con las numerosas ventajas que Internet proporciona para este menester y que redundan en un beneficio para las partes que deciden resolver sus diferencias a través de estos medios. Los ODR hacen posible que los contratantes puedan resolver sus controversias con independencia de donde residan, esto es, desde cualquier país, a cualquier hora del día, los 365 días del año y sin tener que desplazarse para hacerlo, esto convierte a los ODR en una opción que presente múltiples beneficios por ser versátil, rápida y económica.

De esta forma, entidades importantes, desde hace años han promovido la utilización de estos procesos de negociación, mediación y arbitraje a través de proveedores especializados en estos servicios o por medio de consultorías internas. A las empresas les interesa solucionar sus conflictos con los clientes a través de estos medios para evitar tener que litigar en los Tribunales, ya que esta vía resulta más económica y rápida y además pueden lograr una solución adaptada al tipo de controversia generada.

De esta forma, los ODR complementan el sistema de justicia tradicional ayudándole a disminuir su carga de trabajo. Además, en el caso de contratos celebrados con consumidores, estos optan por estos mecanismos ya que constituyen una vía con menores costes y que puede resultar más efectiva y garantista con respecto a sus derechos teniendo en cuenta, que son la parte débil del contrato y tienen, en la mayoría de los casos, un menor poder de negociación en la transacción[224].

En la actualidad cobran relevancia proveedores de servicios vinculados a los ODR que se han creado y desarrollado tanto por entes públicos como privados entre los que se encuentran:

Por ejemplo: Med-Arb, es una mezcla de la mediación y el arbitraje. Destaca también, cómo se expondrá más detenidamente *infra*: la Plataforma Europea de Resolución de Conflictos en Línea de la UE, que entró en funcionamiento el 15 de febrero de 2016. El objetivo principal de esta plataforma es ofrecer a los consumidores y las empresas de la UE o de Noruega, Islandia y Liechtenstein, la solución de conflictos relacionados con la adquisición en

223 Véase Esther VILALTA, *Mediación y arbitraje electrónicos*, (Pamplona: Arazandi, 2013), 17 y ss.

224 Véase KAUFMAN-KOHLER, G. Y SCHULT,T., *Online Dispute Resolution. Challenges for Contemporary Justice*, Kluwer Law International,Londres, 2004, p. 83.

línea de productos y servicios sin necesidad de acudir a los tribunales. Esta plataforma tiene registrados más de 387 organismos de resolución extrajudicial de controversias en la actualidad, 12 los cuales no necesariamente ofrecen servicios en línea.

Otro ejemplo es el de *Concilianet* en México, se trata de un medio en el que de forma virtual se presentan y atienden reclamaciones presentadas por consumidores contra proveedores y se intentan solucionar a través de procedimientos de conciliaicón que se llevan a cabo a través de esta plataforma virtual. En el 2018, *Concilianet* recibió 6790 reclamaciones y tuvo un porcentaje de conciliación del 86.50 %.

Otras plataformas de ODR que han resuelto números conflictos en línea han sido: el Centro de Resoluciones de eBay, SquareTrade, Smartsettle e eJust, entre otras[225].

Es habitual que los proveedores ODR a nivel internacional evolucionen en la implantación y utilización de estos instrumentos con el objetivo de potenciarlos y mejorar la confianza del usuario respecto de la utilización de este tipo medios para proteger, entre otros, los derechos de los consumidores ya que, cómo se ha mencionado, en muchos de los contratos que se realizan por medios electrónicos intervienen consumidores y además suele tratarse de controversias de escasa cuantía y con un marcado carácter internacional ya que las partes, en muchas ocasiones están domiciliadas en distintos países, cuestión esta que encarece costes y alarga en el tiempo la resolución del litigio si se intenta resolver en sede judicial. Este es uno de los motivos por los que las partes utilizan estos ODR.

Por tanto, la finalidad de estos instrumentos para la resolución *online* de conflictos, tanto los que se encuentran ya desarrollados cómo los que se encuentran en fase de implementación es en primer lugar aumentar la confianza en el entorno del comercio electrónico y que aumenten cada vez más las operaciones que se realicen a través de estos medios. De esta forma la implementación de estos ODR unida a las múltiples ventajas, ya conocidas, del comercio electrónico redunda en que cada vez más sean los clientes que eligen esta vía para contratar cualquier producto o servicio en cualquier parte del mundo[226].

En segundo extremo, a través de los ODR, trata de protegerse a los consumidores que realizan contratos electrónicos internacionales, proporcionándoles las herramientas necesarias para que puedan resolver sus conflictos derivados de estas transacciones y que puedan resolverlos de una forma más eficaz, rápida, sencilla, flexible y económica. En tercer término, se incentiva que las Pymes puedan comercializar sus productos y servicios más allá de

225 Para más información sobre estas plataformas ver https://resolutioncenter.ebay.com; https://www.squaretrade.com; http://smartsettle.com

226 Para más información ver http://odr.info/provider-list

sus fronteras, minimizando los costes legales que pueda tener la internacionalización de su actividad a través del comercio electrónico.

Los inconvenientes principales con los que pueden encontrarse las empresas que traten de instaurar en su operativa habitual los ODR pueden ser la falta de infraestructura; los inconvenientes relativos al diseño e implementación de un sistema que sea eficaz a la hora de dar respuestas a las múltiples reclamaciones que pueden plantearse en un determinado periodo de tiempo para que efectivamente este mecanismo cumpla con su finalidad. En cualquier caso la relevancia de los ODR para resolver conflictos internacionales vinculados a la contratación electrónica es un hecho pero aún hay un largo camino por recorrer y algunos obstáculos tanto técnicos como jurídicos que han de superarse

2.4.1.2. Características generales y ventajas

Las novedades tecnológicas en las transacciones *online* han hecho que crezca el interés en las distintas posibilidades que este entorno ofrece como forma alternativa a los métodos de resolución de controversias utilizados tradicionalmente[227].

Como se ha mencionado *supra*, los métodos ADR se caracterizan por su neutralidad, confidencialidad e imparcialidad, basados en el derecho de autodeterminación de las partes. Estos instrumentos conservan estas características representando de igual modo a ambas partes contratantes; manteniendo la confidencialidad de las comunicaciones entre estas y respetando su voluntariedad para participar en el proceso[228].

En concreto, en el entorno de Internet, los ODR son procesos documentados, que a través de la inclusión de una tercera parte, actuando por solicitud de un primer participante, invita a la contraparte a responder, registrándose la presencia o ausencia de la contraparte en el proceso, dentro de límites de tiempo previamente establecidos[229].

Cuando se inicia el proceso, las partes establecen las razones que estiman oportunas en defensa de sus intereses para que pueda llegarse a una solución. La decisión final es establecida por el mediador *online*, o por el sistema construido para resolver de forma automática las disputas, de acuerdo a los requisitos establecidos por la entidad, que ofrece el sistema.

De otro lado, debe destacarse, que a diferencia de lo que ocurre en las resoluciones de conflictos tradicionales, donde los registros son destruidos

---

227 Véase KATSH, E., «Online Dispute Resolutions: some Implications for the Emergence of law in Cyberspace», *International Review of Law Computers & Technology*, vol. 21, núm. 2, July, 2007, pp. 97-109.

228 *Ibidem*, p. 105.

229 Véase BARRAL VIÑALS, I., «Consumidores, online dispute resolution...», *loc. cit*, p. 396.

para preservar la confidencialidad, en el medio *online* se construye necesariamente un registro de la disputa y de la intervención. Este hecho supone una ventaja para la investigación en este ámbito, ya que se permite generar archivos sistemáticos para la recopilación de datos (anónimos) sobre los procesos de mediación.

Además, aprovechando las ventajas tecnológicas existen ODR que se basan en el desarrollo de formas totalmente nuevas que son automatizadas y prescinden de la intervención de un ser humano en el proceso de la resolución de la disputa. En este sentido, puede afirmarse que existen diferentes posibilidades desde la mediación *online*, usando correo electrónico para la comunicación entre las partes y/o el mediador, que no se ven cara a cara por estar en distintos lugares, o arbitraje *online*, que por la misma razón envía documentos a las partes usando instrumentos de securitización *online*, hasta procesos que son totalmente automáticos[230].

El diseño de estos sistemas se basa en diferentes reglas que establecen los parámetros para las decisiones, del tipo que establece que «Si» (sucede determinada condición), entonces, «se da este resultado». Las investigaciones actuales de grupos tales como (www.OnlineDisputes.org) permiten establecer diferentes reglas específicas para las determinaciones concretas de cada industria, con independencia de cuál sea su objeto[231].

Estos ODR surgen por distintas razones: en primer lugar, la rapidez en las transacciones *online*, demanda una respuesta igualmente rápida a las disputas que puedan surgir en estos contratos electrónicos. El segundo aspecto es el reducido coste de acceso al procedimiento para la resolución de conflictos por este medio. Este hecho invita a la participación en el comercio debido a que, en ocasiones, los conflictos que surgen en la contratación electrónica son de escasa cuantía y litigar ante los Tribunales puede hacer que las partes no se decidan a reclamar por los elevados costes que puede conllevar este hecho[232].

En tercer término, como se ha mencionado *supra*, en Internet es habitual que las partes contratantes estén situadas en diferentes Estados con distintas legislaciones, donde la resolución de las cuestiones puede ser diferente dependiendo del Derecho que se aplique. Por este motivo, este método de resolución de conflictos *online* puede ser útil en estos contratos, porque *a*

---

230 Véase EDWARDS, L., CAROLINE, W., «Redress and alternative Dispute Resolution in EU Cross E-Border E-Commerce Transactions», *International Review of Law Computers & Technology*, vol. 21, núm. 3, November 2007, pp. 315-335.

231 Véase FENOULHET, T.; «Introduction aux activités de resolution en ligne des litiges de la société de l'information dans le cadre européen»; DE LAMBERTERIE, I., «Le réglement en ligne des petits litigues de consommation», disponibles en (http://droit-internet-2001.univ-paris1.fr).

232 Véase ALZATE SÁEZ DE HEREDIA, R.; VÁZQUEZ DE CASTRO, E., *Resolución de disputas en línea ((RDL). Las claves de la mediación electrónica*, Reus, Madrid, 2013, pp. 28-39.

priori ofrece una solución neutral que puede resultar ventajosa para los contratantes, y que podría resultar complicada si se acude a algunos de los ordenamientos de las partes que pueden diferir en el resultado que otorguen al litigio.

De esta forma, las características principales de las ODR pueden resumirse en que son fácilmente accesibles, rápidas y de poco coste; puede haber mediador humano o no; si alguna de las partes falla en el cumplimiento del acuerdo, esto se registra en evaluaciones públicas de la conducta del comerciante. De otro lado, destaca el hecho de que la publicidad (negativa o positiva) determina la imagen del comerciante y es un poderoso incentivo hacia el cumplimiento de los acuerdos que solucionan la disputa; generan registros de todo el proceso, desde la reclamación inicial hasta la solución y proveen un mecanismo eficiente para la solución de disputas internacionales, sin necesidad de la intervención de los Tribunales de justicia[233].

En todo caso, debe añadirse que pese a las ventajas que estas novedosas técnicas de resolución de conflictos presentan en relación con los medios tradicionales, también tienen inconvenientes. Por una parte, el hecho de que la resolución del conflicto se realice de una forma casi automática, en muchos casos, puede impedir valorar determinados factores importantes que deben tenerse en cuenta para llegar a una solución ajustada a Derecho. De otro lado, en muchas ocasiones, pese al sometimiento de las partes a este tipo de procesos de resolución de conflictos *online*, con posterioridad recurren a las vías tradicionales (judicial), porque el fallo no resulte favorable para los intereses que perseguía con la resolución de la controversia por este medio. Estas dos cuestiones restan confianza a las partes para someterse a estas ODR[234].

2.4.2. regulación sobre ODR en la UE

2.4.2.1. Reglamento 524/2013 sobre resolución de litigios en línea

La posibilidad de recurrir a procedimientos de resolución de litigios sencillos y asequibles puede impulsar la confianza de consumidores y comerciantes en el mercado único digital. No obstante, consumidores y comerciantes siguen enfrentándose a obstáculos para encontrar soluciones extrajudiciales,

233 Véase KATSH, E., «Online Dispute Resolutions...», *loc. cit.*, pp. 101-102.

234 Véase VARGAS GÓMEZ-URRUTIA, M., «Comercio internacional electrónico...», *loc .cit.* p. 31; KATSH, E., «Online Dispute Resolutions: some Implications for the Emergence of law in Cyberspace», *International Review of Law Computers & Technology*, vol. 21, núm. 2, July 2007, pp. 97-109.

especialmente en los litigios que se derivan de transacciones transfronterizas en línea. Por esa razón, este tipo de litigios a menudo queda sin resolver.

Como se ha mencionado, la resolución de litigios en línea ofrece una solución extrajudicial sencilla, eficiente, rápida y asequible para los litigios derivados de transacciones en línea. Sin embargo, en la actualidad faltan mecanismos que permitan a los consumidores y a los comerciantes resolver este tipo de litigios por medios electrónicos. Ello redunda en detrimento del consumidor, constituye una barrera, en particular, para las transacciones transfronterizas en línea, y crea condiciones desiguales para los comerciantes, obstaculizando así el completo desarrollo del comercio en línea.

El Reglamento 524/2013 debe aplicarse a la resolución extrajudicial de litigios iniciados por consumidores residentes en la Unión frente a comerciantes establecidos en la Unión que estén amparados por la Directiva 2013/11/UE del Parlamento Europeo y del Consejo, de 21 de mayo de 2013, relativa a la resolución alternativa de litigios en materia de consumo.

Con el fin de garantizar que la plataforma de resolución de litigios en línea también pueda utilizarse para los procedimientos de resolución alternativa de litigios que permitan a los comerciantes presentar reclamaciones contra los consumidores, el presente Reglamento debe asimismo aplicarse a la resolución extrajudicial de litigios entablados por comerciantes frente a consumidores para los que entidades de resolución alternativa de litigios incluidas en la lista con arreglo al artículo 20, apartado 2, de la Directiva 2013/11/UE ofrezcan procedimientos de resolución alternativa pertinentes. La aplicación del presente Reglamento a dichos litigios no debe imponer a los Estados miembros la obligación de garantizar que las entidades de resolución alternativa ofrezcan este tipo de procedimientos.

Aunque los principales beneficiarios de la plataforma de resolución de litigios en línea sean concretamente los consumidores y los comerciantes que efectúen operaciones transfronterizas en línea, el citado Reglamento debe aplicarse también a las transacciones nacionales en línea, con el fin de garantizar unas condiciones equitativas efectivas en materia de comercio electrónico.

Este Reglamento ha de entenderse sin perjuicio de la Directiva 2008/52/CE del Parlamento Europeo y del Consejo, de 21 de mayo de 2008, sobre ciertos aspectos de la mediación en asuntos civiles y mercantiles. El Reglamento no debe aplicarse a los litigios entre consumidores y comerciantes que se deriven de contratos de compraventa o de prestación de servicios no celebrados en línea ni a los litigios entre comerciantes.

Este Reglamento debe considerarse conjuntamente con la Directiva 2013/11/UE, en la que se exige a los Estados miembros que garanticen la posibilidad de someter a una entidad de resolución alternativa todos los litigios entre consumidores domiciliados y comerciantes establecidos en la UE que se deriven de la compraventa de mercancías o la prestación de servicios.

De esta forma, según este Reglamento los Estados miembros deben animar a los consumidores a que, antes de someter su reclamación a una entidad de resolución alternativa a través de la plataforma de resolución de litigios en línea, se pongan en contacto con el comerciante por cualquier medio adecuado con el fin de resolver el litigio de forma amistosa. El objetivo del citado Reglamento es crear una plataforma de resolución de litigios en línea en el ámbito de la UE.

Por tanto, la plataforma de resolución de litigios en línea debe adoptar la forma de un sitio de internet interactivo que ofrezca una ventanilla única a los consumidores y a los comerciantes que quieran resolver extrajudicialmente litigios derivados de transacciones en línea. La plataforma de resolución de litigios en línea debe facilitar información general sobre la resolución extrajudicial de litigios contractuales derivados de contratos de compraventa o de prestación de servicios celebrados en línea entre comerciantes y consumidores.

La plataforma debe permitir a consumidores y comerciantes presentar reclamaciones rellenando un formulario electrónico de reclamación disponible en todas las lenguas oficiales de las instituciones de la Unión, y adjuntar los documentos pertinentes. Debe transmitir las reclamaciones a una entidad de resolución alternativa competente para conocer del litigio en cuestión. La plataforma debe ofrecer gratuitamente un sistema electrónico de tramitación de asuntos que permita a las entidades de resolución alternativa tramitar el procedimiento de resolución del litigio con las partes a través de la plataforma de resolución de litigios en línea. Las entidades de resolución alternativa no deben estar obligadas a utilizar el sistema de tramitación de asuntos.

La Comisión Europea es la responsable del desarrollo, funcionamiento y mantenimiento de la plataforma de resolución de litigios en línea y de proporcionar todos los medios técnicos necesarios para el funcionamiento de la plataforma. La plataforma de resolución de litigios en línea debe ofrecer una función de traducción electrónica que permita a las partes y a la entidad de resolución alternativa disponer de la información que se intercambie a través de la plataforma de resolución de litigios en línea y que resulte necesaria para la resolución del litigio, en su caso en versión traducida.

Dicha función debe poder tratar todas las traducciones necesarias y apoyarse en una intervención humana, si fuera necesario. Asimismo, a través de la plataforma de resolución de litigios en línea, la Comisión debe proporcionar información a los reclamantes sobre la posibilidad de solicitar ayuda a los puntos de contacto de resolución de litigios en línea.

La plataforma de resolución de litigios en línea debe permitir el intercambio seguro de datos con las entidades de resolución alternativa y respetar los principios que subyacen en el Marco Europeo de Interoperabilidad adoptado con arreglo a la Decisión 2004/387/CE del Parlamento Europeo y del Consejo, de 21 de abril de 2004, relativa a la prestación interoperable de servicios paneuropeos de administración electrónica al sector público, las empresas y los ciudadanos

La plataforma de resolución de litigios en línea a escala de la Unión Europea debe basarse en entidades de resolución alternativa existentes en los Estados miembros y respetar las tradiciones jurídicas de estos. Por consiguiente, las entidades de resolución alternativa que reciban una reclamación a través de la plataforma de resolución de litigios en línea deben aplicar sus propias normas de procedimiento, incluidas las normas sobre costas. No obstante, mediante el presente Reglamento se pretende establecer una serie de normas comunes aplicables a dichos procedimientos para garantizar su eficacia.

Entre ellas deben figurar normas para garantizar que la resolución de litigios no exija la comparecencia de las partes o de sus representantes ante la entidad de resolución alternativa, salvo que sus normas de procedimiento contemplen esa posibilidad y las partes presten su consentimiento.

El hecho de garantizar que todas las entidades de resolución alternativa incluidas en la lista con arreglo al artículo 20, apartado 2, de la Directiva 2013/11/UE estén registradas en la plataforma europea de resolución de litigios en línea debe permitir una cobertura total de la resolución extrajudicial en línea de litigios derivados de contratos de compraventa o de prestación de servicios celebrados en línea.

El Reglamento no debe ser un obstáculo al funcionamiento de cualesquiera entidades de resolución de litigios ya existentes que operen en línea ni de cualquier mecanismo de resolución de litigios en línea ya existente en la Unión. Tampoco debe impedir que las entidades o mecanismos de resolución de litigios tramiten litigios en línea que les hayan sido sometidos directamente.

Deben designarse en cada Estado miembro puntos de contacto de resolución de litigios en línea que cuenten al menos con dos asesores de resolución de litigios en línea. Los puntos de contacto de resolución de litigios en línea deben ofrecer apoyo a las partes implicadas en un litigio sometido a través de la plataforma de resolución de litigios en línea sin estar obligados a traducir los documentos relacionados con el litigio. Los Estados miembros deben tener la posibilidad de atribuir la responsabilidad de los puntos de contacto de resolución de litigios en línea a sus centros de la Red de Centros Europeos del Consumidor.

Los Estados miembros deben recurrir a esta posibilidad para permitir que los puntos de contacto de resolución de litigios en línea se beneficien plenamente de la experiencia de los centros de la Red de Centros Europeos del Consumidor en la facilitación de la resolución de litigios entre consumidores y comerciantes. La Comisión debe crear una red de puntos de contacto de resolución de litigios en línea para facilitar la cooperación entre estos, y proporcionar, en cooperación con los Estados miembros, una adecuada formación para los puntos de contacto de resolución de litigios en línea.

El derecho a la tutela judicial efectiva y el derecho a un juez imparcial forman parte de los derechos fundamentales establecidos en el artículo 47 de la Carta de los Derechos Fundamentales de la Unión Europea. La resolución de litigios en línea no está concebida ni puede concebirse para sustituir a los procedimientos judiciales, ni debe privar a consumidores o comerciantes de su derecho de recurso ante los órganos jurisdiccionales. Por lo tanto, este Reglamento no debe impedir a las partes ejercer su derecho de acceso al sistema judicial.

Es de suma importancia destacar que, con el fin de garantizar una amplia sensibilización de los consumidores sobre la existencia de la plataforma de resolución de litigios en línea, los comerciantes establecidos en la Unión que celebren contratos de compraventa o de prestación de servicios en línea deben proporcionar en sus sitios de internet un enlace electrónico a dicha plataforma.

Además, los comerciantes deben proporcionar su dirección de correo electrónico para que los consumidores dispongan de un primer punto de contacto. Una parte importante de los contratos de compraventa y de prestación de servicios en línea se celebra a través de mercados en línea, los cuales agrupan o facilitan las transacciones en línea entre consumidores y comerciantes. Dichos mercados son plataformas en línea que permiten que los comerciantes pongan sus productos y servicios a disposición de los consumidores.

Por consiguiente, tales mercados en línea deben estar sujetos a la misma obligación de proporcionar un enlace electrónico a la plataforma de resolución de litigios en línea. Esta obligación debe entenderse sin perjuicio de lo dispuesto en el artículo 13 de la Directiva 2013/11/UE con respecto a la obligación para los comerciantes de informar a los consumidores sobre los procedimientos de resolución alternativa que amparen a dichos comerciantes y sobre si se comprometen o no a recurrir a los procedimientos de resolución alternativa de litigios con los consumidores.

Además, esta obligación debe entenderse sin perjuicio de lo dispuesto en el artículo 6, apartado 1, letra t), y el artículo 8 de la Directiva 2011/83/UE del Parlamento Europeo y del Consejo, de 25 de octubre de 2011, relativa a los derechos de los consumidores (1). El artículo 6, apartado 1, letra t), de la Directiva 2011/83/UE establece, para los contratos con consumidores celebrados a distancia o fuera del establecimiento, que el comerciante debe informar al consumidor sobre la posibilidad de recurrir a un mecanismo no judicial de reclamación y recurso al que esté sujeto el comerciante y los métodos para tener acceso al mismo, antes de que el consumidor quede vinculado por el contrato. Por las mismas razones de sensibilización de los consumidores, los Estados miembros deben fomentar que también las asociaciones de consumidores y las asociaciones empresariales proporcionen un enlace electrónico al sitio de internet de la plataforma de resolución de litigios en línea.

A fin de tener en cuenta los criterios por los cuales las entidades de resolución alternativa definen sus respectivos ámbitos de actuación, deben delegarse en la Comisión los poderes para adoptar actos con arreglo al artículo 290 del TFUE a fin de adaptar la información que los reclamantes deben proporcionar en el formulario electrónico de reclamación disponible en la plataforma de resolución de litigios en línea. Reviste especial importancia que la Comisión lleve a cabo las consultas adecuadas en la fase preparatoria, incluyendo consultas a expertos. A la hora de preparar y elaborar los actos delegados, la Comisión debe velar por una transmisión simultánea, puntual y adecuada de los documentos pertinentes al Parlamento Europeo y al Consejo.

A fin de garantizar condiciones uniformes de ejecución del presente Reglamento, deben conferirse a la Comisión competencias de ejecución relativas al funcionamiento de la plataforma de resolución de litigios en línea, a las modalidades de presentación de reclamaciones y a la cooperación con la red de puntos de contacto de resolución de litigios en línea. Dichas competencias deben ejercerse de conformidad con el Reglamento (UE) no 182/2011 del Parlamento Europeo y del Consejo, de 16 de febrero de 2011, por el que se establecen las normas y los principios generales relativos a las modalidades de control por parte de los Estados miembros del ejercicio de las competencias de ejecución por la Comisión (2). Debe utilizarse el procedimiento consultivo para la adopción de actos de ejecución relativos al formulario electrónico de reclamación, debido a su carácter puramente técnico. Debe utilizarse el procedimiento de examen para la adopción de las normas relativas a las modalidades de cooperación entre los asesores de resolución de litigios en línea de la red de puntos de contacto de resolución de litigios en línea.

De lo expuesto, se deduce que el Reglamento 524/2013, que es complementario de la Directiva 2013/11/UE, se limita a crear una plataforma de resolución de litigios en línea en el ámbito de la UE, facilitando un cauce de resolución extrajudicial de litigios entre consumidores y comerciantes. Su ámbito de aplicación se halla restringido a los litigios derivados de contratos de compraventa y prestación de servicios celebrados en línea entre un consumidor residente en la UE y un comerciante establecido en la UE, imponiéndose cuando el litigio se inicia por el comerciante la exigencia adicional de que el Estado miembro de la residencia habitual del consumidor admita, en tales casos, la resolución del litigio por esta vía (art. 2.1).

El Reglamento 524/2013 es aplicable también con respecto a las transacciones nacionales en línea. En relación con los términos utilizados para delimitar su ámbito de aplicación, el Reglamento remite básicamente al artículo 4 de la Directiva 2013/11/UE. El núcleo del Reglamento, contenido en su Capítulo II, está dedicado a regular el establecimiento, configuración y puesta en marcha por la Comisión de la plataforma de resolución de litigios en línea, como una ventanilla única a disposición de quienes deseen resolver extrajudicialmente los litigios incluidos en su ámbito de aplicación[235].

La plataforma se configura como un sitio de Internet, de cuyo funcionamiento y mantenimiento es responsable la propia Comisión, y en el que cualquier reclamación puede presentarse cumplimentando un formulario electrónico, para ser eventualmente resuelta por la entidad de resolución alternativa competente. Como elemento relevante de la plataforma se destaca el ofrecimiento de una función de traducción electrónica que facilite el intercambio de la información necesaria para resolver el litigio, ya que cada una de las partes puede optar por un idioma diferente.

Corresponde a cada Estado miembro evaluar si las entidades de resolución alternativa establecidas en dicho Estado cumplen las obligaciones impuestas por el Reglamento. En el marco de este mecanismo, solo pueden ser entidades de resolución las incluidas en la lista elaborada por cada autoridad nacional competente conforme al art. 20.2 de la Directiva 2013/11/UE[236].

Para valorar la aportación de la plataforma en línea cuyo establecimiento regula el Reglamento 524/2013 y su interacción con otros mecanismos de resolución alternativa de controversias, resulta de interés detenerse en ciertos aspectos de los arts. 9 y 10, relativos a la tramitación de las reclamaciones y la resolución del litigio. El empleo de esta vía de solución extrajudicial no se basa en la existencia previa de un acuerdo de las partes, de modo que la presentación de la reclamación no asegura que esta vía prospere, salvo que las partes, una vez presentada la reclamación, se pongan de acuerdo en que una entidad resuelva la controversia: «*Si, transcurridos 30 días naturales desde la presentación del formulario de reclamación, las partes no hubieran llegado a un acuerdo sobre una entidad de resolución alternativa, o si la entidad de resolución alternativa se negara a conocer del litigio, se pondrá fin a la tramitación de la reclamación*» (art. 9.8).

---

235 Véase Barral Viñals I., «Consumidores, online dispute resolution y reclamaciones de pequeña cuantía», *Democracia Digital e Governo Eletrônico*, Florianópolis, n.° 10, 2014, pp. 394-415.

236 Desde la perspectiva de quienes comercializan bienes en línea, debe destacarse que el Reglamento impone a los comerciantes establecidos en la UE que celebren contratos de compraventa o de prestación de servicios en línea y los mercados en línea establecidos en la UE la obligación de ofrecer en sus sitios de Internet un enlace electrónico de fácil acceso a la plataforma de resolución de litigios en línea (art. 14 Reglamento 524/2013). Desde las Recomendaciones 98/257/CE (UE, 1998) y 2001/310/CE (UE, 2001) se establece que cada Estado miembro comunique a la Comisión los nombres de los organismos de consumo responsables de la solución extrajudicial de litigios de consumo internamente reconocidos y adecuados a las recomendaciones de la Comisión. La base de datos ADR incluye los nombres y datos de contacto de los órganos responsables de la solución extrajudicial de litigios de consumo y que los Estados miembros y los países del EEE consideran de conformidad con estas recomendaciones.

No obstante, cuando la parte reclamada es un comerciante, puede darse la circunstancia de que esta parte esté obligada a recurrir a una entidad de resolución alternativa concreta para resolver los litigios de consumo. Cada entidad de resolución aplica sus propias normas de procedimiento, incluidas las relativas a las costas, si bien se establecen ciertas reglas comunes, en particular con respecto al plazo para concluir el procedimiento, la no exigencia de comparecencia de las partes y el intercambio de información con la plataforma de resolución de litigios (art. 10). Con respecto a otras cuestiones, como las que conciernen a los efectos de las resoluciones, el resultado del procedimiento puede tener carácter vinculante o no vinculante, en función de la entidad de resolución y el tipo de procedimiento [art. 9.5.e)][237].

2.4.2.2. Desarrollo de la plataforma para la resolución de conflictos en línea según la normativa de la UE

La Directiva 2013/11/UE del Parlamento Europeo y del Consejo de 21 de mayo de 2013 establece una plataforma de resolución extrajudicial de conflictos en materia de consumo, de obligatorio enlace a través de las páginas web de los comerciantes que ofrezcan productos o servicios en internet.

En el artículo 13.1 de la Directiva se indica que los comerciantes que se han comprometido o que estén obligados a utilizar una entidad de resolución de conflictos extrajudicial (Alternative Dispute Resolution, ADR en adelante) tendrán que informar a los consumidores en su página web, o en su caso, en los términos y condiciones generales sobre la existencia de una plataforma de resolución de conflictos (Online Dispute Resolution, en adelante ODR).

En el parágrafo 16 de su preámbulo se aclara que:

> «La presente Directiva debe aplicarse a los litigios entre consumidores y comerciantes relativos a obligaciones contractuales derivadas de contratos de compraventa o de prestación de servicios, celebrados o no en línea, en todos los sectores económicos menos los exceptuados».

Recordemos que en derecho español los comerciantes, en general, se encuentran sujetos a la actuación mediadora y en su caso sancionadora de las Oficinas de consumo, de ámbito municipal o de comunidad autónoma, siendo potestativo el sometimiento a arbitrajes de consumo. En cualquier caso, todos los comerciantes que ofrezcan bienes o servicios de manera on line deben incluir en la página web un link a la plataforma ODR de la UE. Respecto de los que no los ofrezcan on line, la obligación regirá siempre y cuando se hubiesen comprometido a resolver sus conflictos extrajudicialmente a través de una entidad de resolución de conflictos.

237 Es importante el dato de que el Reglamento debe considerarse conjuntamente con la Directiva 2013/11/UE.

Transcribimos al efecto parcialmente el parágrafo 47 del preámbulo de la Directiva:

> «(...) Los comerciantes que se comprometan a recurrir a tales entidades para la resolución de litigios con los consumidores deben informar a los consumidores sobre la dirección del sitio web de la entidad o entidades de resolución alternativa que les amparen. La información se facilitará de forma clara, comprensible y fácilmente accesible en el sitio web del comerciante cuando exista y, en su caso, en las condiciones generales de los contratos de compraventa de mercancías o prestación de servicios entre el comerciante y los consumidores. Los comerciantes deben tener la posibilidad de incluir en sus sitios web, y en las condiciones generales del contrato de que se trate, cualquier información complementaria sobre sus procedimientos internos de tramitación de reclamaciones, o sobre cualesquiera otros modos de entrar en contacto directo con ellos con miras a la resolución de litigios con los consumidores sin remitirlos a una entidad de resolución alternativa (...)».

En particular, y en relación con los servicios on line, el artículo 14 del Reglamento UE n.º 524/2013 del Parlamento Europeo y del Consejo de 21 de mayo de 2013 indica que «los comerciantes establecidos en la Unión que celebren contratos de compraventa o de prestación de servicios en línea y los mercados en línea establecidos en la Unión ofrecerán en sus sitios de internet un enlace electrónico a la plataforma de resolución de litigios en línea». Los únicos sectores que quedan excluidos de dicha obligación son los servicios sanitarios y los servicios de educación superior.

De este modo, todos los comerciantes on line, cómo se ha mencionado, deberán informar a los consumidores sobre las entidades ADR, cuando no puedan llegar a un acuerdo directamente entre ellos mismos (consumidor-comerciante). De esta forma, los comercios 'online' estarán obligados a ofrecer un enlace a esta herramienta en sus sitios web, de manera que los cuerpos de resolución actuarán como una «árbitro» entre los consumidores y los comerciantes cuando alguna de las dos partes presente una queja ante una compra determinada. De esta forma, la implantación de esta plataforma presenta para los consumidores distintas ventajas cómo son evitar «tener que pasar por procedimientos largos y costosos», para resolver los conflictos de las compras de consumo derivadas de las compras on line, por lo que «fortalece la confianza en las mismas» y «por lo tanto hará una importante contribución a la estrategia del Mercado Único Digital».

Esta plataforma solo es válida para litigios entre empresas y consumidores. Por tanto, se concibe con el objetivo de dirimir en sede extrajudicial y en línea los posibles conflictos que surjan en los contratos de consumo, fundamentalmente electrónicos. En estos casos, la plataforma de resolución de litigios en línea puede ser la herramienta adecuada para encontrar una solución rápida y económica. También está concebida para que el empresario pueda formular una reclamación contra un cliente, por ejemplo, por impago o el cliente para formular una reclamación contra el empresario.

La plataforma de resolución de conflictos *online* realmente se ha configurado cómo un sitio web interactivo, disponible en todas las lenguas de la UE y gratuito. Uno de los organismos competentes de resolución de litigios registrado en la plataforma recibirá y tramitará su reclamación. Todos los procedimientos se tramitan *online*.

De esta forma la resolución alternativa de litigios a través de la citada plataforma puede evitar gastos procesales y facilitar la venta de bienes y servicios en cualquier parte del mundo, tanto por internet como por medios tradicionales. También le puede ayudar a los comerciantes a mantener la reputación de su empresa y las buenas relaciones con sus clientes. Esta plataforma ofrece la posibilidad de encontrar la mejor solución ante un problema de consumo, para negociar una solución ante un problema directamente con la empresa o para acordar que un organismo de resolución de litigios se encargue del caso concreto. La plataforma no tiene vínculos con ninguna empresa y puede utilizarse en todas las leguas de la UE.

2.4.2.3. Procedimiento de resolución de conflictos *online* a través de la Plataforma regulada en la normativa de la UE. Fases

Esta plataforma facilita un formulario electrónico de reclamaciones que la parte reclamante debe rellenar para resolver los litigios relativos a las compraventas o contrataciones de servicios realizados a través de internet, evitando procedimientos largos y costosos. Se trata de un sitio de internet interactivo, de forma electrónica y gratuita, en todas las lenguas oficiales de las instituciones de la UE.

El proceso de reclamación se inicia por parte del reclamante, rellenando un formulario electrónico desde la plataforma de resolución de litigios en línea (RLL), que será de fácil utilización por el usuario y fácilmente accesible. Si el formulario está debidamente cumplimentado, la plataforma RLL transmitirá la reclamación de un modo fácilmente comprensible y sin demora a la parte reclamada.

Esta plataforma informa de la reclamación a la parte reclamada, determina la entidad o entidades de resolución alternativa competentes y tramita la reclamación a la entidad de resolución alternativa que las partes hayan acordado utilizar. Además, ofrece gratuitamente un sistema electrónico de tramitación de los asuntos que permite a ambas partes y a la entidad de resolución alternativa tramitar en línea el procedimiento de resolución de litigios a través de la Plataforma RLL. Esta plataforma proporciona a las partes y a la entidad de resolución alternativa la traducción de la información que sea necesaria para poder resolver el litigio.

Por tanto, si un consumidor presenta una reclamación a través de la plataforma RLL y esta notifica su solicitud a la empresa, se podrá intercambiar cuanta documentación sea pertinente, como mensajes y cualquier otro documento que estime oportuno adjuntar a través de esta plataforma RLL. Una vez que la plataforma RLL notifique a la empresa la reclamación presentada, se dispone de 30 días naturales desde la presentación del formulario de reclamación para que las partes lleguen a un acuerdo sobre la entidad de resolución alternativa. Debe recordarse que la plataforma RLL transmitirá la reclamación a la parte reclamada junto con los datos siguientes: información de que las partes deben ponerse de acuerdo sobre la entidad de resolución alternativa que habrá de transmitirse la reclamación; información sobre la entidad o entidades de resolución alternativa que sean competentes para resolver el litigio, si constan mencionadas en el formulario electrónico de reclamación o si la plataforma RLL las determina basándose en la información facilitada en el formulario; si la parte reclamada es un comerciante, un requerimiento a declarar en un plazo de 10 días naturales sobre: si se compromete o está obligado a recurrir a una entidad de resolución alternativa concreta para resolver los litigios con consumidores, y salvo en caso de que esté obligado a recurrir a una entidad de resolución alternativa concreta, si está dispuesto a recurrir a cualquiera otra entidad.

Si la parte reclamada es un consumidor y el comerciante está obligado a recurrir a una entidad de resolución alternativa concreta, un requerimiento a aceptar en el plazo de 10 días naturales dicha entidad o, en caso de que el comerciante no esté obligado a recurrir a una entidad de resolución alternativa concreta, un requerimiento a que seleccione una o más de las entidades acreditadas; el nombre y los datos de contacto del punto de contacto de resolución de litigios en línea en el Estado miembro en que esté establecida o resida habitualmente la parte reclamada, y una breve descripción de las funciones (según la Ley).

Debe tenerse en cuenta que la empresa o el comerciante pueden proponer una lista de organismos de resolución de litigios para utilizar uno de ellos, en lugar de encontrar directamente una solución con el consumidor. En tal caso, se dispone de un plazo de 30 días para llegar a un acuerdo entre empresa y consumidor y empresa sobre el organismo o entidad de resolución de litigios.

Se pondrá fin a la tramitación de la reclamación: Si ha pasado el plazo de 30 días naturales desde la presentación del formulario de la reclamación; o si no se ha llegado a un acuerdo sobre la entidad de resolución alternativa; o si la entidad de resolución alternativa se niega a conocer el litigio.

En tales casos, se informará a la parte reclamante de la posibilidad de acudir a un asesor de resolución de litigios en línea para obtener más información sobre otras vías posibles de recurso. Si las partes (empresa y consumidor) llegan a un acuerdo en el plazo indicado, sobre la entidad que resolverá su conflicto, la reclamación se envía a la entidad de resolución de litigios acordada, la cual tendrá 3 semanas para decidir si es competente o no para tratar el asunto.

Si la entidad de resolución de litigios elegida es competente, dispone de un plazo de 90 días naturales contados desde la fecha en que haya recibido el expediente completo de la reclamación, con el objeto de llegar a un resultado del procedimiento de resolución alternativa del litigio en línea. Si los litigios son particularmente complejos, la entidad de resolución alternativa responsable podrá, si lo estima oportuno, ampliar el plazo de noventa días naturales, informando a las partes de toda ampliación y del plazo de tiempo estimado para su resolución.

La entidad de resolución alternativa que tramite la reclamación debe concluir el procedimiento en el plazo indicado y transmitir sin demora a través de la plataforma RLL la información sobre: La fecha de recepción del expediente de la reclamación; El objeto del litigio; La fecha de conclusión del procedimiento de resolución alternativa; y el resultado del procedimiento.

Tanto si la empresa rechaza su solicitud de entrada de la reclamación; como si alguna de las partes (consumidor o comerciante) se retira del proceso en cualquier momento; o bien si transcurre 90 días sin obtener un resultado, se presentan las siguientes opciones: probar otra herramienta de resolución de litigios diferente. Intentar lograr una solución mediante la ayuda de un organismo o entidad de resolución de litigios, disponiendo así de un plazo de 30 días más para llegar a un acuerdo con la empresa o comerciales sobre el organismo o entidad de resolución de litigios se encargará de su caso.

Con respecto a la información que debe facilitar la parte que reclama a través de la citada plataforma. Esta parte reclamante debe presentar información suficiente para determinar la entidad de resolución alternativa competente, y podrá adjuntar cuantos documentos crea convenientes para apoyar su reclamación. Concretamente, la información que deberá suministrar al presentar una reclamación es la siguiente: Indicación de si la parte reclamante es un consumidor o un comerciante; Nombre y dirección de correo electrónico y ordinario del consumidor; Nombre y dirección de correo electrónico y ordinario del comerciante; Nombre y dirección de correo electrónico y ordinario del representante de la parte reclamante, si procede en su caso; Idioma o idiomas de la parte reclamante, si procede; Idioma de la parte reclamada, si se conoce; Tipo de mercancía o de servicio a que se refiere la reclamación. Indicación de si la mercancía o el servicio fue ofrecido por el comerciante y encargado por el consumidor a través de un sitio de internet o por otros medios electrónicos; Precio de la mercancía o del servicio adquirido; Fecha en que el consumidor adquirió la mercancía o el servicio; Indicación de si el consumidor ha entablado contacto directo con el comerciante; Indicación de si el litigio está siendo o ha sido previamente examinado por una entidad de resolución alternativa o por un órgano jurisdiccional; Tipo de reclamación; Descripción de la reclamación.

Dependiendo de quién sea la parte reclamante la información que ha de facilitarse será diferente. En este sentido, si el reclamante es un consumidor, indicación de la entidad o las entidades de resolución alternativa que el comerciante esté obligado o se haya comprometido a utilizar. Si el reclamante es un comerciante, indicación de la entidad o de las entidades de resolución alternativa que este se haya comprometido o esté obligado a utilizar. Se determina que mediante el formulario electrónico de reclamación y sus documentos adjuntos se procesarán únicamente aquellos datos que sean exactos, pertinentes y no excesivos con relación a los fines para los que se recaben.

Solo se tramitarán las reclamaciones presentadas cuando se cumplimenten todas las secciones necesarias del formulario electrónico. Si no se ha cumplimentado en su totalidad, se le informará a la parte reclamante de que la reclamación no puede seguir tramitándose a no ser que se facilite toda la información que falta.

La plataforma RLL transmitirá la reclamación a la parte reclamada junto con los datos siguientes: información de que las partes deben ponerse de acuerdo sobre la entidad de resolución alternativa que habrá de transmitirse la reclamación; información sobre la entidad o entidades de resolución alternativa que sean competentes para resolver el litigio, si constan mencionadas en el formulario electrónico de reclamación o si la plataforma RLL las determina basándose en la información facilitada en el formulario; si la parte reclamada es un comerciante, un requerimiento a declarar en un plazo de 10 días naturales sobre: si se compromete o está obligado a recurrir a una entidad de resolución alternativa concreta para resolver los litigios con consumidores, y salvo en caso de que esté obligado a recurrir a una entidad de resolución alternativa concreta, si está dispuesto a recurrir a cualquiera otra entidad.

Si la parte reclamada es un consumidor y el comerciante está obligado a recurrir a una entidad de resolución alternativa concreta, un requerimiento a aceptar en el plazo de 10 días naturales dicha entidad o, en caso de que el comerciante no esté obligado a recurrir a una entidad de resolución alternativa concreta, un requerimiento a que seleccione una o más de las entidades acreditadas; el nombre y los datos de contacto del punto de contacto de resolución de litigios en línea en el Estado miembro en que esté establecida o resida habitualmente la parte reclamada, y una breve descripción de las funciones (según la Ley).

El acceso a este procedimiento es gratuito y debe ser sencillo, además de respetar los principios de independencia, imparcialidad, transparencia, eficacia e igualdad, garantizando a las partes un plazo razonable para formular sus alegaciones y el suministro e intercambio de información y documentación relativa a su reclamación, ya sea por vía electrónica o por cualquier otro medio, posibilitando en todo momento el acceso al estado de su tramitación.

Debe de indicarse que en España puede acudirse al Centro Europeo del Consumidor (CEC) del que se ha hablado con anterioridad como punto de contacto de la plataforma RLL[238]. Este punto de contacto proporciona a quien lo solicite asistencia y apoyo en la presentación de reclamaciones a través de dicha plataforma RLL. El CEC envía de manera automática la reclamación a la entidad nacional de resolución alternativa competente que las partes hayan acordado.

En caso de no existir ninguna entidad de resolución alternativa acreditada en España competente para la resolución de algún tipo de litigio, se facilitará el acceso al listado de entidades consolidado de la Comisión Europea que den cobertura a empresarios de diferentes Estados miembros de la UE.

A modo de resumen del procedimiento de uso de la plataforma ha de indicarse que se basa en cuatro simples pasos: En primer lugar, el consumidor completa el formulario de reclamación *on line* y lo envía desde la propia plataforma. En segundo extremo, la reclamación es enviada al vendedor, quien propone al consumidor una entidad de resolución alternativa del conflicto. En tercer término, una vez que el consumidor y el vendedor se ponen de acuerdo en la entidad de mediación que va a resolver su conflicto, la plataforma se la envía a dicha entidad y, por último, la entidad de mediación se ocupa del caso por vía electrónica y propone una solución en el plazo de 90 días[239].

De esta forma, el consumidor rellenará un formulario en la plataforma ODR incluyendo: nombre del comerciante o página web de la misma y la información que tenga la plataforma sobre el comerciante se rellenará automáticamente, debe describirse la queja, rellenado un formulario en el que se tiene que indicar, asimismo, la información personal del consumidor, que tendrá que seleccionar el idioma con el que quiera recibir la información. Después el formulario de queja será enviado al comerciante, que tendrá dos opciones: la primera, aceptar el proceso y proponer un órgano de resolución de conflicto que esté en el listado de la plataforma. La segunda opción consistiría en no aceptar el proceso y, por tanto, no proponer un órgano de resolución de conflicto. Esto significa que el comerciante está negando la posibilidad de llegar a un acuerdo con el consumidor de

238 https://cec.consumo.gob.es/CEC/web/home/index.htm

239 De acuerdo con la legislación de la UE, los organismos de resolución de litigios son evaluados por los Estados miembros y deben reunir unos requisitos de calidad para garantizar que actúan de manera efectiva, justa, imparcial, independiente y transparente en los casos de litigio. Normalmente se llega a un resultado antes de 90 días. Se puede acudir a estos organismos para todos los litigios contractuales que se tengan con clientes en todos los países de la UE.

manera extrajudicial. El consumidor será informado de que el comerciante no desea continuar y el formulario se cerrará automáticamente.

Mientras se tramita la reclamación, el organismo de resolución de litigios puede pedir más información o documentos o invitarle a un encuentro. Puede nombrarse a un representante que le preste asistencia (esto es, una persona que presente la reclamación o lleve el caso en su nombre). En cualquier fase del procedimiento se puede solicitar información o ayuda. Hay un punto de contacto nacional en cada país de la UE que puede ser de utilidad en la reclamación. Debe tenerse en cuenta que algunos puntos de contacto solo pueden ayudarle en litigios transfronterizos.

Si las partes han llegado a un acuerdo sobre solucionar la controversia por esta vía, ambos consumidor y comerciante se habrán puesto de acuerdo sobre el órgano de resolución de conflictos y la plataforma ODR transferirá la queja a dicho órgano seleccionado por las partes. En este caso, el órgano de resolución de conflictos deberá resolver el caso de manera *online* con una resolución en 90 días (naturales).

De lo expuesto se deduce que pese a que el comerciante tenga la obligación de proporcionar el enlace a la plataforma o la cláusula oportuna dentro de sus condiciones generales o del aviso legal que tenga en su sitio web, en su caso, y otra es que la normativa expuesta *supra*, Directiva y Reglamento respectivamente impongan la obligación de someterse al procedimiento de resolución de conflictos, ya sea este de forma física a través de los ADR, analizados o cómo se expone en este apartado, a través de los ODR, es decir, en línea. Esto se indica concretamente en párrafo 49 del preámbulo de la Directiva sobre medios alternativos de resolución de litigios:

> «La presente Directiva no debe exigir que la participación de los comerciantes en procedimientos de resolución alternativa sea obligatoria o que el resultado de dichos procedimientos sea vinculante para los comerciantes cuando un consumidor haya presentado una reclamación contra ellos. Sin embargo, con el fin de garantizar que los consumidores tienen una vía de recurso y que no se vean obligados a renunciar a sus reclamaciones, se debe alentar a los comerciantes, en la medida de lo posible, a que participen en procedimientos de resolución alternativa. Por lo tanto, la presente Directiva debe entenderse sin perjuicio de cualquier norma nacional que haga obligatoria la participación de los comerciantes en dichos procedimientos, la incentive o sancione, o que les obligue a aceptar su resultado, siempre que dichas normas no impidan a las partes ejercer su derecho a acceder al sistema judicial, tal como establece el artículo 47 de la Carta de los Derechos Fundamentales de la Unión Europea».

En relación a las sanciones en caso de incumplimiento de las obligaciones señaladas, el artículo 21 de la Directiva antes mencionada, indica que «Los Estados miembros establecerán el régimen de sanciones aplicable a las infracciones de las disposiciones nacionales adoptadas por arreglo al Art. 13» al que se hace referencia anteriormente.

El artículo 36 del mismo indica que el incumplimiento por los empresarios de las obligaciones recogidas en el Art. 35, tendrá «la consideración de infracción grave en materia de defensa de los consumidores y usuarios, sin perjuicio de la existencia de otras infracciones en materia de información al consumidor tipificadas en la normativa sectorial correspondiente».

De esta forma, las empresas que ofrezcan productos o servicios on line deben ofrecer los correspondientes enlaces a la plataforma ODR partir del 15 de febrero, sin perjuicio de aceptar en cada caso el procedimiento de resolución alternativa. En este caso es recomendable reiterar en las condiciones generales de contratación esta posibilidad de acceder al sistema de resolución de conflictos.

El resto de comerciantes deberán indicar en sus condiciones generales esta posibilidad, si están sometidos o se han comprometido a resolver sus conflictos extrajudicialmente a través de una entidad de resolución de conflictos.

Por tanto, la Resolución de Litigios en Línea (RLL) es un procedimiento alternativo de resolución de litigios o conflictos de consumo conducido enteramente en línea que permite garantizar un nivel elevado de protección al consumidor, contribuyendo al correcto funcionamiento del mercado. De esta manera, si un comerciante tiene un conflicto con un consumidor y quiere evitar ir a los tribunales, la resolución alternativa de litigios puede ser una buena opción. Normalmente es más rápida, sencilla y barata que un procedimiento judicial. Engloba todas las maneras distintas de resolver una reclamación sin recurrir a un tribunal: «mediación», «conciliación», «arbitraje», «defensor del consumidor», «oficina de reclamaciones», etc.

2.4.3. tipología de los ODR

2.4.3.1. Métodos autocompositivos y heterocompositivos

Resulta obvio que existen distintos métodos para la Resolución alternativa de litigios *online* y que estos son adecuados para la resolución de litigios en la contratación electrónica, sobre todos en los conflictos entre consumidores y empresas[240]. Sin embargo, es posible identificar algunos parámetros de proveedores de ODR que han tenido éxito en la implementación de sus méritos y que pueden citarse cómo ejemplos de buenas prácticas[241]. Uno de estos métodos de negociación automática es CyberSettle, herramienta que puede ser muy

240 Véase «A European Perspective on Consumer Online Dispute Resolution». Computer and Telecommunications Law Review, vol. 15, n. ° 1, pág. 90-100; (2008). «Accredited Online Dispute Resolution Services: Creating European Legal Standards for Ensuring Fair and Effective Processes». *Information and Communications Technology Law*, vol. 17, n.° 3, pp. 221-237.

241 Véase Cortés, P., «Un modelo para la acreditación de los sistemas ODR en la UE», Revista de Internet, *Derecho y política*, pp. 1-11.

útil a la hora de alcanzar acuerdos económicos, además entre sus principales ventajas está la celeridad con la que pueden resolverse los problemas que surjan en el ámbito de la contratación electrónica B2C. La negociación asistida y la mediación en línea (por ejemplo, SquareTrade, eBay y PayPal) han sido exitosas a la hora de resolver muchos conflictos de origen similar. Estos métodos ODR son altamente automatizados e identifican controversias determinadas con soluciones apropiadas.

En contrapartida, debe indicarse que pese a las ventajas de estos métodos también presentan algunos límites, ya que solo son efectivos cuando tratan de resolver conflictos que resultan simples y que repiten el mismo patron. Por tanto, si la naturaleza del conflicto es más compleja, estas herramientas no tendrán tantas ventajas. En todo caso, para que los mismos sean efectivos es necesario que la información facilitada sea lo más precisa posible, para ellos también habrá de tenerse en cuenta la cantidad de información comunicada al sistema y la capacidad del software ya que de esto también dependerá la fructuosa resolución de la controversia.

De otro lado, los métodos autocompositivos, como la mediación y la negociación *online*, pueden ser de utilidad para evitar conflictos de leyes cuando las partes, como ocurre en multitud de contratos *online* tienen su domicilio en distintos países. Para que este tipo de métodos prospere resulta esencial que las partes estén motivadas en la solución amistosa del litigio.

Este tipo de soluciones extrajudiciales pueden ser muy utilice en las disputas que se produzcan en los contratos electrónicos por los motivos esgrimidos en este trabajo o cuando la disparidad del poder de las partes no es insuperable. Este puede ser el caso de ciertos conflictos entre consumidores y pequeñas y medianas empresas (pymes).

Por tanto, cuando el desequilibrio de las partes en un contrato electrónico es más que latente, como ocurre en la mayoría de los contratos electrónicos que se realizan con consumidores los métodos heterocompositivos parecen más adecuados. En este tipo de contratos, cómo ya se ha expuesto y es sobradamente conocido se opera con condiciones generales de la contratación que le son impuestas por el comerciante al consumidor. Este no tiene ningún poder de negociación en la redacción de las mismas, son cláusulas que le vienen dadas y que el consumidor acepta o, por el contrario, el contrato no se perfecciona.

También debe tenerse en cuenta que la utilización de uno u otro método, en algunos supuestos está más relacionado con la naturaleza de los derechos. De esta forma, en algunos conflictos, las partes pueden encontrar una solución sin comprometer sus intereses, mientras que en otros casos un acuerdo puede llegar a ser posible solo si las dos partes están dispuestas a llegar a algún tipo de compromiso en el que cedan una fracción de sus pretensiones. Por lo tanto, es necesario identificar primero bajo qué circunstancias una parte, en particular el consumidor, puede renunciar a un derecho para llegar a un compromiso con la otra parte que tiene más poder en la transacción.

Puede citarse cómo ejemplo de método heterocompositivo *online* el sistema ODR para los nombres de dominio (Uniform Domain Name Dispute Resolution Policy o UDRP). Este procedimiento administrativo prescinde de la necesidad y el coste de ir a juicio con elementos transfronterizos. El éxito de este sistema se deriva de tres aspectos: En primer lugar, resuelve solo las controversias más claras, como son los registros de nombres de dominio abusivos y hechos de mala fe, con el propósito de aprovecharse de la reputación de marcas registradas; en segundo extremo se utiliza una cláusula contractual para requerir a las partes a que utilicen este sistema para resolver las acusaciones de ocupas cibernéticos; y tiene incorporado un sistema de autoejecución de decisiones, que no depende de la intervención de un tribunal para asegurar el cumplimento de las decisiones.

De otro lado, también resulta interesante cómo método ODR heterocompositivo, la resolución de controversias sobre los reembolsos hechos a los usuarios de las tarjetas de crédito. El reembolso tiene lugar cuando ha habido un uso fraudulento o cuando se ha violado alguna cláusula contractual.

Según la OCDE, la forma de pago más común de los consumidores en el comercio electrónico es la tarjeta de crédito. Además, los emisores de tarjetas acarrean una responsabilidad civil solidaria con el vendedor. Este método también se aplica cuando el consumidor hace una compra en un tercer Estado, de manera que se elimina la necesidad de iniciar una acción legal en una jurisdicción extranjera.

Aunque en estos casos la responsabilidad solidaria del comprador y emisor de la tarjeta reduce la necesidad de utilizar ODR, todavía existen numerosos casos en los que las partes requieren de una decisión de la contraparte distinta. Para estos conflictos, un proceso judicial en línea o incluso un arbitraje en línea puede ser más rápido y efectivo que los métodos actualmente disponibles. El remedio del reembolso no está siempre disponible; solo algunos consumidores pueden beneficiarse del mismo, y la decisión únicamente solventa si le corresponde o no el reembolso al comprador.

En la actualidad resulta habitual intentar resolver las controversias B2C progresivamente, esto es: se comienza utilizando herramientas informales (autocompositivas) y en el caso de que la controversia, bien no se resuelva con estos métodos, por su complejidad o por otro motivo se recurre a la utilización del método más formal o heterocompositivo, dentro de los ODR.

Suele ser habitual cómo se exponía anteriormente que cuando se trata de un litigio surgido en un contrato electrónico de consumo se trate primero de contacta con el servicio de atención al cliente de la empresa, para lograr solucionarlo con la cual el consumidor tiene la controversia. De no resolverse la queja inicial, las partes pasan a usar métodos autocompositivos (por ejemplo, la negociación asistida, la negociación automática y la mediación en línea)[242].

Aunque en la actualidad en la normativa analizada sobre los ADR y los ODR no se impone una obligación a las partes en la utilización, de la forma progresiva anteriormente expuesta, de los métodos alternativos, ya sean en línea o no para la solución de sus conflictos, en un futuro con el objetivo de aliviar la carga judicial podría regularse esta cuestión de forma que sea un requisito exigido antes del sometimiento del asunto a los Tribunales, esto redundaría aún más en la utilización de estos métodos y por supuesto agilizaría la resolución de conflictos en el comercio electrónico, a la vez que reduciría los costes de la internacionalidad en este tipo de contratos. Todo ello, repercutirá, aún más en la utilización del comercio electrónico para la realización de transacciones de cualquier tipo.

En el ámbito de la UE, las iniciativas ya expuestas son las más se acercan a este escenario, se ha analizado *supra* al exponer la plataforma para la resolución alternativa de litigios *online* y todas las peculiaridades de la misma, procedimiento y fases en la posible resolución del litigio. De hecho este instrumento funciona precisamente en un primer momento intentando que las partes lleguen, por ellas mismas a una solución sobre el conflicto (método autocompositivo) y si esto no es posible, debe de acudirse a un tercero que intermedie en la solución del litigio (método heterocompositivo).

Pese a la utilidad de este instrumento en el marco de la UE, la mencionada normativa no impone la obligación de las partes de acudir a esta vía antes de dirimir el asunto en sede judicial sino que se limita a proponer esta posibilidad y la obligación se limita, en su caso, si decide utilizarse la información y la puesta a disposición del consumidor o usuario. Cómo decimos, las iniciativas más significativas son la Directiva para la mediación (ADR) y las dos recomendaciones que se han analizado *supra* junto con el Reglamento sobre los ODR.

De esta forma, para que los ODR crezcan, es necesario que la legislación les otorgue los recursos suficientes para que los proveedores efectivos e imparciales no tengan que desarrollar mecanismos de autoejecución. Una manera de fortalecer estos procesos sería por medio del reconocimiento legal de las cláusulas contractuales que buscan que las partes resuelvan sus controversias mediante los ODR, y garantizando la ejecución de las decisiones en un proceso judicial sumario. Esto solo es posible si se diseña un

---

242 Véase MARCOS FRANCISCO, D., «El arbitraje de consumo on line en el Real Decreto 231/2008, de 15 de febrero, Regulador del Sistema Arbitral de Consumo». *Revista de la Contratación Electrónica*, n.º 96; CORTES, P., «Un modelo para la acreditación de los sistemas ODR en la Unión Europea», *Revista de los Estudios de Derecho y Ciencia Política de la UOC*, Universitat Oberta de Catalunya, http://idp.uoc.edu

marco legal que promueva el uso de los métodos ODR acreditados. La marca de confianza europea daría prominencia a estos proveedores acreditados[243].

Las decisiones de los proveedores acreditados serán consideradas equivalentes a aquellas decisiones otorgadas por el arbitraje institucional. Así pues, las decisiones no tendrán efecto de cosa juzgada, es decir, las decisiones podrán ser apeladas en los tribunales, tanto motivadas por razones procesales como de derecho sustantivo[244]. Debe aceptarse que, para lograr un mayor acceso a la justicia mediante los ODR, será necesario reducir cierto nivel de formalidad procesal que permita desarrollar procesos ODR más rápidos, menos costosos y más efectivos que los procesos judiciales o extrajudiciales pero que se desarrolla *offline*.

Los ODR pueden otorgar en las disputas surgidas en los contratos electrónicos B2C una resolución satisfactoria, también en las controversias B2B e incluso en el ámbito de las relaciones de los ciudadanos con la Administración (C2G). La necesidad de los ODR aumenta cuando las partes en conflicto comparten determinadas características, tales como la falta de recursos económicos, cuando hay una vasta distancia geográfica entre las partes o cuando hay urgencia en la resolución de las controversias. También es el método ideal para la resolución de conflictos surgidos en transacciones B2C esporádicas en las cuales las partes prefieren un proceso menos formal y evitar la resolución presencial.

2.4.3.2. Métodos con o sin intervención humana

En el ámbito virtual existen sitios web que proveen de ODR que operan por sectores de actividad[245]. A continuación, se exponen algunos ejemplos

---

243 Según el profesor Hill: «*Una marca de confianza bien conocida que operase en toda la UE, y fuese la base de un sistema de ADR, tendría un impacto más positivo en la confianza de los consumidores (en especial en el comercio europeo por Internet) que lo que tiene las normas de derecho internacional privado y de los procesos de escasa cuantía. Los esfuerzos empleados en desarrollos legislativos (tales como el Proceso Europeo de Escasa Cuantía) podrían ser utilizados de manera más fructífera si se hubiesen establecido en un marco legal para establecer un sistema efectivo de ADR para la resolución de controversias de consumo*». Véase Hill, J., *Cross-Border Consumer Contracts*, Oxford University Press, pp. 318-319.

244 Véase Rabinovich-Einy, O., «Technology's Impact: The Quest for a New Paradigm for Accountability in Mediation», *Harvard Negotiation Law Review*, 2006, vol. 11, p. 253; https://papers.ssrn.com/sol3/papers.cfm?abstract_id=905220

245 En este sector resulta de interésala empresa ARyME (https://aryme.com/). «*Se trata de una entidad privada dedicada exclusivamente a promover el arbitraje, la mediación y otros métodos extrajudiciales mediante la observación e información de su actualidad, evolución y tendencias en el mundo. Asimismo ARyME es tanto un centro de recursos extrajudiciales como un lugar de encuentro entre los profesionales del arbitraje y de la mediación y empresarios, juristas o particulares interesados en resolver sus diferencias extrajudicialmente. Esta empresa ha crecido exponencialmente, convirtiéndose en uno de los portales mejor docu-*

(si bien en la práctica del comercio electrónico existen muchos otros sitios web con esta finalidad). En primer lugar, la Comisión europea dispone de una plataforma de resolución de conflictos en línea (https://webgate.ec.europa.eu). Este medio está habilitado para los particulares y empresas establecidas en la UE en virtud del mencionado Reglamento 524/2013.

En algunos países, las empresas también pueden utilizar esta web para presentar reclamaciones contra consumidores en relación con productos o servicios vendidos *online*. Este sitio web no dispone de organismos de resolución de litigios en algunos sectores y en los siguientes países: Croacia, España, Luxemburgo, Polonia, Rumania. De manera que no puede utilizarse esta web para resolver litigios con empresas de estos países. Sin embargo, un consumidor español sí puede hacer uso de este instrumento cuando se le plantee alguna cuestión relacionada con un contrato electrónico en otros países de la UE, diferente de los enumerados[246].

El primer paso es presentar la reclamación *online*, a continuación, es necesario ponerse de acuerdo con la otra parte implicada para elegir un organismo de resolución de litigios que tramite su caso. Cada organismo de resolución de litigios aplica sus propias normas y procedimientos, que suelen ser más sencillos, rápidos y económicos que acudir a los tribunales[247]. El propio sitio web proporciona un enlace con los organismos existentes en cada Estado para tramitar las reclamaciones. Una vez resuelta la reclamación, el organismo designado la comunica a las partes y se produce el cierre de esta.

Muchas empresas que comercializan sus productos y servicios en Internet disponen en su sitio web de un enlace para poder realizar la citada reclamación ante esta plataforma de la Comisión europea[248]. Esta es una forma de atraer a los usuarios que pueden ver un atractivo a la hora de contratar en dicho sitio por las facilidades que se ponen a su disposición para resolver las cuestiones que se planteen.

En segundo extremo, en el contexto de las ODR es muy conocida la compañía «*Squaretrade*» que ofrece un sistema de negociación, mediación y

mentados en esta materia. El acceso a las distintas secciones del sitio web de la empresa AryME es gratuito para el visitante excepto para la sección de documentación del "ADR World Observer", si bien esta contiene documentos de acceso público para cualquier visitante. Las suscripciones que AryME ofrece desde las distintas secciones que se presentan en estas páginas están sujetos a condiciones de uso y/o suscripción que se detallan en cada sección y que el visitante podrá leer, imprimir y guardar para su consulta o futura referencia».

246 (https://webgate.ec.europa.eu).

247 Todos los organismos de resolución de litigios que aparecen en esta web proponen procedimientos de solución extrajudicial. Han sido verificados para garantizar que cumplen nuestras normas y están registrados ante las autoridades nacionales.

248 (www.zalando.com; www.amazon.com), son ejemplos de sitios web que proporcionan un enlace para poder realizar la citada reclamación.

arbitraje por medio de Internet[249]. Sus principales clientes son los participantes en disputas sobre productos vendidos en subastas *online* (eBay.com) y también otras empresas que someten sus conflictos originados por la falta de cumplimiento contractual entre proveedores de servicios y compañías (www.guru.com)[250].

Esta empresa presenta un procedimiento que comienza con la posibilidad de realizar una negociación directa entre las partes, mediante comunicaciones realizadas en un sitio web protegido. No hay ninguna intervención de la empresa *Squaretrade*, solo las dos partes se comunican entre sí sobre el tema de la controversia. Si las partes no consiguen un acuerdo, la parte que solicitó la intervención de la empresa puede pedir un mediador en cualquier momento.

Este paso tiene un coste para la persona que solicita la intervención, que usualmente es una suma pequeña[251].

En este momento del proceso, las partes no tienen acceso a lo que la otra parte escribe, sino que se comunican a través de los mensajes del mediador. Dado que la mediación es voluntaria, ni la parte que inició el proceso, ni *Squaretrade* tienen poder para hacer que la contraparte asista, o para garantizar un resultado particular. La función del mediador seleccionado es comunicar diferentes soluciones generadas por las partes, tratando de encontrar una solución común.

La empresa *Squaretrade* también ofrece la posibilidad de arbitraje, en este supuesto, el árbitro elegido de una selección de árbitros profesionales, revisa los hechos y la evidencia disponible y toma una decisión basada en las reglas y disposiciones legales. Esta posibilidad está disponible solo en ciertos casos (no en supuestos de disputas por productos adquiridos en subastas como *Ebay*).

La empresa *Squaretrade* se define a sí misma como una entidad completamente independiente, y neutral, con procesos y sistemas imparciales[252]. Tiene un conjunto de mediadores y árbitros profesionales, independientes de la empresa y no hay correlación alguna entre las decisiones ofrecidas y los pagos de honorarios a los profesionales de la entidad, que perciben un importe fijo[253].

---

249 (www.squaretrade.com).

250 Para un análisis más pormenorizado de estos y otros ejemplos de ODR véase Femenia, N., *Resolución de disputas en y por Internet* (www.mediate.com).

251 Véase Edwards, L., Caroline, W., «Redress and alternative Dispute Resolution in EU Cross E-Border E-Commerce Transactions», *International Review of Law Computers & Technology*, vol. 21, núm. 3, noviembre de 2007, pp. 315-335.

252 (www.squaretrade.com).

253 Véase Suquet Capdevila, J., «The Eropean legal framework...», *loc. cit.*, pp. 162 y ss.

En tercer término, otro sistema de resolución de conflictos *online*, es el llamado «arbitraje virtual o magistrado virtual»[254]. Este es un sistema de arbitraje virtual, pensado para supuestos de controversias por uso indebido de material protegido por la legislación sobre propiedad intelectual. Está diseñado para proporcionar un sistema rápido y con un coste reducido para resolver disputas sobre protección de derechos de propiedad intelectual *online*[255].

El proceso de resolución de controversias sigue el modelo tradicional *online*, sin contacto personal, se rellena un formulario con la reclamación, si esta se determina ubicada dentro de los parámetros del modelo, es aceptada para su arbitraje. Llegado este momento, se elige un magistrado virtual del listado de profesionales preseleccionado. Tiene que ser un árbitro que tenga conocimiento de las Nuevas Tecnologías. Este árbitro reenvía la queja a la contraparte, involucrando también a los sitios web donde se produjo el daño. El proceso está diseñado para ser cumplido en un breve periodo de tiempo. Cuando termina, la queja, la respuesta y la decisión se colocan en el sitio web, pasando a ser información pública.

Debido a que el ámbito de las controversias posibles a solucionar es muy restringido, y las entidades que derivan supuestos prefieren solucionarlos dentro de sus propios límites para conservar el control, el sistema ha resuelto escasos supuestos, pero si muchas consultas y derivaciones a otros sistemas. Es posible que, si la entidad que genera los litigios tiene un vínculo con la que los resuelve, la relación sea más sencilla y los usuarios accedan al servicio con más confianza y facilidad[256].

De otro lado, en el contexto de las ODR existen otros métodos de resolución de controversias que se desarrollan sin intervención humana, de los que pueden citarse varios ejemplos[257]. En primer lugar, destaca el caso de *Cybersettle*, esta organización utiliza un método propio para intermediar en controversias relativas a asuntos financieros, en concreto relacionados a los importes que han de pagarse para compensar los daños asegurados[258]. Los métodos automatizados están diseñados de forma que ofrecen un proceso basado en una fórmula matemática. *Cybersettle* resuelve problemas de reclamaciones de seguros y financieras, a través de un sistema por el que las partes se someten a tres ofertas, y el sistema compara los importes varias veces para ver si se llega a un acuerdo[259].

---

254 (www.vmag.org).

255 Véase KATSH, E., «Online Dispute Resolutions... », *loc. cit.*, p. 102.

256 Véase OSMANI, F., *La médiation en matière civile et commerciale*, Bruylant, Bruselas, 2012, pp. 93-115.

257 Véase FEMENIA, N., «Resolución de disputas...», *loc. cit.*, pp. 4-6.

258 (www.cybersettle.com).

259 La fórmula de acuerdo está dentro del 30 % de la diferencia, si hay una aproximación, la reclamación se resuelve teniendo en cuenta la suma intermedia de las dos ofertas. Si la

En segundo extremo, destaca el depósito o *escrow*. Este dispositivo es muy útil para el comercio internacional con el fin de originar confianza en la operación, y consiste en el depósito del precio de la transacción en un sitio intermediario. Este dispositivo asegura que la decisión consensuada a través del método de resolución de disputas va a ser implementado inmediatamente y con seguridad. El dinero solo es entregado al vendedor después de que el comprador asegure que la transacción se ha completado a su satisfacción.

En el caso de que surjan inconvenientes con el producto recibido, el dinero se reembolsa al comprador. En consecuencia, tiene más importancia para el vendedor el cumplimiento de las condiciones pactadas para el intercambio. Un ejemplo de este sistema es *iEscrow*, el sistema organizado por eBay, principalmente para transacciones internacionales, en las que se protege el dinero del comprador hasta que la mercadería llega a su destino y es aceptación. Se completa con el dispositivo de un mecanismo para aceptar reclamaciones, junto con las evaluaciones de compradores y vendedores. Estas reclamaciones serán procesadas después, como se ha indicado, por la compañía independiente *SquareTrade*.

En tercer lugar, debe mencionarse el sistema de re-depósito de los cargos en tarjetas de crédito, también conocido como contracargo o *chargeback*[260]. Esta es la forma más habitual para resolver conflictos entre consumidores y comerciantes, por la que el cliente recibe un crédito por la suma objeto del litigio. Si no hay otro instrumento en su lugar, y si surge una controversia relativa a la compra de bienes o servicios, estos pueden cancelar la transacción y que se le reembolse su dinero. El comerciante puede comprobar que los bienes o servicios han sido entregados de acuerdo con lo acordado, en cuyo supuesto, se volverá a realizar el cargo. Este proceso es válido solo para consumidores finales, y no para transacciones entre comerciantes.

Las grandes compañías de tarjetas de crédito en su mayoría han extendido esta protección a las compras internacionales, y han adoptado pautas especiales para que este proceso pueda aplicarse a compras realizadas por Internet. La prueba de que este sistema funciona es que existen pocos supuestos en los que la controversia, pese a la devolución del importe, haya llegado a la vía judicial[261]. El sistema es rápido, accesible y con un bajo coste para el cliente. En este caso, el intermediario que interviene en la controversia es el

oferta difiere por encima de los resultados de la formula prefijada, la reclamación no se resuelve (www.cybersettle.com).

260 Véase VILLA, S., *Aspetti informatici e problematiche giuridiche dei sistema electronici di pagamento*, Aggiornata, Bolonia, 1999, pp. 45-57; id., *Manualle di diritti dell'informatica e delle nuove tecnologie*, Aggiornata, Bolonia, 2002, pp. 27-36.

261 Véase MELCON SÁNCHEZ-FRIERA, C., *Las transacciones comerciales...*, *op. cit.*, pp. 1-30.

sector bancario emisor de las tarjetas, que ya tiene una relación previa con las partes, esto es con el cliente y el comerciante[262].

De esta forma, en la contratación electrónica, los distintos ODR se crean por la demanda de empresas y destinatarios de los bienes y servicios que requieren estas nuevas fórmulas basadas en la intervención de mediadores y árbitros, o en métodos automatizados, y en ocasiones en combinaciones de ambos[263]. En concreto para las disputas que se planteen vinculadas con el contrato electrónico pueden resultar de utilidad ya que resultan económicamente eficientes ya que pueden minimizar los costes y el tiempo de resolución de la controversia con respecto a otros medios de resolución de litigios.

2.4.4. Reflexión final sobre la evolución de los ODR

Los ODR han evolucionado desde su aparición pero se seguirá avanzando en el sentido que estos mecanismos se diseñen para conflictos específicos y en algunos casos son controlados por la Administración. En determinados contratos, por ejemplo los electrónicos de escasa cuantía podría establecerse su utilización obligatoria de forma previa a la vía judicial, esto es siempre que en última instancia quede el recurso a acudir a los Tribunales.

Este tipo de mecanismos están cada vez más automatizados, ya se han puesto varios ejemplos y se ha visto cómo en muchos casos la intervención humana es inexistente. Por tanto, se tiende a un sistema de inteligencia artificial incorporado. Hasta ahora, un gran nivel de automaticidad ha sido logrado solo por sistemas de baja comprensión, los cuales únicamente proporcionan información, como la negociación asistida de SquareTrade, o resuelven controversias de un solo componente, como las ofertas a ciegas de CyberSettle. Aunque sistemas de ODR con un alto componente de inteligencia artificial ya existen, como es el caso de SmartSettle, estos sistemas todavía no resultan de fácil manejo. Está claro que es una cuestión de tiempo antes de que los servicios de ODR sean mejorados y regulados de tal suerte que se lleguen a convertir en los métodos estándar para la resolución de controversias surgidas en Internet.

Con las iniciativas de la UE en forma de Directiva (transpuesta al ordenamiento español a través de la ley 7/2017) y Reglamento 524/2017 se creado un instrumento para la resolución alternativa de litigios que si bien no se limita a los contratos electrónicos es de suma utilidad en este tipo de asuntos, pero es de vital importancia que desde el seno de la UE se supervise que las empresas que estén detrás de estos ODR sean fiables.

262 Véase Edwards, L., Caroline, W., «Redress and alternative...», *loc. cit.*, pp. 333-335.

263 Véase Suquet Capdevila, J., «The Eropean legal framework...», *loc. cit.*, pp. 162 y ss.

Una vez que se haya comprobado el extremo debería ser preceptivo, dependiendo de los casos recurrir a este tipo de soluciones, primero con un método autocompositivo y si no es posible acudir a un mediador u arbitro *online*, a través de un método heterocompositivo. De esta forma podría asegurarse que muchos de los litigios que se planteen se resolverán mediante estos instrumentos sin tener que recurrir a los Tribunales. Los acuerdos mediados serían ejecutables bajo la directiva de la mediación, y los laudos arbitrales serían tratados como sentencias judiciales en primera instancia.

CONCLUSIONES

A modo de reflexiones finales pueden indicarse las siguientes:

- I. La normativa relacionada con el contrato electrónico internacional es horizontal, se tiende a la especialización, aunque para dar una respuesta sobre este tema a tenerse en cuenta que estas normas inciden en las posibles controversias que surjan en relación con los contratos electrónicos de manera interseccional, por tanto, hay que ponerlas en relación. Este hecho hace que surjan algunas dificultades relativas a la delimitación normativa y a la compatibilidad entre las fuentes de procedencia de esta reglamentación.
- II. El contrato electrónico celebrado a través de sitios web activos con tienda virtual, a diferencia de otras relaciones contractuales que se concluyen de forma simultánea, se produce una vez que se han dado una serie de fases. Estas se relacionan, principalmente con la oferta, la adhesión y el control de incorporación de las CGC (presentes en la mayoría de los contratos que se formalizan por este medio).
- III. Con respecto a las disputas relacionadas con la existencia de la oferta y de la aceptación, se plantean como foros más eficientes del Reglamento Bruselas I bis: el foro del domicilio del demandado (art. 4), el foro especial en materia contractual (art. 7) y el foro en contratos celebrados con consumidores (art. 17).
- IV. Con respecto al foro del domicilio del demandado, pese a las ventajas que plantea tanto para el demandante, de cara a la posterior ejecución de la resolución recaída en el procedimiento y para el demandado, por razones obvias de proximidad, también encuentra inconvenientes. Estos se dan, por la propia determinación del domicilio del demandado que en estos casos puede resultar más compleja porque las partes se encuentran en distintos lugares, y normalmente no se conocen.

A estas cuestiones se une el hecho de que en la información que sea necesario proporcionar a la contraparte se utilice un domicilio ficticio que no corresponda con el real y que es aceptado en la práctica porque es el que resulta previsible para el destinatario de los SSI.

- V. La atribución de la competencia en virtud del foro especial en materia contractual es posible, aunque el objeto del procedimiento sea la determinación de la existencia de la oferta o de la aceptación contractual. En caso contrario, este foro podría quedar desprovisto de efecto jurídico ya que sería suficiente con que se alegara la inexistencia de algunas de las declaraciones de voluntad necesarias para el perfeccionamiento del contrato, para desvirtuar la regla contenida en el art. 7 del Reglamento Bruselas I bis.
- VI. Por otro lado, en los litigios relacionados con la existencia de la oferta o de la aceptación en los contratos electrónicos de consumo debe indicarse, que la protección otorgada por el Reglamento Bruselas I bis puede coincidir con el régimen de la Ley aplicable, ya que ambas cuestiones se basan en la Teoría del *International Stream of commerce*. Este hecho se debe a que siendo competente el Tribunal del domicilio del consumidor (art. 18 Reglamento Bruselas I bis), este tendrá en cuenta la *lex fori*, para determinar si el contenido del sitio web puede calificarse como oferta o si el destinatario de los SSI prestó su aceptación.
- VII. Para determinar la CJI en los litigios sobre los deberes de información se tendrá en cuenta el foro de sumisión expresa del art. 25 del Reglamento Bruselas I bis, en la mayoría de los contratos electrónicos, ya que normalmente estos contratos suelen operar bajo la *prorrogatio fori*. Este hecho, puede ser utilizado para eludir la aplicación de las disposiciones internacionalmente imperativas relacionadas con los deberes de información, ya que la actual regulación de la aplicación de estas normas por los Tribunales de terceros Estados concede una amplia discrecionalidad a estos.

Por otro lado, los conflictos vinculados con los deberes de información pueden estar relacionados con el control de incorporación de las cláusulas donde se insertan. En estos casos para determinar la CJI será necesario estar al caso concreto, para verificar si el supuesto incumplimiento del control de incorporación se alega de la totalidad de las CGC (que incluirán en este caso la *prorrogatio fori*). En estos supuestos habrá que estar al resto de foros regulados por el Reglamento Bruselas I bis. En cambio, si solo se refiere a las cláusulas sobre deberes de información, será competente el Tribunal acordado por las partes.

- VIII. El Tribunal competente para conocer de los litigios relativos al contenido del derecho de desistimiento o al incumplimiento del control de incorporación de la cláusula donde se inserta esta facultad, en los contratos B2C, se determinará de acuerdo con los arts. 17-19 del Reglamento Bruselas I bis. Si la controversia relativa al incumplimiento del control de incorporación sobre el desistimiento se suscita en un contrato B2B la CJI se determinará de acuerdo con el resto de foros.

- IX. Sobre los ADR hay que destacar las virtudes de la normativa surgida en el marco de la UE en los últimos años y que se ha analizado en este trabajo. Principalmente la Directiva 2013/11 de 21 de mayo de 2013 que se traspuso al ordenamiento español a través de la Ley 7/ 2017 de 2 de noviembre y por su parte el Reglamento 524/2013 y la creación de una plataforma *online* para la resolución de conflictos. Este instrumento no se limita a los contratos electrónicos, pero tiene gran utilidad en este tipo de transacciones, principalmente cuando intervienen consumidores. Las ventajas de los medios alternativos de resolución de conflictos, ya sean ODR o medios tradicionales, cómo el arbitraje o la mediación tienen son innegables, en cuanto redundan en una mayor celeridad y en una reducción de los costes procesales. Esta cuestión está íntimamente relacionada con la rebaja en los costes en la internacionalidad del litigio ya que ha de recordarse que muchos de los contratos que se realizan en línea tienen un elemento internacional. Por este motivo el hecho de no tener que litigar en un país extranjero, sino que las diferencias surgidas entre las partes puedan resolverse de forma rápida y en ocasiones mediante métodos automáticos resulta vital para el buen desarrollo de este tipo de transacciones y para que la mismas se realicen con una mayor seguridad jurídica.
- X. Para finalizar, debe destacarse que pese a las ventajas de los ADR y de los ODR, debe de seguir potenciándose la utilización de los mismos y esto pasa necesariamente por una mayor información acerca de las diferentes técnicas existentes. El envío del enlace correspondiente o la indicación en el aviso legal o en las condiciones generales del sitio web, no resultan suficientes para que las partes, en muchas ocasiones consumidores, en este tipo de contratación, que cómo sabemos se produce de forma sumamente rápida e irreflexiva conozca la existencia de estos métodos alternativos y cómo puede utilizarlos.

BIBLIOGRAFÍA

AA. VV., *European private international Law at 50, celebrating and contemplating the 1968 Brussels Convention and Its Successor*, Intersentia, Antwerpen-Cambridge, 2020.

ABARCA JUNCO, P., «Problemas de aplicación de las normas de Derecho internacional privado (I)», P. ABARCA JUNCO (dir.), *Derecho internacional privado, vol. I* Universidad Nacional de Educación a Distancia, Madrid, 2003, pp. 138 y ss.

ABELLÁN, V., *Lecciones de Derecho comunitario europeo*, Ariel, Barcelona, 2005.

ACCIARRI, H. A., *Elementos de Análisis Económico del Derecho de Daños*, George Mason University, Law & Economics Center, Berkeley, USA, 2009.

AGUILAR GRIEDER, H., «Desafios y tendencias en el actual derecho internacional privado europeo de los contratos», *CDT* (octubre 2012), vol. 4, núm. 2, pp. 23-48.

AHRENS, H. J., «Das Herkunftslandprinzip in der E-Commerce-Richtlinie», *Computer und Recht*, vol. 16, 2000, pp. 835-841.

ALFARO, J., «Los costes de transacción», J. L. IGLESIAS PRADA (coord.), *Estudios en homenaje al Profesor A. Menéndez*, vol. I, Civitas, Madrid, 1996, pp. 131-162.

ALFMEIER, A., *Vom cassislikör zur e-Commerce- Richtlinie: auf dem weg zu einem europäischen, Mediendeliktsrecht, Zeitschrift fur europäisches privatrecht*, Nomos Verlagsgesellschaft, Munich, 2001, pp. 837-868.

ALVAREZ GONZÁLEZ, S., «Comentario de la STJUE de 6 de septiembre de 2012, asunto C-190/11: Mühleitner-Yusufi», *REDI*, vol. LXV (2013), 1, pp. 211-214.

«Derecho internacional privado y Derecho privado europeo», SANCHEZ LORENZO, S. (coord.), *Derecho privado Europeo*, Civitas, Madrid, 2003, p. 158 y ss.

«Objeto del Derecho internacional privado y especialización normativa», *ADC*, 1993, pp. 1109-1152.

Condiciones generales en la contratación internacional, La Ley, Madrid, 1992.

AUDIT, B., *Droit international privé*, Economica, Paris, 2008.

ARIAS POU, M., «El consentimiento en la contratación electrónica a través de Internet», *La Ley*, 2006, T. IV, pp. 1527-1535.

ARROYO AMAYELAS, E., «Formación y perfección del contrato», S. CÁMARA LAPUENTE (Coord.), *Derecho privado europeo*, Editorial Colex, Madrid, 2003, pp. 29 y ss.

ARSIC, J., «International Comercial Arbitration on the Internet: Has the Future Come too Early», *J. Int' l. Arb*. núm. 3, 1997, pp. 209 y ss.

BALSCHEIT, P., *Konsumvertragsrecht und E-Commerce, Eine übersicht,* Stampfli Verlag AG Bern, Berna, 2005, pp. 102-276.

BARRAL VIÑALS, I., «Consumidores, online dispute resolution y reclamaciones de pequeña cuantía», *Democracia Digital e Governo Eletrônico*, Florianópolis, n° 10, 2014, pp. 394-415.

BARRIUSO RUÍZ, C., *Interacción del Derecho y la informática*, Dykinson, Madrid, 1996.

BATALLA TRILLA, A., *Contratación electrónica*, Dykinson, Madrid, 2006.

BOELE-WOELKI Y KESSEDJIAN, C., «Internet, wich Court decides? Wich Law applies?/Internet, quell tribunal decide? Quel Droit s´applique?», AA. VV., *Proceedings of the international colloquium in honour of Michel Pelichet/actes du colloque international à l´honneur de Michel Pelichet, Kluwer*, La Haya, 2001, pp. 114-137.

BOTANA GARCÍA, G. A., *Comercio electrónico y protección de los consumidores*, La Ley, 2001.

BRAND, R. A., «Forum selection and forum rejection in US Courts: one rationale for global choice of court Convention», *Reform development of Private international law, Essays in honour of Sir. Peter North*, Oxford University Press, Oxford, 2002, pp. 64-73.

BRAZELL, L., *Electronic signatures law and regulation*, Thonson sweet & Maxwell, Londres, 2004.

Brödermann, I., *Europäisches Gemeinschaftsrecht und Internationales privattrecht*, J.C.B., Mohr (Paul Siebeck), Tübingen, 1994.

Broseta Pont, M., Martínez Sanz, F., *Manual de Derecho Mercantil*, tomo I, Tecnos, Madrid, 2009.

Campanale, S., *Dirito del Commercio internazionale e normativa comunitaria*, Giuffrè editore, Milán, 2005.

Chaffey, D., *E-Business and E-commerce managenment*, Prentice hall, Londres, 2003.

Chatillon, G., *Le Droit international de l´Internet*, Editorial Colex, Madrid, 2001.

Cortés, P., «Un modelo para la acreditación de los sistemas ODR en la UE», *Revista de Internet, Derecho y política*, pp. 1-11.

Cousido González, M. P., *Derecho de la comunicación en Internet*, Editorial Colex, Madrid, 2001.

De Miguel Asensio, P. A., *Derecho privado de Internet*, Civitas, Madrid, 2015.

«El nuevo Reglamento sobre competencia judicial y reconocimiento y ejecución de resoluciones», *La Ley/Unión Europea*, núm. 8013, 31 de enero de 2013, pp. 3-8.

«Contratación internacional: la evolución del modelo de la Unión Europea», *Revista mexicana de Derecho internacional privado y comparado*, 2011 (29), pp. 67-89.

Del Barrio, L., *Del Business al e-Business en tiempos de crisis*, Gestion 2000, Madrid, 2003.

Delabre, G., *Le droit dans les mondes virtuels*, Larcier, Bruselas, 2013.

Delfini, F., *Il comercio elettonico*, Egea, Milán, 1999.

Edwards, L., Caroline, W., «Redress and alternative Dispute Resolution in EU Cross E-Border E-Commerce Transactions», *International Review of Law Computers & Technology*, vol. 21, núm. 3, noviembre de 2007, pp. 315-335.

Elkin K., Salzberger, E. M., «Law and economics in Cyberspace», *International Review of Law and Economics*, vol. 19, núm. 4, New York, 1999, p. 558-579.

Escobar, M., *El comercio electrónico, perspectiva presente y futura en España*, Fundación AUNA, Madrid, 2000.

Escobar De La Serna, L., *Derecho de la información*, Dykinson, Madrid, 2001.

Espinar Vicente, J. M., «De lo tradicional y de los nuevo en el Derecho internacional privado contemporáneo», *Cursos de derecho internacional y Relaciones internacional de Vitoria-Garteiz*, 2010, pp. 273-322.

Teoría general del derecho internacional privado, Universidad de Alcalá, Alcalá de Henares, 2000.

Ensayos sobre teoría general del Derecho internacional privado, Civitas, Madrid, 1997.

Espiniella Menéndez, A., «Competencia judicial internacional en materia de contratos celebrados con consumidores internautas. (Comentario a la STJUE de 7 de diciembre de 2010, As. C-585/08 y C-144/09)», *Noticias UE*, núm. 329 (2012), pp. 181-188.

«Noción de consumidor. Delimitación de la misma en el artículo 13 del Convenio de Bruselas de 1968 sobre competencia judicial internacional, reconocimiento y ejecución de resoluciones judiciales, en materia civil y mercantil», *Comunidad Europea Aranzadi*, Año XX, núm. 12, 1993, pp. 31-36.

Esteban de la Rosa, F.; Olariu, O., «La aplicación de la Normativa Común de Compraventa Europea (CELS) a los contratos de consumo: nuevos desafíos para el sistema de Derecho internacional privado europeo», *InDret* 1/2013, pp. 2-32.

Esteban de la Rosa, F., «El papel del nexo de causalidad en el sistema europeo de competencia internacional de los contratos de consumo: ¿una condición para el olvido?», *La Ley Unión Europea*, noviembre, 2014, pp. 5-17.

La protección de los consumidores en el mercado interior europeo, Comares, Granada, 2003.

«La inadecuación del sistema español de Derecho internacional privado de las cláusulas abusivas al Derecho comunitario: claves para una nueva transposición y propuesta legislativa», *Diario La Ley*. Unión Europea, 2006, 26(6242), pp. 196-219.

Esteban de la Rosa, G., «Contratación electrónica internacional en el sector oleícola», G. Esteban (coord.), *Internacionalización del sector oleícola a través de la Tecnología de la Información*, Comares, Granada, 2015, pp. 3-29.

«Online international contracts: general terms», W. DYDUCH/M. PANKOWSKA (eds.), *Economics and Business Communication Challenges*, Universidad de Katoviwe, 2014, pp. 87 y ss.

«La adaptación de los contratos en el comercio internacional», *Anuario Español de Derecho Internacional privado*, 2007, núm. 7, pp. 71-93.

«Cambio de circunstancias y adaptación de los contratos internacionales», *Anuario euro-peruano de derecho del comercio*, núm. 4-6, 2007-2009, pp. 17-48.

«La Buena fe en la negociación de los contratos internacionales», *Anuario euro-peruano de derecho del comercio*, núm. 1, 2004, pp. 150-174.

«La aplicación de las Directivas comunitarias en materia de Derecho privado a las situaciones transfronterizas», S. SÁNCHEZ; M. MOYA (eds.), *La cooperación judicial en materia civil y la unificación del Derecho privado en Europa*, Dykinson, Madrid, 2003, pp. 180 y ss.

ETHAN KATSH AND COLEN RULE, «What we know about Online Dispute Resolution», *South Carolina Law Review*, n.º 2 (2016), pp. 67-75.

FAJARDO MARTOS, P., «Estrategia y mediación: análisis de las ventajas estratégicas que para la solución de conflictos empresariales ofrecen los principios y garantías que regulan la mediación», *Métodos alternativos de solución de conflictos: perspectiva multidisciplinar*, Dykinson, Madrid, 2006, pp. 69-83.

FALLON, M.; MEEUSEN, J., «Le commerce électronique, la Directive 2000/31/CE et le droit international privé», *Rev. Crit. Dr. int. Privé*, 2002, pp. 435-490.

FALLON, M., «Le droit des rapports internationaux de consommation», *JDI Clunet*, 1984, pp. 765-847.

FARAH, Y., «Allocation of jurisdiction and the internet in EU law», *European Law Review*, vol. 33, núm. 2, April 2008, pp. 265-266.

FARINA, L., «Presente y futuro del Derecho comercial», *Revista de Derecho Comercial*, 2012, pp. 21 y ss.

FELIU ÁLVAREZ DE SOTOMAYOR, S., «Nulidad de las cláusulas de jurisdicción y ley aplicable a la luz de la Ley 3/2014 por la que se modifica el texto refundido de la Ley general para la defensa de consumidores y usuarios», *REEI*, núm. 29, junio de 2015, pp. 1-36.

La contratación internacional por vía electrónica con participación de consumidores, Granada, Comares, 2006.

Feldstein de Cárdenas, S. L., Scotti, L. B., «La Convención sobre Utilización de las Comunicaciones Electrónicas en los Contratos Internacionales: un avance hacia la armonización legislativa en materia de contratación electrónica», *Revista Científica de UCES*, núm. 11, 2007, pp. 59-90.

Fenoulhet, T.; «Introduction aux activités de resolution en ligne des litiges de la société de l'information dans le cadre européen» en (http://droit-internet-2001.univ-paris1.fr).

Fenoy Picón, N., «The Spanish Obligation and Contract Law and the Proposal for its Modernisation», R. Schulze; F. Zoll (eds.), *The law of obligations in Europe*, Verlag C.H. Beck, Munich, 2013, pp. 397-431.

Fentimann, R., *International Commercial Litigation*, Oxford University Press, Oxford, 2010, pp. 479 y ss.

Fernández Bujan, F., «Retorno a Roma en la elaboración del futuro Código Europeo de Contratos», *Boletín de la Facultad de derecho de la UNED*, 2000, núm. 15, pp. 109-128.

Fernández Fernández, R., *La contratación electrónica: la prestación del consentimiento en Internet*, Bosch, Barcelona, 2001.

Fernandez Masiá E., «Optando por la normativa común de compraventa europea», *REEI*, 2012, pp. 1-21.

«Contratos de consumo y competencia judicial internacional en el Reglamento 44/2001», *Estudios sobre consumo*, núm. 63, 2002, pp. 9-24.

«Cláusulas de sumisión en contratos electrónicos internacionales» (www.reei.org, 2002), pp. 1-22.

Fernández Rozas, J. C., Arenas García, R., de Miguel Asensio, P. A., *Derecho de los negocios internacional*, lustel, Madrid, 2013.

Fernández Rozas, J. C, Sánchez Lorenzo, S., *Derecho internacional privado*, Civitas, Madrid, 2016.

Fernández Rozas, J. C., «El lento camino hacia la europeización del Derecho de los contratos», *Anales de la Academia Matritense del Notariado*, Tomos XLV-XLVI, 2004/2005 y 2005/2006, Madrid, Colegio Notarial de Madrid/La Ley, 2009, pp. 257-285.

«Comunitarización del Derecho internacional privado y Derecho aplicable a las obligaciones contractuales», *Revista Española de Seguros*, núm. 140, 2009, pp. 595-616.

«Coordinación de ordenamientos jurídicos estatales y problemas de adaptación», *Revista mexicana de derecho internacional privado y comparado*, núm. 25, 2009, pp. 9-44.

«Alternativa conflictual o material en la búsqueda de un Derecho contractual europeo más coherente», *La Ley*, 2005-II, pp. 1442-1450.

«Orientaciones del derecho internacional privado en el umbral del siglo XXI», *Revista mexicana de Derecho Internacional privado*, núm. 9, 2000, pp. 7-32.

«Derecho internacional privado y Derecho comunitario», *Revista de Instituciones Europeas*, 1990, pp. 785 y ss.

Fezer K.H.; Koos, S., «Das gemeinschaftsrechtliche Herkunftslandprinzipunddie e- Commerce- Richtlinie», *IPRAx*, 2000, pp. 350-354.

Flores Doña, M. S., *Impacto del Comercio electrónico en el Derecho de la contratación*, Edersa, Madrid, 2002.

Föhlisch, C., *Information und Recht*, Verlag C.H. Beck, Munich, 2009.

Das Widerrufsrecht im Onlinehandel, Mairisch-Verlag, Hamburgo, 2009, pp. 90-95.

Forner Delayqua, J., *Materiales de Derecho comercial internacional*, Tirant lo Blanch, Valencia, 2006.

Francescakis, P. H., «Quelques précisions sur les lois d´application immédiate et leurs rapports avec les régles de conflit de lois», *Revue critique de droit international privé*, 1966, pp. 1-18.

«Lois d´application immédiate et règles de conflit», *Rivista di diritto internazionale privato e processuale*, 1967, pp. 691-698.

Gabeiras Vázquez, P.; **de Juan Giménez Coral, V.**, «La protección de los sitios web», AA. VV., *Régimen jurídico de Internet*, La Ley, Madrid, 2002, pp. 1427-1453.

Gaillard, E., «The review of international arbitral awards», *IAI, Forum, Dijon*-12-14 September 2008, pp. 197-299.

Galgano, F., «Lex mercatoria, shopping del Derecho y regulaciones contractuales en la época de los mercados globales», *Revista de Derecho Mercantil*, núm. 247, 2003, pp. 7-20.

Gallardo Ortiz, M. Á., «Criptología; Seguridad Informática y Derecho. Leyes del Ciberespacio», *Informática y Derecho*, 1994, núm 4, UNED, Centro Regional de Extremadura.

Gambaro, E., Landi, N., «Consumer Contracts and Jurisdiction, Recognition and Enforcement of Judgments in Civil and comercial Matters», *European Business Law Review*, 2006-5, pp. 1355-1371.

Gamella M., *La tecnología del software. Temática y situación en España*, Fundesco, Madrid, 1985.

Garau Juaneda, L.,«Sobre las diferentes relaciones entre norma jurídica y territorio» J. Basedow y otros (coords), *Aufbruch nach Europa*, 75 Jahre, Max-Planck-Institut für Privatrecht. Tübingen, 2001, pp. 426-427.

Garau Sobrino, F., *Lecciones de Derecho procesal civil internacional*, UIB, Barcelona, 2008.

García Legaz, J., «La política de desarrollo de la sociedad de información en España», *Revista del Colegio de Economistas de Madrid*, núm. 88, 2001, pp. 19 y ss.

García Mexía, P., *Derecho Europeo de Internet, hacia la autonomía académica y la globalidad geográfica*, Netbiblo, La Coruña, 2009.

García Rubio, M. P., «Las condiciones generales en la contratación electrónica», *La Ley*, núm 1, 2001, pp. 22-43.

García-Tuñon, A. M., «El modelo inglés de control de las cláusulas contractuales injustas: La Unfair Contract Terms Act de 1977», *Revista de Derecho Bancario y Bursátil*, núm. 25, año VII, enero-marzo 1987, pp. 63 y ss.

García Valcárcel, I., Munilla, E., *E-Business Colaborativo*, FC Editorial, Madrid, 2003.

García Vidal, A., «El acceso al comercio electrónico en Internet», Anexo Tato y Ángel Fernández-Albor (coord.), *Comercio electrónico en Internet*, Marcial Pons, Madrid, 2001, pp. 99-136.

Derecho Internacional Privado, Thomson Reuters, Pamplona, 2012.

«Contratos de Distribución Internacional: Competencia judicial y Ley aplicable», A. Alonso Ureba; L. A. Velasco San Pedro y otros (dirs.), *Actas del Congreso de Distribución Comercial y Derecho de la Competencia*, 2010, pp. 221-240.

«La racionalidad económica del Derecho internacional privado», *Cursos de Derecho internacional y Relaciones Internacionales de Vitoria-Gasteiz*, 2001, pp. 87-154.

«Las cláusulas de elección de foro: fallos del mercado y abuso de derecho», *REDI*, núm. 2, 1998, pp. 103-119.

«El régimen normativo de las transacciones privadas internacionales: una aproximación económica», *REDI*, 1995-II, vol. XLVII, pp. 11-41.

Contratación internacional y medidas de coerción económicas, Madrid, 1993, pp. 44-59.

Garde Castillo, J., *La institución desconocida en Derecho internacional privado*, Escuela de formación del profesor Onésimo Redondo, Valladolid, 1947.

Gardeñes Santiago M., *La aplicación de la regla de reconocimiento mutuo y su incidencia en el comercio de mercancías y servicios en el ámbito comunitario e internacional*, Eurolex, Madrid, 1999.

Garro, A. M., Perales Viscasillas, M. P., «Opiniones del Consejo consultivo de la Convención de Viena sobre compraventa internacional de mercaderías», *ADC*, vol. 61, núm. 3, 2008, pp. 1389-1471.

Geist, M., «Y-a-t-il un "là" là? Pour plus de certitude juridique en rapport avec la compétence judiciaire à l'égard d'Internet, Is There a There? Toward greater certainty for Internet Jurisdiction», *The Journal of Information, Law and Technology*, 2001, 1, pp. 2-60.

Gessmer, V., *Foreign Courts. Civil Litigation in Foreign Legal Cultures*, Aldershot, EE. UU., 1996.

Guillaume, F., *Droit international privé*, Neuchâtel, Helbing Lichtenhahn, 2013.

Gillies L. E.: *Electronic Commerce and Private Law, a Study Electronic Consumer Contracts*, Markets and thelaw, England-USA, 2008.

Ginsburg, J. C., «The Private International Law of Copyright in an Era of Technological Change», *RCADI*, 1998, vol. 273, pp. 243-405.

«Global Use, Territorial Rigths: Private International Law Questions of the Global Information Infrastructure», *Journal of the Copyright Society of the USA*, vol. 42, 1995, pp. 318-338.

Girón, J., *Apuntes de Derecho Mercantil*, Aranzadi, Pamplona, 2002.

Giuliano, M.; Lagarde, P., «Rapport concernant la convention sur la loi applicable aux obligations contractuelles», *JOCE*, 1980 (C 282/1), pp. 28-38.

Guerra J., «La conclusión de contratos por medios informáticos», *Revista informática y derecho*, núm. 8, 1995, pp. 76 y ss.

Guisado Moreno A., *Formación y perfección del contrato en Internet*, Marcial Pons, Madrid-Barcelona, 2004.

«El Comercio electrónico y su disciplina ¿un nuevo Derecho para un nuevo modelo de mercado y de negocios?», *Revista de Derecho de los Negocios*, núm. 145, octubre 2002, pp. 28-47.

Gómez Calle, E., *Los deberes precontractuales de información*, La Ley, Madrid, 1994.

Gómez Valenzuela, E., García Cabrera, L., «Normativa comunitaria y exportación online de aceite de oliva: Problemas existentes y posibles soluciones», *Revista Aranzadi de Nuevas Tecnologías*, núm. 35, 2014, pp. 158-166.

Gómez Valenzuela, E., «Condiciones Generales de la contratación electrónica para la exportación de los aceites de oliva», Esteban G. (coord.), *Internacionalización del sector oleícola a través de la Tecnología de la Información*, Comares, Granada, 2015, pp. 32.51.

«Online Exportation of Olive Oil: New Challenges», *Civil & Legal Sciences*, vol. 3, 2014, pp. 1-6.

«Formación del contrato electrónico y negocios internacionales: carencias y retos en la normativa comunitaria», *Derecho de los negocios*, (online), núm. 2, diciembre, 2013, pp. 1-17.

«Regulation of electronic contracts in the European Community: New Challenges», *European International Journal of Science and Technology*, vol. 2, 2013, núm. 8, pp. 209-215.

«The Development of contract in relation with the active and passive websites», *Journal of business and Social Science International*, May, 2012, vol. 3, núm. 9, Centre for Promoting Ideas, USA, pp. 124-129.

«Páginas web activas y pasivas», *RCE*, núm. 16, noviembre-diciembre, 2011.

«Jurisdicción competente y Derecho aplicable en daños transfronterizos y en espacios donde ningún Estado ejerce soberanía», *Derecho de daños, una perspectiva contemporánea*, Motivensa, Lima, 2011, pp. 571-572.

«International electronic contracting: offer and acceptance», *European Scientific Journal*, Diciembre, vol. 8, 2008, pp- 266-282.

Gonzalez Campos, J. D., «Diversification, spécialisation, flexibilitation et matérialisation des régles de Droit international privé», *RCADI*, 2000, vol. 287, pp. 289-376.

«Cuestiones de Derecho internacional privado en las Comunidades Europeas», *Symposium sobre España y las Comunidades Europeas*, Valladolid, 1983, pp. 111 y ss.

González Gonzalo, A., *La formación del contrato tras la LSSICE*, Comares, Granada, 2004.

Graham, J. A., *El Derecho internacional privado del comercio electronico*, Themis, México D.F., 2003.

Grassano, A. P., «Contratti di compravendita internazionale con condizioni generali», *Diritto civile e comerciale, Diritto internazionale*, 2005, pp. 28-42.

Guerra, J., «La conclusión de contratos por medios informáticos», *Revista informática y derecho*, núm. 8, 1995, p. 76.

Gridl, R., *Datenschutz in globalen Telekommunikationssystemen*, Nomos Verlagsgesellschaft, Baden-Baden, 1999.

Groth, D., Skandier, T., *Guía del estudio de redes*, Sybex, Madrid, 4.ª ed., 2005.

Grothe, H., «The Common Frame of Reference for European Private Law», *Cuadernos de la maestría en Derecho*, núm. 2, 2012, pp. 1-22.

Grundmann, S; Mazeau, D., (eds.), «General Clauses and Standards in European Contract Law», *General clauses and standars in European contract law, Kluwer Law International*, Países Bajos, 2006, pp. 51-63.

Grundmann, S., «Das Internationale Privatrecht der E-Commerce-Richtlinie- was ist kategorial anders im Kollisionsrecht des Binnenmarkts un warum?», *RabelsZ* Band 67 (2003), Heft 2 (April), pp. 425-498.

Guarneri, A., *L' ordine pubblico e il sistema delle fonti del diritto civile*, Cedam, Milan, 1974, pp. 176-180.

Gutiérrez Espada, C., *El sistema institucional de las Comunidades Europeas: de los Tratados constitutivos y el Acta Única al Proyecto de Tratado sobre la Unión Europea*, Tecnos, Madrid, 1998, pp. 8-14.

«El artículo 5.1 del Convenio de Bruselas de 27 de septiembre de 1968 y su interpretación jurisprudencial por el Tribunal de Justicia de las Comunidades Europeas», *Revista de Instituciones Europeas*, vol. 12, núm. 2 mayo-agosto, 1985, pp. 15-22

Hart J. D., *Internet law: a field guide*, Bloomberg BNA, Lewiston, Nueva York, 2008.

Hartley, T. C., «Mandatory Rules in International Contracts: the Common Law Approach», *RCADI*, t. 266, 1997, pp. 382 y ss.

Hayakawa, S., «Private Law in the Era of Internet», *Legal Aspects of Globalization, Kluwe Law International*, The Hague, London- Boston, 2000, pp. 27-34.

Heiss, H., «Inhaltskontrolle von Rechtswahlklauseln in AGB nach europäischen Internationalen Privatrecht?», *RabelsZ*, 65, 2001, pp. 634-653.

Hellner, J., «The Vienna Convention and Standard Form Contracts», P. Volken & P. Sarcevic (coords.), *International Sales of Goods*, Oceana Publications, EE. UU., 1986, pp. 342 y ss.

Henning, S., «Standard Business Conditions in Germany under the Vienna Convention», *The Comparative Yearbook of International Business*, 1993, vol. 15, p. 381.

Heredero, M., «El comercio electrónico, su incidencia en la contratación de bienes y servicios», *Revista Jurídica de Navarra*, 2000, pp. 80- 102.

Heredia Cervantes, I., «Consumidor pasivo y comercio electrónico internacional a través de páginas web», *Revista jurídica Universidad Autónoma de Madrid*, núm. 5, 2001, pp. 69-99.

Hermalin, B; Katz, A.W; Craswell, R., «Contract law», A. M. Polinsky; S. Shavell (eds.), *Handbook of Law aand Economics*, Elsevier/New, Amsterdam, 2007, pp. 34-39.

Hernández Rodríguez, A., «El contrato de transporte aéreo de pasajeros: Algunas consideraciones sobre competencia judicial internacional y derecho aplicable», *CDT*, Marzo 2011, pp. 179-194.

Hill, J., *Cross border consumer contracts*, Oxford private international law series, Oxford, 2008.

Hoffmann, J., «Die Buttonlösung bei grenzüberschreitnden Vertragsschlüssen», *IPRax*, núm. 35 mayo-junio de 2015, pp. 193-197.

Höhne, M., *Das Widerrufsrecht bei Kaufverträgen im Spannungsverhältnis von Opportunismus und Effektivitaät*, Max-Planck-Institut, Mohr Siebeck, Hamburgo, 2016.

Honnold, J. O., *Derecho uniforme sobre compraventa internacional de mercaderías. Convención de las Naciones Unidas de 1980*, Edersa, Madrid, 1987.

Howells, G., «European contract Law Reform and European Consumer Law Reform and European Consumer Law-Two Related but distinct Regimen», *European Review of Contract Law*, pp. 173-194.

Huber, P. C., «Contract formation and Non-performance in German law», Reiner Schulze; Fryderyk Zoll (eds.), *The law of obligations in Europe*, Munich, Selp, 2013, pp. 201-213.

Idot, L., «Quelques pistes pour la résolution des conflits de droits de la concurrence en matière de distribution», *DPCI*, 1993, vol. 19, núm. 2, pp. 214-243.

Iglesias Cabero, M., *Fundamentos de Derecho Comunitario Europeo*, Editorial Colex, Madrid, 1995.

Illescas Ortiz, R., «La equivalencia funcional como principio básico del Derecho de la contratación electrónica», *Revista Aranzadi de Nuevas Teconologías*, núm. 1, 2003, pp. 19-31.

Derecho de la contratación electrónica, Civitas, Madrid, 2001.

«La firma electrónica y el RDL 14/1999, del 17 de septiembre», *Derecho de los Negocios*, La Ley, núm. 109, octubre, 1999, pp. 1-13.

«La Convención de Viena de 1980 sobre compraventa internacional de mercaderías: ámbito de aplicación y perfección del contrato», *Derecho de los negocios*, núm. 16 (enero de 1992), pp. 1 y ss.

Infante Ruíz, F. J., «Entre lo político y lo académico: Un Common Frame of Reference de derecho privado europeo», *InDret*, 2/2008, pp. 34-49.

Irti, N., *La edad de la descodificación*, José María Bosch, Barcelona, 1992, p. 24-35.

Jaburek, W. J.; Wölfl, N., *Cyber-Recht*, Ueberreuter, Wien-Frankfurt, 1997.

Jimenez de Parga, R., «El comercio electrónico, Seguridad Jurídica», *Revista de Derecho de los negocios*, núm. 118-119, 2000, pp. 1-12.

Jiménez Guillermo, C., *Guía ICC del Comercio internacional*, Marcial Pons, Madrid, 2012.

Jones, R., Moore, R., «Introduction: An uncomfortable marriage: The challenges "new" technology is posing to "old" or established legal concepts?», *International Review of Law Computers & Technology*, 23, núm. 1-2, March-July 2009.

Juenger, F. K., «General Course of Private International Law», *RCADI*, t. 193, 1985, pp. 191-206.

Juliá Barceló, R., *Comercio Electrónico entre empresarios. La formación y prueba del contrato electrónico (EDI)*, Tirant lo Blanch, Valencia, 2000.

Kabre, W. D., *La conclusion des contrats électroniques, étude de droits africains et européens*, L' Harmattan, Paris, 2013, pp. 261-250.

Kadner Graziano, T., *Europäisches vertragsrecht*, Helbing Lichtenhan Verlag, Baden-Baden, 2008.

Kahn, F.; Sherman W., «To click or not to click? Ninth Circuit rejects browsewrap arbitration clause», *Lexology*, EE. UU., 2014, pp. 1-29.

Kahn, F., «Die Lehre vom ordre public (Prohibitivgesetze)», *Jherins Jahrbücher für die Dogmatik des heutigen römischen und deutschen Privatrechts*, Dunker & Humblot, Munich/Leipzig, 1928, vol. 1, pp. 161 y ss.

Kamel Boulos, M. N.; Wheeler, S., «The emerging web 2.0 social software», AA. VV., *El professional de la información*, BMC Med, Londres, 2007, pp. 95-106.

Kaplow, L.; Stephen S., «Economic Analysis of Law», *Handbook of Public Economics*, A. J. Auerbach; M. Feldstein (eds), vol. 3, cap. 25, 2002, Elsevier, Amsterdam-Nueva York, pp. 1661-1784.

Katsh, E., «Online Dispute Resolutions: some Implications for the Emergence of law in Cyberspace», *International Review of Law Computers & Technology*, vol. 21, núm. 2, July, 2007, pp. 97-109.

Kaufman-Kohler, G. y Schult, T., *Online Dispute Resolution. Challenges for Contemporary Justice,* Kluwer Law International, Londres, 2004, p. 83.

Kegel, G., *Internationales Privatrecht*, Vérlag, C.H. Beck, Münich, 2004.

Keller, M.; Siehr, K., *Allgemeine Lehren des internationalen Privatrecht*, Schulthess, Zurich, 1986.

Keller, M., «Lessons for The Hague: Internet Jurisdiction in Contract and Tort Cases in the European Community and the United States», *The John Marshall Journal of Computer & Information Law*, vol. 23, 2004, pp. 1-74.

Kessedjian, C., «Electronic data interchage, internet and electronic commerce», *Preliminary Document n. 7 of April 2000*, Hague Conference on Private International Law, Kluwer, The Hague, 2000, pp. 25-39.

«Rapport de synthèse», K. Boele-Woelki; C. Kessedjian (eds.), *Internet, Which Court decides? Which Law Applies? Quel tribunal décide? Quel droit sápplique?* Kluwer, The Hague, 1998, pp. 143-154.

Kieninger, E. M., «Die Vollharmonisierung des Rechts der Allgemeinen Geschäfts-bedingungen eine Utopie?», *RabelsZ* (73) 2009, pp. 793-817.

King, C., Dalton, C., *Security Architecture: Design, Deployment & Operations*, RSA Press, USA, 2001.

KINSELLA, N. S.; SIMPSON, A. F., *Online contract formation*, Oceana Publications, EE. UU., 2004.

KLAUER, S., *Das europäische Kollisionsrecht der Verbraucherverträge zwischen Römer EVÜ und EG-Richtlinien*, Mohr Siebeck, Tübingen, 2002.

KLAUS, J. H.; STEFFEK, F., «Mediation: Principles and regulation in comparative perspective», *European Business Organitation Law Review*, núm. 14, 2013, pp. 613-618.

KLEINHEISTERKAMP, J., «Los Principios Unidroit en la interpretación del derecho nacional por tribunales estatales», P. PERALES VISCASILLAS Y A. MARTÍNEZ CAÑELAS (dirs.), *Principios de Derecho contractual Europeo y Principios Unidroit sobre Contratos Comerciales Internacionales*, Dykinson, Madrid, 2009, pp. 176-187.

KNOEPFLER; SCHWEIZER, P., *Précis de droit internacional privé suisse*, Bâle, Berne, 1990.

KONO, T.; PAULUS, C. G., RAJAK, H., *Selected legal issues of E-Commerce*, Kluwer Law International, Netherlands, 2002.

KÖTZ, H., *Europäisches Vertragsrecht I.*, Hamburg, J.C.B. Mohr (Paul Siebeck) Tübingen, 1996.

«Europäische Juristenausbildung», *ZeuP*, 1993, pp. 268 y ss.

«Alternativen zur legislatorischen Rechtsvereinheitlichung. Einführende Bemerkungen zum gleichnamigen Symposium. Hamburg, 1991», *RabelsZ*, 1992, pp. 215 y ss.

KROPHOLLER, J., *Internationales Privatrecht*, Túbingen, Münich, 1997.

«Die Entwicklung des Rechts der Allgemeinen Geschäftsbedingungen im Jahre 1996», *NJW*, 1997, pp. 1407-1420.

KUIPERS, J. J., *EU Law and Private Internacional Law*, Martinus Nijhoff publishers, Leiden-Boston, 2012.

KÜSTER, I., VILA, N., «La venta on line: principales problemas y soluciones», *Esic Market, Revista Internacional de Economía y Empresa*, núm. 115, mayo-agosto 2003, pp. 27-42.

JANSEN, N., «Klauselkontrolle im europäischen Privatrecht Ein Beitrag zur Revision des Verbraucheracquis», *Zeitschrift für Europäisches Privatrecht*, 2010, pp. 69-106.

JAYME, E.; KOHLER, C., «Europaisches Kollisionsrecht 2003: der Verfassungskonvent und das Internationale Privat- und Verfahrensrecht», *IPRax*, 2003, pp. 486 y ss.

JAYME, E., «Kollistansrecht und Internet nationallsierung von Rechtsverhänissen oder "Cyberlaw"?», S. Leible (dir.), *Die Bedeutung des internationalen Privatechts irn Zeitalter der neuen Medien*, Stuttgart, Münich, 2003, pp. 11 y ss.

«Das portugiesische AGB-Gesetz von 1985-Sachnormen und Internationales Privatrecht», *IPrax*, 1987, pp. 44-46.

«El comercio electrónico (¿seguridad jurídica?)», *Derecho de los Negocios*, núm. 6, 2000, pp. 6 y ss.

JIMÉNEZ GUILLERMO, C., *Guía ICC del Comercio internacional*, Marcial Pons, Madrid, 2012.

JULIA BARCELÓ, R., *Comercio electrónico entre empresarios. La formación y prueba del contrato electrónico*, Tirant lo Blanch, Valencia, 2002.

KROPHOLLER, J., *Internationales Privatrecht*, J.C.B. Mohr (Paul Siebeck), Tübingen, 1994.

LAFUENTE SÁNCHEZ, R., «El criterio del international Stream-of-Commerce y los foros de competencia en materia de contratos celebrados con consumidores», *CDT* (octubre 2012), vol. 4, n.º 2, pp. 177-201.

«Developpements futurs du droit international privé dans une Europe en voie d´unification: Quelquess conjectures», *RabelsZ*, 2004, t. 68, núm. 2, pp. 225-243.

«Le príncipe de proximité dans le Droit international privé contemporaine», *RCADI*, 1986-I (vol. 196).

LAGUNA PAZ, J. C., «Internet: aspectos de su régimen jurídico público», *Revista española de Derecho administrativo*, núm. 113, 2002, pp. 9-17.

LAMBERT, J., «Formación de los contratos: comunicación de la oferta y la aceptación. La postura de la Common Law (derecho consuetudinario)», AA. VV., *La validez de los contratos internacionales negociados por medios*, Editorial Universitaria, Madrid, 1989, pp. 48 y ss.

LAMMEK, S.; TINNEFELD, M. T., *Globalisierung und informationelle Rechtskultur in Europa*, Nomos Verlagsgesellschaft, Baden-Baden, 1998.

LANDO, O., «The Law Applicable to the International Sale of Goods», *RabelsZ*, 75, 1993, p. 163 y ss.

«European Contract Law», *American Journal Civil Law*, 1983, pp. 653 y ss.

LANDO, O; BEALE, H., *Principios de Derecho Contractual Europeo*, Consejo General del Notariado, Madrid, 2003.

Llaneza González, P., *Internet y comunicaciones digitales*, Bosch, Barcelona, 2000.

Lara Aguado, A., «Formación del contrato electrónico», F. Esteban (coord.), *La protección del consumidor en dos espacios de integración: Europa y América*, Tirant lo Blanch, Valencia, 2015, pp. 74-101.

«Formación del contrato electrónico», S. Sánchez Lorenzo (dir.), *Derecho contractual comparado. Una perspectiva europea y transnacional*, Civitas, Madrid, 2016, pp. 867-933.

«La oferta y la aceptación contractuales», S. Sánchez Lorenzo (Ed.) *Derecho contractual comparado*, Civitas, Madrid, 2016, pp. 681-725.

Larenz, K., «Tratado de Derecho Civil Alemán-Derecho Civil», *editorial Revista de Derecho Privado*, Madrid, 1978.

Lecrerc, F., *La protection de la partie faible dans les contrats internationaux (Étude de conflits de lois)*, Bruylant, Bruselas, 1995, pp. 340-498.

Lederman, E.; Saphira, R., *Law, Information and information Technology*, Kluwer Law International, Netherlands, 2001.

Legrand, P., «Sens et non-sens dún Code civil européen», *RIDC*, 2001, pp. 489-500.

«Mercado interior, comercio electrónico y protección del consumidor», *Estudios sobre consumo*, n.° 85, 2008, pp. 9-22.

Choice of the applicable law, Publications of the Swiss Intitute of Comparative Law, Lausana, 2008.

«Negotiation and Conclusion of the Contract: Format and Substantive Validity, Choice of Court and Choice of Law Clauses, An introduction», en Schulz A. (dir.), *Legal Aspects of an E-Commerce transaction*, 2006, pp. 1-29.

«Die europäisierung des internationalen privat- und prozessrechts: kompetenzen, stand der Rechtsvereinheitlichung und perspektiven», S. Sánchez; M. Moya (Eds.), *La cooperación judicial en materia civil y la unificación del Derecho privado en europa*, Dykinson, Madrid, 2003, pp. 13-38.

Lener, G., «La nuova disciplina delle clausole vessatorie ne contratti dei consumatori», *Candozo Electronic Law Bulletin*, (http://www.jus.unitn.it).

León Saez De Ybarra, J. L., «Galaxia Internet: tendencias de la publicidad», *Revista de estudios de comunicación*, núm. 3, 1997, pp. 46-65.

Lessig, L., *El código y otras leyes del ciberespacio*, Taurus, Madrid, 2001.

LEWALD, H., «Règles générales des conflits de lois. Contributions à la technique du droit international privé», *RCADI*, t. 69, 1939-III, pp. 1 y ss.

LINDE PANIAGUA, E.; MELLADO PRADO, R; MIRALLES SANGRO, BACIGALUPO SAGGESE, M.; FERNÁNDEZ RODRÍGUEZ, C; FUENTETAJA PASTOR, J. A., *Principios de Derecho de la Unión Europea*, Editorial Colex, Madrid, 2006.

LÓPEZ-TARRUELLA MARTÍNEZ A., *Contratos internacionales de software*, Tirant lo Blanch, Valencia, 2006.

LORENZ, W., «Die Lex Mercatoria: Line international Rechtsquelle», W. BARFUB (dir.). *Festschrift für Karl H. Neumayer Zum 65, Geburtstag*, Baden-Baden, 1985, p. 407.

LOUSSOUARN, L., «Cours Général de Droit international privé», *RCADI*, T. 139, 1973, p. 338 y ss.

LUCIANA SCOTTI, B., *Derecho internacional privado Globalización e Internet*, Biblioteca jurídica americana, México, 2016.

LUNAS DÍAZ, M. J., «El principio de primacía comunitario y el Derecho Internacional Privado», *RDC*, 1998, julio-diciembre, pp. 473-499.

LURGER, B., *The European Union in the field of consumer law, Publications of the Swiss Institute of Comparative Law*, Lausana, 2014, pp. 83-107.

MADRID PARRA, A., «El negocio jurídico electrónico», *RCE*, junio de 2002, núm 28, pp. 35 y ss.

«Aspectos jurídicos de la identificación del comercio electrónico», R. ILLESCAS (dir.), *Derecho del comercio electrónico*, La Ley, Madrid, 2001, pp. 155-201.

MAJÓ I CRUZATE, J., *La sociedad de la información*, UOC, Barcelona, 2002.

MANKOWSKI, P., «Artículo 5 des Vorschlags für eine Rom I-Verordnung- Revolution im internationalen Verbrauchervertragsrecht?», *ZVglRWiss*, vol. 105, 2006, pp. 120-163.

«Der Vorschlag für die Rom I-Verordnung», *IPRax*, 2006, pp. 109 y ss.

«Jurisdiction and Enforcement in the Information Society», R. NIELSEN, S. S. JAKOBSEN; J. TRZASKOWSKI (eds.), *EU Electronic Commerce Law*, Copenague, Djoef, 2004, pp. 125-159.

«Das Herkunftslandprinzipals Internationales Privatrech der e-commerce-Richtlinie», *ZVglRWiss*, vol. 100, 2001, pp. 137-181, pp. 138-144.

«Wider ein transnationales Cyberlaw oder: Von der fortbesthehenden Bedeufung des Internationalen Privatrechats bei Internet- Sachverhaften», *A/P (Archive für Presserecht)*, 30, 1999, pp. 138 y ss.

Marchal Escalona, N., «¿Hacia un nuevo derecho procesal europeo de protección del consumidor?: la nueva iniciativa europea sobre la resolución de litigios de pequeña cuantía», *REEI*, octubre, 2014, pp. 12-13.

Marín López, M. J., «Análisis del RD 231/2008 de 15 de febrero de que regula el sistema Arbitral de consumo», *Centro de Estudios de Consumo*, 2008, pp. 1-23.

Marco Molina, J., «Las nuevas tendencias legislativas en materia de perfección del contrato: la aproximación entre el civil y el Common law, en las nuevas leyes o codificaciones del contrato», *RDP*, mayo-junio, 2008, pp. 5-53.

Marín Peidro, L, *Los contenidos ilícitos y nocivos en Internet*, Fundación Retevisión, Madrid, 2000.

Marino, S., «I contrati di consumo on line e la competenza giurisdizionale in ambito comunitario», *Contratto e impresa/Europa*, 1/2011, pp. 253 y ss.

Marsland, V., «Online Services – Copyright in the Online World», *Hawksmere*, Londres, 1997 (Seminar Paper), pp. 1-14.

Martin Bernal, J. M., «Internet y virtualización del Derecho en general y del derecho civil en particular», *AC*, 2001, núm 12 (19 a 25 de marzo), pp. 443 y ss.

Martín García, M. L., «La abusividad del cargo por emisión de billete según la reciente jurisprudencia del TS», *Revista CESCO de Derecho de consumo*, núm 2, 2012, pp. 25-33.

La publicidad, su incidencia en la contratación, Dykinson, Madrid, 2002, pp. 29-87.

Martin Herget, F., *Die internationale Zuständigkeit im electronic Commerce in der Euopäischen Union*, Peter Lang, Euroäischer Verlag der Wissenschaften, 2006.

Martínez De Aguirre Aldaz, C., «Contenido y efectos del contrato», Derecho Privado Europeo, AA. VV., S. Cámara Lapuente (coord.), Editorial Colex, Madrid, 2003, pp. 443 y 444.

Martínez Espín, P., «¿Qué hay de nuevo en materia de cláusulas abusivas?», *Revista CESCO de Derecho de Consumo*, núm 9, /2014, pp. 76-84.

Martínez Gallego, E. M., *La formación del contrato a través de la oferta y la aceptación*, Marcial Pons, Barcelona.

Marín López, J. J., «Derecho de desistimiento de los consumidores en los contratos celebrados fuera del establecimiento mercantil», *CESCO, Revista de Derecho de consumo*, núm 1/2012, pp. 10-15.

Márquez Lobillo, P., *Empresarios y profesionales en la sociedad de la información*, Edersa, Madrid, 2004.

Martínez Nadal A., *Comercio electrónico, Firma digital y autoridades de certificación*, Civitas, Madrid, 2002.

El comercio electrónico, firma digital y autoridades de certificación, Civitas, Madrid, 1998, p. 42.

«Bestimmung des Vertragsstatus», C. Reithmann; D. Martiny (Coords), *Internationales Vertragsrecht: Das internationale Privatrecht der Schuldverträge*, Köln, Münich, 2004, pp. 1 y ss., concr. pp. 72-74 y 118-121.

Mazzamuto S., «La nuova Direttiva sui diritti del consumatore». *Europa e diritto privato*, núm. 4 (2011) pp. 861-909.

Matías Fernandes, M. J., «O conceito de "actividade dirigida" inscrito no artigo 15.º, número 1, alínea c), do Regulamento "bruxelas i" e a internet: subsídios do tribunal de justiça por ocasião do acórdão Pammer / Alpenhof», *CDT* (Marzo 2012), vol. 4, núm. 1, pp. 302-315.

Mateu de Ros, R., «Principios de la contratación electrónica en la Ley de Servicios de la Sociedad de la Información y de Comercio Electrónico», Mateu de Ros, R., López- Monís Gallego, M. (coords.), *Derecho de Internet. La Ley de Servicios de la Sociedad de la Información y de Comercio Electrónico*, Aranzadi, Navarra, 2003, pp. 150 y ss.

Mathieu, B., *Directives européennes et conflits de lois*, Dalloz, Paris, 2015.

Mato Pacín, M. N., «El control de contenido en la contratación mediante condiciones generales entre empresarios en el Derecho comparado y europeo», *CDT* (octubre 2015), vol. 7, núm. 2, pp. 216-282.

Maury, J., «Rêgles générals des conflits de lois», *RCADI*, t. 57, 1936-III, p. 375.

Mayer, P.; Heuzé, V., *Droit international privé*, 9.ª de., Montchrestien, París, 2007.

Mayorga Toledano, M. C., *El contrato mercantil de franquicia*, Comares, Granada, 2007.

«Los Derechos de información previa y de desistimiento en la contratación electrónica de servicios financieros. Especial referencia a los contratos bancarios», *RCE* núm. 87-2007, pp. 3-45.

Melcon Sánchez-Friera, C., *Las transacciones comerciales en la red*, Universidad de Zaragoza, Zaragoza, 2012.

Mercado Pacheco, P., «El Estado comercial abierto, la forma de gobierno de una economía desterritorializada», R. Capella (coord.), *Transformaciones del Derecho en la mundialización, Estudios de Derecho judicial, CGPJ*, núm. 16, Madrid, 1999, pp. 123-158.

Miedbrodt, A., *Signaturregulierung im Rechtsvergleich*, Nomos Verlagsgesellschaft, Münich, 2000.

Minor, J., «Consumer Protection in the EU: Searching for the Real Consumer», *European Business Organisation Law Review*, núm. 13, 2012, pp. 163-168.

Moreno Quesada, B., «La oferta de contrato», *RDM* (1956), pp. 184 y ss.

Moreno, M. A., *Contratos electrónicos*, Marcial Pons, Madrid, 1998.

Moro Almaraz, M.ª J., «Servicios de la Sociedad de la Información y Sujetos Intervinientes», AA. VV., *Autores, consumidores y Comercio Electrónico*, Editorial Colex, Madrid, 2004, pp. 133 y ss.

Múgica, J. M.; Ruiz, S., *El comportamiento del consumidor*, Ariel, Barcelona, 1997.

Müller, F., *Juristische Methodik*, Duncker & Humblot, Berlín, 1989.

Nava González, W., «Los mecanismos: extrajudiciales de resolución de conflictos en línea: su problemática en el derecho internacional privado», *ACDI*, Bogotá, Vol. 13, XX-XXI, 2019.

Nava González, W. y Breceda, J., «México en el contexto internacional de solución de controversias en línea de comercio electrónico», *Anuario Mexicano de Derecho Internacional*, 15, (2015): 721-785.

Nerbia, P., *Unfair contract terms in European Law. A study in Comparative and EC Law*, Oxford and Portland Hart, Oxford, 2007.

Nielsen, P., «The New Brussels I Regulation», *Common Market Law Review*, 2013, pp. 503-528.

Niño Camazón, J., *Sistemas operativos monopuestos*, Editex, Madrid, 2011.

Niboyet, J. P., *Principios de derecho internacional privado*, Reus, Madrid, 1930.

«L´universalité des regles de solution des conflits; est elle réalisable sur la base de la territorialité?», *RCDIP*, 190, pp. 509 y ss.

Nieto Solís, J. A., *Organización económica internacional y globalización*, Siglo XXI, Madrid, 2005.

Norberg, A. y E. O'Neill, J., *Transforming Computer Technology: Information Processing for the Pentagon*, 1962-1982, Johns Hopkins University, Nueva York, 1996.

Nuyts, A., «La refonte du Règlement Bruxelles I», *RCDIP*, núm. 1, 2013, pp. 1-63.

Oliva, Blázquez, F., *Compraventa internacional de mercaderías (Ámbito de aplicación del Convenio de Viena de 1980)*, Biblioteca Jurídica Cuatrecasas, Tirant lo Blanch, Valencia, 2002.

Ontiveros, E., *La economía en la Red, Nueva Economía, nuevas finanzas*, Taurus, Madrid, 2001.

Orejudo Prieto de los Mozos, P., «Comentarios sobre la atribución de la competencia en contratos e ilícitos electrónicos: el desarrollo de la jurisprudencia del TJUE», P. Diez Hochleitner y otros (coords), Últimas tendencias de la jurisprudencia del Tribunal de Justicia de la UE 2008-2011, La Ley, Madrid, 2012, pp. 599-604.

Ortiz Vidal, M.ª D., «El principio de reconocimiento mutuo en el ámbito de la UE y los límites a la libre circulación, ¿mecanismo conciliador en tiempos revueltos?», *RDC*, vol. II, número 3, 2015, pp. 177-197.

«Contratos electrónicos internacionales B2C y protección del pequeño empresario», *CDT* (marzo 2014), vol. 6, núm. 1, pp. 379-396.

«Espacio judicial europeo y tratado de Lisboa: Hacia un nuevo Derecho Internacional privado», *CDT* (marzo 2010), vol. 2, núm. 1, pp. 376-402.

Osmani, F., *La médiation en matière civile et commerciale*, Bruylant, Bruselas, 2012.

Ossorio, J., *Lecciones de Derecho Civil, Obligaciones y contratos*, Comares, Granada, 1985.

Pagador López, J., «Las condiciones generales de la contratación: Introducción y régimen jurídico de los contratos celebrados mediante ellas», G. A., Botana y M. Ruíz (coords.), *Curso sobre protección jurídica de los consumidores*, Civitas, Madrid, 1999, pp. 164-184.

«La ley 7/1998 de 13 de abril sobre condiciones generales de la contratación», *Revista de Derecho de los Negocios*, 1997, núm. 9, 1998, pp. 1-34.

Parra Rodriguez, C., *El nuevo Derecho internacional de los contratos*, J. M. Bosch editor, Barcelona, 2001.

PASCUZZI, G., *Diritto e tecnologie evolute del commercio elettronico*, Cedam, Milán, pp. 19-55.

PANIZA FULLANA, A., *Contratación a distancia y defensa de los consumidores*, Comares, Granada, 2003.

«La Sentencia del Tribunal de Justicia de la Unión Europea (Gran Sala) de 7 de diciembre de 2010: algunos aspectos relativos a la protección del consumidor en la contratación de servicios turísticos en Internet», *Aranzadi Civil-Mercantil*, núm. 11/2011, (disponible en Westlaw, BIB 2010/3265).

PARDO GATO, J. R., *Cláusulas abusivas en los contratos de adhesión: Análisis legislativo y jurisprudencial*, Dijusa, Madrid, 2004.

PAZOS CASTRO, R., «El contrato celebrado en el marco de una actividad comercial dirigida al consumidor. Comentario a la STJUE de 17 de octubre de 2013 (asunto C-218/12, Emrek)», Año LXVIII, *BMJ* núm. 2165. Abril 2014.

PECOURT GARCÍA, E., «Problemática de la cuestión preliminar en Derecho internacional privado», *Revista de Derecho Español y Americano*, n.º 14, 1966, pp. 11-60.

PEDROSA MACHADO, M. N., «Sobre cláusulas contratuais gerais e conceito de risco», *Revista da Faculdade de Direito da Universidade de Lisboa*, año 29, 1988, pp. 109 y ss.

PERALES VISCASILLAS, P., *La formación del contrato en la compraventa internacional de mercaderías*, Tirant lo Blanch, Valencia, 1996.

«La batalla de los formularios en la Convención de Viena de 1980 sobre compraventa internacional de mercaderías: una comparación con la sección 2-207 UCC y los Principios de UNIDROIT», *La Ley*, viernes 15 de noviembre de 1996, núm. 4167, pp. 1-12.

«Battle of The Forms Under The 1980 United Nations Convention on Contracts for the International Sale of Goods: A Comparison With Section 2-207 UCC And The Unidroit Principles», *Pace International Law Review*, 1998, vol. 10, núm. 1, pp. 97-155.

«La formación electrónica del contrato en el "Draft Common Frame of Reference"», *RCE*, núm. 100, 2009, pp. 10-25.

La reforma Española de Arbitraje (Ley 11/2011 de 20 de mayo), Rubinyal-Culzoni, Buenos Aires, 2012, pp. 69-113.

PÉREZ VERA, E. (dir.), *Derecho internacional Privado*, vol. I y II., UNED, Madrid, 2002.

Perlingieri, P., *La formazione dei contratti commerciali*, Universita degli Studi di Camerino, Camerino, 1976.

Piaggi, A. I., «La Ley Modelo de UNCITRAL y la modernización de la legislación para facilitar el e-commerce», *Revista doctrina societaria*, núm. 144, 1999, pp. 26-47.

Picand Albónico, E., *Arbitraje comercial internacional*, Tomo I, editorial jurídica de Chile, 2005.

Picone, P., «La méthode de la reference a l´ordre juridique competent en droit international privé», *RDADI.*, t. 197, 1986, pp. 229 y ss.

Piette-Coudol, T., Échanges électroniques certification et *securite*, Litec, Paris, 2000.

Pinto Monteiro, A., «El Problema de las condiciones generales de los contratos y la Directiva sobre cláusulas abusivas en los contratos con consumidores», *RDM*, 1996, pp. 79-115.

Saggio sulla struttura formale del problema delle questione preliminari nel diritto internazionale privato, Jovene, Nápoles, 1971.

«Les méthodes de coordination entre ordres jurídiques en droit international privé (Cours general de droit international privé)», *RDADI*, t. 276, 1999, pp. 120-122.

Pilty, B., *Internationales Kaufrecht. Das UN-Kaufrecht (Wiene übereinkommen von 1980) in praxisorientierter Darstellung*, Verlag C.H., Münich, 1993.

Plaza Penadés, J., «Algunas consideraciones sobre el futuro Código civil europeo», *Derecho patrimonial europeo (Monografía asociada a la Revista de Derecho patriomonial)*, Cizur Menor, Thonson/Aranzadi, Navarra, 2003

Pocar, F., «La Protection de la partie faible en Droit Internacional Privé», *RCADI*, t. 188, 1984-V, pp. 339-418.

Polidor, S., *Codice del Consumo annotado con la dottrina e la giuriprudenza*, E. Capobiano; G. Perlingieri (coord.), Napoles-Roma, 2009, pp. 801-804.

Polo, L., «World Wide Web Technology Architecture: A Conceptual Analysis», *New Devices*, 2003, núm. 2, pp. 29-37.

Pommier, J. C., *Principe d'autonomie et loi du contrat en droit international privé conventionnel*, Economica, París, 1992.

Poullet, Y., «La conclusión du contrac par un agent électronique», *Commerce Électronique, le Temps de Certitude*, Cahiers du Centre de Recherches, Bruylant, Bruselas, 2000, p. 132 y ss.

Puerta Domínguez, E., *La Directiva comunitaria como norma aplicable en derecho*, Comares, Granada, 1999.

Puig Brutau, J., *Fundamentos de derecho Civil*, Bosch, Barcelona, 2006.

Puurunen, T., «The Judicial Jurisdiction of States Over International Business-to-Consumer Electronic Commerce from the Perspective of Legal Certainty», *U.C. Davis J. Int'l L.& Pol'y*, vol. 8, 2002, pp. 135-254.

Queck, H., *Rechtsfragen der Infromationsgesellschaft*, Erich Schimdt Verlag, Berlin, 1999.

Queck, R.; Valcke, P., «L´arrêt de la Cour d´arbitrage du 14 juillet 2004: percée ou impasse?», *Revue du Droit des Technologies de L´Information*, núm. 21-23, 2005, pp. 51-57.

«Nota a la STJCE 9 septiembre 2004», REDI, 2004, pp. 938-944; id., «Incorrecta transposición de la noción de "vínculo estrecho con el territorio comunitario" de las Directivas de consumo (STJCE de 9.9.2004, as. 70/03 Comisión c. España)», *RDCE*, 2005, pp. 535-551.

«Globalización, regionalización y nuevas tecnologías en el DIP de los contratos de consumo (mercado interior y Convenio de Roma)», *La UE ante el siglo XXI: Los retos de Niza*, Actas XIX Jornadas AEPDIRI, Madrid, 2003, pp. 231-242.

Radicati Di Brozolo, L., Salerno, F., «Verso un nuovo diritto internazionale privato dei contratti in Europa», P. Franzina (Ed.), *La legge applicabile ai contratti nella proposta di Regolamento «Roma I»*. Atti della giornata di studi – Rovigo, 31 marzo 2006, Padova, 2006, pp. 1-8.

Radicati Di Brozolo, L. G., «Mondialisation, jurisdiction, arbitrage: vers des règles d'application seminecessaire?», *RCDIP*, 2003, vol. 1, pp. 35 y ss.

Radin, M. J.; Rothchild, J.; Silveman, G. M.; *Internet Commerce: Doing Business in aNetworked World*, Foundation Press, 2002, vol. 16, p. 65.

Raluca Stroie, I., «Alternativas a la resolución de conflictos en materia de consumo: la Directiva 2013/11/UE del Parlamento Europeo y del Consejo y el Reglamento (UE) núm. 524/2013 del Paralamento Europeo y del Consejo, de 21 de mayo de 2013», *Revista CESCO de Derecho de Consumo*, núm. 7, 2013, pp. 228-239.

Ramos Alegre, M. P.; Cervigon, G. P., *Sistemas operativos en red*, Taurus, Madrid, 2001.

Ramos Suarez, F., «La seguridad en el comercio electrónico», *RCE*, núm. 19, 2001, pp. 126 y ss.

Rausel Köster, C., «La publicidad en la web: hacia el patrocinio y el banner narrativo audiovisual», *Questiones publicitarias*, vol. I, núm. 9, 2004, pp. 103-127.

Raynouard, A., «La formation du contrat éléctrónique», AA. VV., *Le contrat* éléctrónique, Pantheón, Paris, 2002, pp. 26 y ss.

Rees, P., «Browse wrap Licence? Don't mind if I do», *Computers & Law*, octubre/noviembre 2001, pp. 7 y ss.

Reese, W. L. M., «General Course on Private International Law», *RCADI*, t. 150 (1976-II), pp. 89 y ss.

Remón Peñalver, J., «Jurisdicción y comercio electrónico (una reflexión al hilo del proyecto de ley de servicios de la Sociedad de la información y del comercio electrónico y del Reglamento (CEE) 44/2001», *Actualidad jurídica Uría & Menéndez*, n.º 2, 2002, pp. 69-78.

Reyes Krait, A., *La firma electrónica y las entidades de certificación*, Porrúa, México, 2003.

Rezzónico, C., *Contratos con cláusulas predispuestas*, Atrea, Buenos Aires, 1987.

Riaño Brun, I., «La ejecución del acuerdo obtenido en mediación», A. Pérez Moriones; I. Riaño Brun; M. Mestrot (dirs), *El arbitraje: una nueva perspectiva desde el Derecho español y el Derecho francés*, La Ley, 2013, pp. 317-327.

Ribas Alejandro, J., *Aspectos jurídicos del comercio electrónico en Internet*, Aranzadi, Madrid, 2003.

Ritondale, F.,«La formazione progressiva del contratto: il complicato discrimen tra puntuazione e perfezionamento dell'accordo», *La Nuova Giurisprudenza Civile Commentata*, 2009, fasc. 9, pp. 876 y ss.

Rigaux, F., «Droit international privé, Théorie générale», *RIDC*, année 1978, vol. 30, n.º 2, pp. 708-710.

Rittner, F., «Das Gemeinchaftsprivatrecht und die europäiche Integration», *JZ*, 1995, pp. 615 y ss.

Rivera, J. C., *Arbitraje comercial: internacional y doméstico*, LexisNexis, México, 2007.

Rivero Hernández, F., «Elementos de Derecho Civil», J. L., de la Cruz Bermejo, T. II *Derecho de Obligaciones, vol. I, parte general, Teoría general del contrato*, 4.ª ed., Dykinson, Madrid, 2000.

Robertson, S. J. A., «The validity of Shrink-Wrap Licences in Scot Law, Beta Computers (Europe) Ltd», *JILT*, 1998 (2), pp. 1-6.

Robles Velasco, L. M., «El futuro Código europeo de contratos, ¿Una nueva recepción?», *RIDR*, Romano (www.ridrom.uclm.es), octubre, 2010, pp. 56-90.

Rodiere, R., *La formation du contrat*, A. Pedone, Paris, 1976.

Rodriguez Artigas, F., «El ámbito de aplicación de la Ley 7/1998 de 13 de abril, de condiciones generales de la contratación», S. Espiau, (coord.), *Las condiciones generales de la contratación y la ley 7/1998, de 13 de abril*, Marcial Pons, Madrid, 1999, pp. 51-93.

Rodriguez Benot, A., «La contratación electrónica en el tráfico externo», L. Cotino Hueso, *Consumidores y usuarios ante las nuevas tecnologías*, Tirant Lo Blanch, Valencia, 2008, pp. 181-199.

«El Convenio de Roma de 19 de junio de 1980 veinticinco años después: balance y perspectivas de futuro», A. L. Calvo Caravaca y J. Carrascosa González, (dirs.), *Estudios sobre contratación internacional*, Editorial Colex, Madrid, 2006, pp. 497 y ss.

«La influencia de la globalización en la elaboración, aplicación e interpretación del sistema de derecho internacional privado: especial referencia al comercio electónico y a la contratación internacional», A. L., Calvo Caravaca y P. Blanco-Morales Limones, *Globalización y Derecho*, Editorial Colex, Madrid, 2003, pp. 507 y ss.

Los acuerdos atributivos de competencia judicial internacional en Derecho Comunitario, Beramar, 1994.

Rodríguez Marín, C., *El desistimiento unilateral (como causa de extinción del contrato)*, Montecorvo, Madrid, 1991.

Rodriguez Vazquez, M.ª A., «De nuevo una sentencia del TJUE sobre un demandado cuyo domicilio se desconoce en el ámbito de aplicación del Reglamento Bruselas I», *CDT* (octubre 2012), vol. 4, n.º 2, pp. 356-366.

Rogel Vide, C., «Momento y lugar de perfección de los contratos electrónicos», J. M. Abril Campoy y M. E. Amat Llari (coord.) *Homenaje al profesor LLuis Puig i Ferriol*, 2006, Tirant lo Blanch.

Rühl, G., «La protección de los consumidores en el Derecho internacional privado», *AEDIPR*, t. X, 2010, pp. 91-120.

Russel, R., Cunningham, S., *Hack proofing your Network: Internet traderaft*, Syngres, USA, 2000.

Sáez Valcárcel, R., Ortuño Muñoz, P., «Alternativas a la judicialización de los conflictos: la mediación», *Estudios de derecho judicial*, 2006, pp. 7-30.

Sánchez Lerma, G. A., «Contratación electrónica: firma electrónica y fe pública». *Repertorio de Jurisprudencia Aranzadi*, núm. 6, 2000, pp. 9 y ss.

Sanchez Lorenzo, S., «La interpretación del contrato», S. Sánchez Lorenzo (ed.), *Derecho Contractual comparado, una perspectiva europea y transaccional*, Civitas, Madrid, 2016, pp. 235-283.

Cláusulas en los contratos internacionales, Redacción y análisis, Atelier, Barcelona, 2012.

«La unificación del Derecho contractual y su problemática: la respuesta de la Unión Europea», *Derecho contractual europeo*, Bosch, Barcelona, 2009, pp. 85-118.

«Vías y límites a la unificación del Derecho privado europeo: "softlaw versus hardlaw" o "Comisión contra Parlamento"», *Derecho privado europeo: estado actual y perspectivas de futuro*, Thomson-Civitas, Madrid, 2008, pp. 377-405.

«La unificación del Derecho contractual europeo vista desde el Derecho internacional privado», *Derecho patrimonial europeo*, Thomson-Aranzadi, Cizur Menor, Navarra, 2003, pp. 363-381.

Sanz Viola, A. M., «Contratación electrónica», *AC*, núm. 18, 2001, p. 655 y ss.

Sauvant, K. P., *International transactions in services*, Westview Press, Canada, 2006, pp. 67-89.

Schötz, G. J., «El favor debilis como principio general del Derecho Internacional Privado. Su particular aplicación a las relaciones de consumo transfronterizas», *Ars Iuris Salmanticensis, (Ediciones Universidad de Salamanca)*, vol. 1, diciembre 2013, pp. 115-150.

Schulze, R., Zimmermann, R., *Textos Básicos de Derecho privado Europeo*. Recopilación, Marcial Pons, Madrid-Barcelona, 2006.

Scott-Wilson, C. H., «La protection des consommateurs dans le secteur du commerce électronique», *Europa Comunicaciones comerciales*, Newsletter, http//:europa.eu.int/comm/interna.fr

Scotti, L. B., «Contratos internacionales celebrados a través de medios electrónicos, ¿Cuál es la ley aplicable?», *Anuario Argentino de Derecho internacional*, XIX, 2010, pp. 47-99.

Schneier, B., *Secrets & Lies: Digital Security in a Networked World*, USA, Wiley, 2000.

Schwarz, I. E., «Vers l´unification du droit dans la Communauté européene: règlements de la Communauté ou conventions entre les Etats membres», *Clunet* (1978), pp. 751 y ss.

Serrano Cinca, C.; Fabra Garcés, L. A.; Lobera Viñau, E., «Planificación de sistemas de información en la Empresa: el intercambio electrónico de datos (EDI)», F. J., La Cruz Marco, y M. C. Agustín García (coords.), *SCIRE: Representación u organización del conocimiento* (ejemplar dedicado a la planificación y gestión de sistemas de información), Atelier, Barcelona, 2002, pp. 79-98.

Serrano-Lobera Fabra-Garcés, C., «Intercambio Electrónico de Datos: Adiós al papel», *Expansión*, diciembre 1993, pp. 48-53.

Sieber, U., «EuGH: Einbeziehung von AGB durch "click wrapping"», *Multimedia und Recht*, 8/2015, pp. 515-516.

Siehr, K., «Der internationale Anwendungsbereich des UN-Kaufrechts (The United Nationas Sales Convention and its international Sphere of Application)», *RabelsZ*, 1988, pp. 587 y ss.

Sirvent García, J., «El desistimiento del consumidor en la contratación bancaria electrónica», *Perspectivas del Sistema Financiero. El Consumidor en la Contratación Bancaria Electrónica*, número 96, año 2009.

Symeonides, S., «The american revolution and the european evolutioning choice of law: reciprocal lessons», *Tulane Law Review*, 2007, pp. 5 y ss.

Sperduti, G., «Sulla capacitá in diritto internazionale privato, con particulare riguardo alla capacitá d'obbligarsi per fatto illecito», *RISG*, 1950, p. 306.

Solimine, M. E., «Forum-Selection Clauses and the Privatization of Procedure», *Cornell International Law Journal*, vol. 25, 1992, pp. 51-101, pp. 77-85.

Soriano, R., *Compendio de Teoría General del Derecho*, Ariel, Barcelona, 1993, pp. 316-317.

Sousa Ribeiro, J., *Cláusulas contractuais geris e o paradigm do contrato*, Facudade de Direito da Universidade de Coimbra, Coimbra, 1990.

SOUVIRÓN MORENILLA, J. M., *El proceso de liberalización y la nueva regulación de las telecomunicaciones*, Comares, Granada, 1999, pp. 23-29.

SILBERMAN, L., «Comparative Jurisdiction in the Internacional Context: Will the Proposed Hague Judgments Convention be Stalled?», *De Paul Law Review*, vol. 52, 2002, pp. 319-349

SOLER MATUTES, P., *El contrato para la elaboración de programas de ordenador: contrato de desarrollo del software*, Aranzadi, Navarra, 2004.

SONNTAG, M., *Einführung in das Internetrecht*, Linde, Viena, 2014.

SOSSA OLÁN, H., *El derecho de desistimiento como mecanismo protector del consumidor en la contratación electrónica*, Universidad de Salamanca, Salamanca, 2015.

SPINDLER, G., «Die E-Commerce-Richtlinie und das international wirtschaftsrecht», JÜRGEN F. B., HEINZ, P. M., (coord.), *Wissenschaftliche Leitung*, Munich, Verlag C.H., Beck, 2002, pp. 107-133.

STADLER, H. G., *Allgemeine Geschäftsbedingungen im internationalen Handel*. Verlag Recht und Wirtschaft, Heidelberg 2003.

STEYAERT, C., «Note d, observations, ST. C.J.C.E., 6 de noviembre de 2003», *Revue du Droit des Technologies de l'Information*, núm. 18, 2004, pp. 83-90.

SUAREZ A., *Nueva sociedad y nueva economía. Los grandes desafíos del S. XXI*, Pearson Educación, Madrid, 2001, pp. 29 y ss.

TANG, S., «Mandatory Rules in International Arbitration», *Arbitration and Private International Law Conference*, University of Edinburgo, Edinburgo, 2015, pp. 89-121.

Electronic Consumer Contracts in the Conflict of Laws, Hart Publishing, Oxford, 2015.

«Consumer contracts and the Internet in EU private international law», SAVIN, A; TRZASKOWSKI, J. (eds.), *Research Handbook on EU Internet Law*. Edward Elgar, 2014, pp. 254-284.

Jurisdiction and Arbitration Agreements in Internacional Commercial Law, Routledge, Londres, 2014.

«Consumer Collective Redress in European Private International Law», *Journal of Private International Law*, núm. 7, 2011, pp. 101-141.

«Parties Choice of Law in E-Consumer Contracts», *Journal of Private International Law*, 2007, pp. 113-136.

«Eclusive Choice of Forum Clauses and Froum Non Conveniens in Electronic Consumer Contracts», AA. VV., *International Conference to launch the Journal of Private International Law*, Aberdeen, 2005, pp. 124-165.

Tapscoott, T., Tapscoot, A., *La revolución blockchaim*, Deusto, Madrid, 2017.

Terceiro, J. B., Matías, G., *Digitalismo, El nuevo horizonte sociocultural*, Taurus, Madrid, 2001.

Terre, F., *Pour une réforme du droit des contrars: reflexions et propositions d´une groupe de travail*, Dalloz, Paris, 2009.

Thünken, A., «Die EG-Richtlinieüber den elektronischenGeschäftsverkehrund das international Privatrecht des unlauteren Wettbewerbs», *IPRax*, vol. 21, 2001, pp. 15-22.

Treves, T., «Articolo 17», F. Pocar y otros, *Commentario del nuovo diritto internazionale privato*, Padua, Nápoles, 1996, pp. 84-88.

Trebilcok, M. J., *The limits of Freedom of contract*, Harvard University press, Boston, 1993.

Tripodi, E.; Santoro, F.; Missineo, S.; *Manuale di comercio electtronico*, Giuffrè, Milán, 2000.

Ulrich Jessurun D´Oliveira, H., «The EU and a metamorphosis of private international law», *Essays in honor of Sr. Peter North*, Oxford, 2002, pp. 111 y ss.

Usategui, J. M.ª, *Subastas, señales y otras respuestas a las asimetrías de la información*, Servicio editorial de la Universidad del País Vasco, Bilbao, 2003.

Urrutia, M., «Recientes iniciativas y propuestas para la reglamentación del comercio electrónico», *RCE*, 2000, núm. 4, pp. 25-67.

«Comercio internacional electrónico y conflicto de leyes y de jurisdicciones en el ciberespacio», *Derecho de los Negocios*, abril, 2000, pp. 1-26.

Valle, L., *Comentario artícolos 1341 e 1342 codice civile, annotato, con la giurisprudenza*, Utet Giuridica, Torino, 2006.

Vaquero Pinto, M. J., «El Desistimiento unilateral en los contratos de duración indefinida», Llamas Pombo, E. (coord.), *Estudios de derecho de obligaciones. Homenaje al profesor Mariano Alonso Pérez*, Editorial La Ley, Madrid, 2006, pp. 58-64.

Vargas Gómez-Urrutia, M., «Protección Internacional de los consumidores, contratos y comercio electrónico. Aspectos de Derecho internacional privado», AA. VV., *Comercio electrónico y protección del consumidor*, Marcial Pons, Madrid, 2001, pp. 667 y ss.

«Recientes iniciativas y propuestas para la reglamentación del comercio electrónico», *RCE*, núm. 4, 2000, pp. 25-67.

Vattier Fuenzalida, C., «Nota breve sobre el momento de perfección del consentimiento contractual», AA. VV., *Estudios jurídicos en homenaje al Profesor Luis Díez-Picazo*, Civitas, Madrid, 2003, T. II, pp. 3214 y ss.

«En torno a los contratos electrónicos», *RGLJ*, enero-febrero, 1999, núm. 1, pp. 84 y ss.

Vazquez, S., *Comercio electrónico, firma electrónica y servidores: Comentarios y anexo legislativo*, Dijusa, Madrid, 2002.

Vázquez Gallo, E.; Berrocal Colmenarejo, J., *Comercio Electrónico. Materiales para el análisis*, Ministerio de Fomento, Ministerio de Ciencia y Tecnología (Serie Monografías), Madrid, 2000.

Victoria Mas, J. S., *Nueva publicidad, comercio electrónico y demás propuestas interactivas*, UMA, Málaga, 2003.

Vilalta Nicuesa, A., *Mediación y arbitraje electrónicos*, Pamplona: Arazandi, 2013, 17 y ss.

Villa, S., *Manualle di diritti dell´informatica e delle nuove tecnologie*, Aggiornata, Bolonia, 2002.

Aspetti informatici e problematiche giuridiche dei sistema electronici di pagamento, Aggiornata, Bolonia, 1999.

Villani, U., *La Convenzione di Roma sulla legge applicabile al contratti*, Caducci Editore, Roma, 1997.

Vitta, E., *Diritto internazionale privato*, vol. I, Turín, UTT, 1962.

Virgos Soriano, M., Garcimartin Alférez, F. J., *Derecho procesal civil internacional. Litigación internacional*, 2.ª ed., Aranzadi, Madrid, 2007.

«Estado de origen vs. Estado de destino. Las diferentes lógicas del Derecho internacional privado», *CESCO, Revista para el análisis del Derecho*, 4/2004, pp. 4-5.

«Artículo 3», A. Menéndez Menéndez y L. Diez-Picazo y Ponce de León, *Comentarios a la Ley sobre Condiciones Generales de la Contratación*, Civitas, Madrid, 2002, pp. 145 y ss.

Virgos Soriano, M., «Obligaciones Contractuales», J. D. González Campos y otros, *Derecho internacional privado (Parte especial)*, Civitas, Madrid, 1995, pp. 147-207.

Lugar de celebración y de ejecución en la contratación electrónica internacional, Tecnos, Madrid, 1989.

Vischer, F., «General Course on Private International Law», *RCADI*, 1992-I (t. 232), pp. 9-256.

«Das neue Restatement "Conflict of Law"», *RabelsZ* 1974, pp. 128 y ss.

Vitta E., *Corso di diritto internazionale privato e processuale*, Vaccaro, Turín, 1991, pp. 35-36.

Von, M., «The Formation of Contracts», *Contracts in General*, Chapter 9, Tubinga, /Dordrecht-Boston/Lancaster, 1992.

Wang, F. F., «E-confidence: Offer and acceptance in online contracting», *International Review of Law Computers & Technology*, vol. 22, núm. 3, November 2008, pp. 271-278.

Warwick, F, Baum, M. S., *Secure electronic commerce. Bulding the infrastructure for digital signatures & encryption*, Prentice Hall, Madrid, 1997.

Wengler, W., «The General Principles of Private International Law», *RCADI*, t. 104, 1961, pp. 9-407.

Wichard, J. C., «Kodifikation des Internationalen Privatrecht», *IPRax*, vol. 37, núm. 2, 2017, pp. 119-135.

Wieacker, F., *Historia del Derecho privado de la Edad Moderna*, Comares, Granada, 2001.

Wild, C.; Weinstein, S.; Riefa, C., «Council Regulation (EC) 44/2001 and Internet Consumer Contracts: Some Thougts on Article 15 and the Futility of Applying International», *Review of Law Computer & Technology*, vol. 19, núm. 1, march, 2005, pp. 13-23.

Winters, D. K., «Bricks to Clicks: Counseling Clients as They Move Online. Jurisdictional Implications in the Operation of a Web Site», disponible en (http://www.pbnlaw.ocm/PressRomm/bricks_clicks.shtml).

Wolf, M.; Horn, N.; Lindacher, W., *Gesetz zur Regelung des Rechts der Allegemeinen Geschäftsbedingungen*, Verlag C.H. Münich, 1999.

Würzburg, V., «Vertragsversprechen und Übereignungsmodus», *RabelsZ*, 72, (2008), Heft 4, April, pp. 327-352.

XALABARDER PLANTADA, R., «La responsabilidad de los prestadores de servicios en Internet por infracciones de propiedad intelectual cometidas por usuarios», *Revista de Internet, Derecho y Política* (www.uoc.edu), IDO, 2 (2006), pp. 39-48.

ZITTRAIN, J., «The Future of the Internet and How to Stop It», *Yale University Press*, 2008, April 14, pp. 21-38.

Made in United States
Orlando, FL
04 November 2026

90207790R00116